Ein halb' Jahrhundert ist es her
– Es ist sogar noch etwas mehr! –
Seit meinen Malort ich erfand,
Dies sonderliche Wunderland.

Ja, meine Rolle spiel ich weiter,
Ich bin kein Meister, bin kein Leiter,
Als Dienender stell ich mich vor,
Der nie die Lust am Spiel verlor.

Das Malspiel habe ich erdacht,
Das vielen Menschen Freude macht.
Ich schrieb davon auf diesen Seiten,
Die viele Bilder auch begleiten.

Dies alles, das das Malspiel zeiget,
Sei Dir, mein Leser, zugeeignet.

Paris, März 2015

Arno Stern

Das Malspiel und die Kunst des Dienens

Die Wiederbelebung des Spontanen

DRACHENVERLAG

Library of Healing Arts
Bibliothek der Heilenden Künste
herausgegeben von Johannes Heimrath
Band 13

Europäische Akademie
der Heilenden Künste
European Academy
of Healing Arts
www.eaha.org

Arno Stern – Das Malspiel und die Kunst des Dienens
Die Wiederbelebung des Spontanen

2. Auglage 2016

Umschlaggestaltung: www.humantouch.de
Fotos: André Stern (Titel und Rückseite)
Lektorat: Carina Barandun
Layout, Satz und Herstellung: www.humantouch.de
Druck und Bindung: Finidr, s.r.o., Český Těšín
Printed in Czech Republic

ISBN 978-3-927369-92-4

Inhalt

TEIL 1
Dienen im Malspiel 10

TEIL 2
Bildtafeln 55

TEIL 3
Die lieben und die bitteren Stunden 130

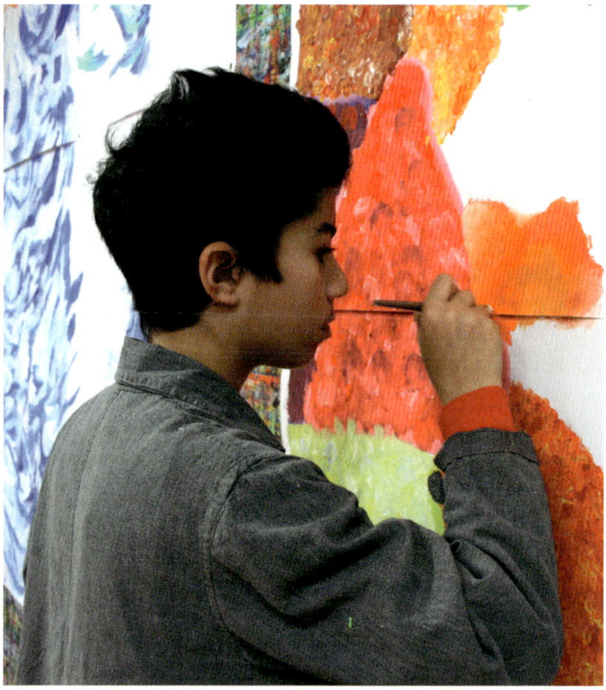

Die von 1 bis 72 nummerierten Fotos in Teil 2 illustrieren den fortlaufenden Text in Teil 1. Um den Lesefluss nicht zu unterbrechen, sind die Abbildungsnummern an den entsprechenden Textstellen in Klammern angegeben.

Teil 1

Dienen im Malspiel

Ich habe es in einem anderen Buch schon geschrieben: Ich kam in einer Sommernacht im Jahr 1924 in Kassel auf die Welt. Für mich hat damit die Zeitrechnung begonnen. Was ihr voranging, war alles ziemlich gleichweit entfernt von meiner Gegenwart; der Erste Weltkrieg, der im Leben meines Vaters eine wichtige Begebenheit war, ist nur sechs Jahre vor meiner Geburt zu Ende gegangen – mir schien er sehr weit zurückzuliegen.

So auch die Inflation, die dem Krieg folgte. Das kleine Kind lebt in der Geborgenheit seiner Wiege, seines Hauses, im Schutze seiner Eltern. Dass es Bedrohliches geben kann, erfährt es erst später. Ich erfuhr es mit neun Jahren: Mitschüler kamen in die Schule in einer braunen Uniform und mit einer Hakenkreuzbinde am Arm, und einer davon ergab sich offen seinem Hass auf mich. Wir flüchteten kurz nach der Machtergreifung und deren vernichtenden Folgen, die mein kluger Vater sofort erkannte. Ich folgte meinen Eltern nach Frankreich, nach einer kurzen Zwischenstation in Freiburg bei meinem Großvater und zwei Tanten.

Flüchten heißt: eines Morgens, ganz früh, die Wohnung verlassen und davonfahren, sich von allem, was man besaß, lösen, entwurzelt sein, staatenlos, einsam, arm, fremd und gar verachtet; denn ein Deutscher zu sein bedeutete im damaligen Frankreich: dem Erzfeind anzugehören, der vor wenigen Jahren im gegenüberliegenden Schützengraben sein Seitengewehr zum Sturm aufgepflanzt hatte.

Zehn Jahre lang waren wir alltäglich der Gefahr ausgesetzt, festgenommen und im Vernichtungslager vergast zu werden. Es folgten ihnen noch die drei Jahre der Internierung in einem Schweizer Arbeitslager und damit endeten der Krieg, die Angst und meine Kindheit.

In der deutschen Schule bin ich der Klassenjüngste gewesen. In Frankreich war ich, wegen der Sprache, viel älter als meine Mitschüler. Das schrittweise Weiterflüchten und das Interniertsein haben mir ein Studium verunmöglicht. Dieser Verschonung verdanke ich alle die mein Leben bestimmenden Begebenheiten, von denen ich erzählen möchte: vom Beruf, den ich erfunden habe, von der von mir erdachten Einrichtung, und auch von alledem, was ich fand, im Laufe von siebzig Jahren: von meiner außergewöhnlichen Begegnung mit der *Formulation*. Vor wenigen Jahren hätte ich sagen müssen, was das ist, die Formulation. Ich habe sie in vorangegangenen Veröffentlichungen gezeigt und erklärt, und habe auch erzählt, wie meine Forschungsjahre ausgesehen haben[1] – anders, als es sich Außenstehende wohl vorstellen, die an übliche Wissenschaftler denken: an die ihnen dienlichen Mittel, die Hilfe von Mitarbeitern, Unterstützungen und Einrichtungen.

Auch dabei war ich einsam, wie der Staatenlose, genügsam, allein auf das Eigene angewiesen. Und trotzdem – oder vielleicht gerade deshalb – kam ich dort hin, wo kein anderer je angelangt ist. Wenn Sie mich fragen, ob ich stolz darauf sei – wenn ich von meinen Entdeckungen erzähle, durch die so viel Bestehendes hinfällig wird, glauben manche, ich sei eingebildet –, ich bin nicht stolz. Stolz sein ist dem enteigneten verfolgten Flüchtling ein wesensfremdes Gefühl – ich, der Verbannte, bin ein Glückskind. Das ist es: Meine Unbelastetheit, die Frische meines Blickes und meiner Denkweise sind die Ursachen meiner Empfänglichkeit für das nie zuvor Erkannte.

Somit wissen Sie, mit wem Sie es hier zu tun haben. Ich erwähnte vorangegangene Veröffentlichungen. In einem meiner Bücher habe ich die Formulation gezeigt.[2] Ich wollte damit bekanntgeben, dass es wichtig ist, die Beschaffenheit der Spur zu kennen, damit die historische Fehlbeurteilung endlich überwunden wird, mit der allgemein der sogenannten Kinderzeichnung begegnet wird. Man muss ihr auf eine neue Weise begegnen; und dann verschwindet auch diese ungeeignete Benennung, die sich auf eine gefälschte Äußerung bezieht. Eine Zeichnung besitzt die Eigenschaft, zu zeigen. Sie ist für einen erstrebten – zumindest einen möglichen – Betrachter bestimmt. Ja, aber anstatt vorzuspielen, soll doch das Kind spielen – das heißt: seine Spur ungetrübt von jeglicher Erwartung erleben.

Das ist es genau, was sich ändern muss. Und es geht nur durch eine totale Umstellung. Ich sage nicht: »Ändert euren Blick, dann begegnet ihr der Formulation!«, sondern: »Erfahrt von der Formulation, dann könnt ihr nicht mehr glauben, das Kind zeichne unzulänglich, es sehe die Dinge noch nicht so richtig wie ein Erwachsener, und ihm mangle es an der Fähigkeit, das Aufgenommene auch regelgerecht wiederzugeben.« Generationen von Kindern wurden mit einem Zeichenunterricht gequält, der von diesem Gedanken ausging.

Die pädagogischen Überzeugungen haben sich allerdings inzwischen verändert, und ein noch viel schlimmeres Übel geschah: die Kunsterziehung. Der übertriebenen Strenge folgte das wilde Austoben.

Es ist schon verderblich, dem Kind, das fähig ist, eine jede Tat ernstzunehmen, einzureden, Farbkleckse aus ausgeschütteten Töpfen, hastig zerriebene Farbflächen, zerfetzte irgendwo aufgelesene Papierstücke, willkürlich aufgeklebt, bildeten ein Kunstwerk; dem könnte, geschähe es als Witz, noch lächelnd oder doch ein wenig missmutig, zugestimmt werden. Aber eine solche Kunstlästerung geschieht meistens in Museen, deren Rolle darin bestehen sollte, zum Schönen anzuregen. Und das Folgenschwerste dabei ist, dass den Kindern gleichzeitig mit dem Austoben kunsttheoretische Formeln aufgezwungen werden: Kompositionsgesetze, Farblehre, Harmoniebegriffe, vom Zwang begleitet, Werke von anerkannten Kunstschaffenden nachzuahmen oder zu interpretieren. Dieser schadenschweren Behandlung entgeht heute kein Kind mehr. Dann wird von »Kinderkunst« gesprochen. Kinderkunst ist künstlich, nicht aber künstlerisch.

Und so komme ich an, in der Ausstellung solcher vermeintlichen Werke, und verkünde, dass diese »kulturell bereichernde« Behandlung, mit ihren »schmeichelhaften« Erzeugnissen (schmeichelhaft für die aufgeführten Kinder und deren stolze Eltern), eine Verarmung – das Wort ist zu sanft –, eine Verkümmerung ist, weil dadurch eine natürliche Fähigkeit endgültig vernichtet wird.

Vor dieser Behandlung (bis etwa Mitte der 1970er, Anfang der 1980er Jahre), kamen Kinder in den Malort und spielten. Sie erlebten im Raume eines jeden ihrer Blätter eine großzügige Welt – die eigene, uneingeschränkte, hindernislos entstandene Welt, aus ihren Erfahrungen, Empfindungen, Träumen erlebt, als die unbezweifelte Wirklichkeit. (1) Es war Spielen in seiner ganzen Dimension. Keinem Kind fiel dieses Spiel schwer. Und die Begeisterung von so vielen Spielenden war ein unvorstellbares Geschehen. Wer es erlebt hatte, denkt noch heute, nach vierzig, fünfzig Jahren, als das Schönste seiner Kindheit daran zurück.

Ich habe es miterlebt, und so ist meine Aufgabe, davon zu berichten. Keinem anderen war es beschert; und ich bin wieder ganz einsam, wenn ich davon berichte, was in meinem Malort alltäglich im Schutze seiner vier Wände, in der anregenden Geborgenheit, sich vor meinen begeisterten Augen und dank meines Verhaltens und meiner Einstellung abspielte. Außenstehenden war es fremd, während es für die daran Beteiligten selbstverständlich war. (2)

Hier im Malort erholten sich die Kinder von der Abhängigkeit von den Belehrenden. Es sollte ihnen nichts beigebracht werden. Sie konnten ihre natürliche Spielfähigkeit nutzen, an der niemand zweifeln sollte. Ich ermaß sie schon bei den Waisenkindern, als ich ihnen – unerfahren und nichts ahnend und auch nichts erwartend – den Umgang mit Pinsel und Farben gewährte.

Und als ich später in der Stadt den Raum schuf, war mein einziges Bestreben, dieses einem jeden leichtfallende Spiel anzubieten. Ich hatte dazu den Palettentisch erfunden, der noch heute, den Jahren trotzend, in der Mitte des Malortes steht. (3) Wie alles im Malort sollte er praktisch sein. Das ist er – jedem kleinen oder großen Spielenden hindernislos zugänglich. Ich erfahre es immer wieder und freue mich darüber, dass ein frisch in das Malspiel eintretendes Kind sofort und ohne Erklärung weiß, wie man damit umgeht. Ich stellte es auch in der Wüste (4) und im Urwald (5) immer wieder fest: bei Kindern, die nie zuvor einen Stift oder einen Pinsel gesehen hatten, denen Papier, zum Eintragen einer Spur, unbekannt war, für die überhaupt das Entstehenlassen einer Spur unüblich war. (6) Wenn ich mein Instrument aufstellte, wussten sie sofort, wie man es gebraucht, und sie bedurften keinerlei Erklärung noch einer Aufforderung, zuzugreifen, einen Pinsel einzutauchen und auf einem Blatt die aufgenommene Farbe in eine Spur zu verwandeln. (7) Ich hatte dieses Spiel auch nicht den Waisenkindern mit einer unnötigen Erklärung angeboten.

Ich weiß, heute noch entschiedener als vor fünfzig Jahren, wie wesentlich die Struktur ist. Sie ist es umso mehr, als sie dem Leben der meisten Kinder in unserer Gesellschaft fremd ist. Ich weiß auch, wie wichtig Rituale im Leben der Kinder sind.

Im Malort bezieht sich das auf viele kleine Handlungen, die mich einbeziehen und die meine Rolle kennzeichnen. Muss ich erwähnen, dass meine Gegenwart im Malspiel unentbehrlich ist?

Zu den mit Bedacht von mir eingerichteten Spielregeln gehört, dass der im Malort Ankommende, nachdem er seinen Kittel angezogen hat (8, 9), sich ein Blatt aus dem Fach nimmt und zur Wand trägt. (10, 11, 12) Manche Personen legen Wert darauf, es an einer bestimmten Stelle aufhängen zu lassen, anderen ist das nebensächlich, und sie gehen mit ihrem Blatt an irgendeine der vier Wände. Ich stecke jedenfalls die beiden Reißnägel in die oberen Ecken und achte darauf, dass es in der geeigneten Höhe vor den Augen der malenden Person hängt. Ich lasse sehr knappe Zwischenräume: Den Spielraum des einen trennen etwa zwei bis drei Zentimeter vom Blatt seines Nachbarn. (13) Diese Nähe überrascht den Neuling im Malspiel, besonders Erwachsene, die behaupten, sich eingeengt zu fühlen. Das sind mitgebrachte Empfindungen, die sehr bald überwunden sind und sich sogar zum Gegenteiligen verwandeln. (16) Hier im geschützten Raum muss sich niemand gegen Bedrängnis oder Bedrohung wehren. Die anderen hier sind keine Gegner, sondern vertraute Spielgenossen. (14, 15, 16, 17)

Es liegt an meiner Einstellung, dass im Malort niemand etwas beurteilt, ermisst, vergleicht, kommentiert ..., weil ich keinerlei Fragen stelle, nichts zu ermitteln suche, frei bin von Hintergedanken und weil ich weiß, was der Formulation aller Menschen, ausnahmslos aller Menschen, eigen ist, so dass jegliches Suchen ob der Motivation oder des geheimen Inhaltes in der Äußerung einer Person sinnlos wäre.

Meine reine Begegnung mit der Äußerung einer jeden Person ist beispielhaft für alle im Malort Spielenden. Über die im Raume eines Blattes entstandene Spur wundert sich niemand, noch kommt sie zur Sprache – als wüsste ganz selbstverständlich ein jeder, dass diese Äußerung dem Sagen entgeht. Anderswo – eigentlich überall, wo Kinder zum Zeichnen eingeladen werden – sind sie nachträglich verpflichtet, das Gezeichnete zu erzählen, es dem autoritären Erwachsenen zu erklären. Die unausbleibliche Folge von dieser üblen Angewohnheit ist, dass die Kinder glauben, Zeichnen sei: Erklärbares darzustellen; nur dazu diene die Spur. Dieser auferzwungene Gedanke ist vernichtend für die spontane Äußerungsfähigkeit. »Spontan« heißt: nicht von der Absicht bestimmt. Das Erklärbare ist aber gerade aus der Absicht entstanden, etwas möglichst Verständliches darzustellen. Dieses überbetonte Vernünftigsein geht auf Kosten des Spontanen. So erscheint – auch aus dieser Sicht –, wie ungewöhnlich die Verhaltensweise im Malort ist. Aber ein jeder dort Spielende erholt sich von der Abhängigkeit.

Ich habe kurz beschrieben, wie eine jede Malstunde beginnt. Während der neunzig Minuten ihres Ablaufes bin ich pausenlos beschäftigt. Auch das möchte ich kurz schildern, weil es ungewöhnlich-unvorstellbar ist.

Der Ruf »Arno, Reißnagel!« ertönt, wie ein Leitmotiv, von allen Seiten her. (18, 19 oben) Und ich bin immer bereit, ihn mit meinem Magnet-Messer zu versetzen. Oft komme ich dem Verlangen des Malenden zuvor und entferne den Reißnagel, dem sich der Pinsel nähert. Dann lächelt meistens die bediente Person, weil sie daran meine Aufmerksamkeit wahrnahm. Ich verfolge das Geschehen in jedem der vielen Blätter an den vier Wänden, mache unaufhörlich meine Runde und habe eine Menge Augen und Hände, um nichts zu versäumen. Es kommt vor, dass ich mit meinem Messer einen Tropfen wegkratze, damit er nicht in der Folge zu einer langen Rinne wird. (19 unten) Und wenn er einmal nicht auf mich gewartet hat, komme ich unverzüglich und rette die verdrießliche Situation, indem ich mit einer trainierten Gebärde die übergelaufene Farbe vom Blatt wegstreiche. Es ist öfters vorgekommen, dass Anfänger sagen: »Es macht nichts, das Heruntergelaufene gehört dem Bild an!« Aber das ist eine der Formulation fremde Einstellung, die von der Verwechslung zweier Begriffe zeugt: Das Spontane und das Zufällige.

Ich weiß, dass in der Kunsterziehung willkürlich zerlaufende Farbkleckse als »abstrakte Werke« angesehen und gefeiert werden. Welche Beleidigung für wahres Kunstschaffen! (21) Und welche Missachtung kindlicher Ansprüche und Fähigkeiten!

Jedes Kind ist von seinem Können beglückt. Der Umgang mit dem Palettentisch fällt ihm leicht. (20, 21, 22, 23, 36) Es entwickelt unermessliche Fähigkeiten und das erfreuliche Bewusstsein dieser Fähigkeiten. Und diese Erfahrung überträgt sich auf andere Tätigkeiten im Leben. Das beweisen viele Menschen, die als Kinder das Malspiel erprobten und seine Eigenschaften im späteren Leben nutzen. Malspielkinder sind anspruchsvolle Menschen.

Das gute Können beginnt mit der Weise, den Pinsel zu greifen und ihn sehr bedacht einzutauchen. (22) Wenn ich bei der ersten Begegnung nicht neben dem Neuling vor dem Palettentisch stehe, geschieht unausbleiblich, dass das kleine wie das große Kind im Farbnäpfchen rührt und sogar, nachdem es Farbe aufnahm, abermals in den Wasserbecher ganz tief eintaucht, also das genaue Gegenteil von dem einzig Richtigen tut. Wo hat sich ein Mensch solch schlechte Angewohnheiten zugelegt? Hat denn anderswo niemand auf den Umgang mit dem Werkzeug Wert gelegt? Beschmieren und Beklecksen bedarf allerdings keiner Geschicklichkeit noch Sorgfalt!

Ich weiß, dass ein jeder große oder kleine Malspielende fähig ist, sich einen Schemel zu holen, um ihn zum Draufstehen vor sein Blatt zu stellen. Aber wenn ich ihm, während er sich zum Eintauchen einen kurzen Moment entfernte, das Gewünschte bereits gebracht habe und er sicheren Schritts sich sofort darauf stellen kann, steigert das sein Vergnügen am Malspiel. Bedient, berücksichtigt, unterstützt zu sein, hat Wohlbehagen zur Folge. (24, 25, 26, 27, 28) Hier ist es, wie nirgendwo in der Welt des Alltäglichen. Der Malort ist ein Paradies. (29)

Es kommt auch vor, dass ich einen Schemel von der Ferne schwunghaft dem Kind entgegenrutschen lasse. Und es kann sein, dass ich der Person sage: »Stellen Sie sich darauf!«, indem ich ihr den Schemel unter die Füße schiebe. Das unterbricht kaum ihre Gebärde, aber erleichtert sie überzeugend, und sie genießt diese Verbesserung.

Ich erkläre den zum Dienen Ausgebildeten: »Fragen Sie aber nicht die Person, ob sie eine Erhöhung wünsche. Das würde sie in ihrem Tun unterbrechen und zum Nachdenken zwingen: ›Was? Ob ich einen Schemel brauche, um oben zu malen? Ja, vielleicht. Aber es ginge auch so!‹ usw. Sie, als Malspieldienende, wissen, was die Person in diesem Moment braucht und tun das entsprechend Nötige!«

Ich sage den zukünftigen Malspieldienenden auch: »Bleiben Sie nie irgendwo längere Zeit stehen, um das Geschehen zu überblicken, sondern seien Sie ununterbrochen in Bewegung; machen Sie die Runde, und dabei dürfen Sie den Palettentisch nicht außer Acht lassen. Wenn darauf etwas nicht stimmt: ein hellroter Pinsel sich auf den dunkelroten Pinselträger verirrt hat und dem dahin Gehörenden im Wege ist oder wenn auf einem gelben Pinsel ein paar Haare grün geworden sind, wenn ein Tropfen Blau neben das Farbnäpfchen auf die Tischplatte fiel, muss das sofort berichtigt werden. Das gehört unter anderem – neben vielem – zur Rolle der dienenden Person. Neulinge im Malort umgehen auf irgendeine Weise solche Hindernisse. Eingelebte hingegen lehnen sich sofort dagegen auf – sogar ganz kleine Kinder – und melden entschieden: »Hier ist etwas nicht in Ordnung!« Malspielkinder vertragen keine Ungenauigkeiten, so wie ein wahrer Musiker nicht auf einem verstimmten Instrument spielen könnte.

Die Rolle des Dienens setzt einen Sinn für den großen Gedanken – die Philosophie des Malspiels – und für alle seine Feinheiten voraus. Man könnte das als Selbstdisziplin bezeichnen. Aber das Wort »Disziplin« gefällt mir nicht ganz. Wichtig ist, zu wissen, dass die dienende Person tonangebend ist. Ihr Vokabular prägt den Rhythmus der Malstunde. Ich sage auch den zukünftigen Malspieldienenden, dass sie laut sprechen sollen. Anfangs – aus Schüchternheit oder Unsicherheit – sagen sie alles im Flüsterton, was unausbleiblich zur Folge hat, dass alle Malspielenden hin und her schleichen, sich zurückhalten, nur lispeln, wenn sie sich überhaupt getrauen, etwas zu verlangen.

Der dienenden Person obliegt es, durch ihr Verhalten, der Gruppe erneute Energien einzuflößen: Impulse, aber keine Ratschläge, wie sie Belehrende erteilen. (30) Dazu ist ein besonderes Vokabular nötig, das viele üblichen Redewendungen ausschließt. Anderswo heißt es: »Das hast du schön gemacht!«, weil für den unwissenden Erwachsenen etwas schön oder unschön sein kann: Begriffe, die der Formulation fremd sind. Hingegen, dem Kind beim Eintauchen zuzuschauen und zu sagen: »Das hast Du gut gemacht. So muss man den Pinsel behandeln, um recht damit umgehen zu können!« zeigt ihm, worauf es im Malspiel ankommt, und dass wir seine Tüchtigkeit schätzen.

Ich bin auf alles achtsam, was im Malort geschieht, auf die bequeme Haltung, auf den bedachten Umgang mit dem Pinsel, aber ich verfolge gleichzeitig das Geschehen im Raume eines jeden Blattes, und weiß sofort, ob aus der Gebärde etwas künstlich Beigebrachtes den Raum belastet, oder ob eine wahre Spur aus dem vom Kind Erlebten geschieht, das der Formulation angehört.

In den Jahren der Blütezeit der Formulation – etwa zwischen 1950 und 1980 – kam es vor, dass das Kind in seinen ersten Blättern aus Vorlagen übernommene Bilder wiederholte, die vorübergehend der wahren Äußerung den Weg versperrten. Aber nach wenigen Malstunden war alles Fremde überwunden, und erschien schlimmstenfalls später in vereinzeltem Aufkommen, neben dem der Formulation Angehörenden: eine beigebrachte Blume mit schablonenmäßigen Blättchen; ein vom Vater oder von der Lehrerin veruntreuter, unbrauchbarer senkrechter Schornstein, den sich das Kind vergebens bemühte, ihn an der Schräge des Dachrandes unterzubringen; ein im Profil ungeschickt nachgebildetes Gesicht, auf einen echtgebliebenen Körper geschichtet ... Aber sie waren doch gewichtlos, nur eine kleine Verirrung in einen unwirtlichen Müllacker.

Und so gehörte die natürliche Spur dem Leben eines jeden Kindes an, gehörte zu seinen Lieblingsspielen, in denen es sich eine eigene Welt anlegte und genießerisch darin seine unbezweifelte Wirklichkeit erlebte. (32, 34) Daran kann niemand zweifeln; und täte es jemand, so betrachte er doch einige der Tausenden von Bildern aus dieser Zeit, die ich in meinem Archiv in den unzähligen Mappen gespeichert habe. Ich übertreibe nicht. Insgesamt sind es etwa 500 000 Dokumente, von denen nur eine geringe Anzahl im Laufe der letzten Jahre digitalisiert worden ist, weil ich sie als Illustrationen für meine Vorträge und Bücher verwende.

Was ich von der Äußerungsfähigkeit sage, dass sie in jedem Menschen auf die angemessene Äußerungsmöglichkeit wartet und dass diese einem jeden – ausnahmslos, einem jeden Menschen, sei er jung oder alt – angeboren ist und dass es keiner künstlichen Behandlung bedarf, nur der in völliger Geborgenheit des Malortes gebotenen Ermöglichung, sind so einfache Begebenheiten. Aber dies blieb eben unbekannt. Und deshalb konnte sich eine schädliche Behandlungsweise des Kindes entwickeln, die dieses dringende Bedürfnis einfach nicht beachtete.

Warum wurde dem Kind dieses Spiel verdorben? Ich stelle immer wieder diese Frage. Sie ist an fast alle Erwachsenen gerichtet – an sie alle, die mit der Absicht, das Kind zu bilden, eine kinderlose Gesellschaft einrichten.

Die altklugen, früh verbrauchten, ihren Eltern gleichenden Kleinen kommen erst später zur Erkenntnis ihrer Verarmung. Und in ihrem Bewusstsein wächst dann der

Vorwurf an die verantwortungslosen Kindheitsverderber: »Warum habt ihr uns das Spiel verdorben?« (35)

Ich hatte die selbstverständliche Üppigkeit alltäglich im Malort erlebt und war später Zeuge ihres Verdorrens. (33) Und meine Besorgnis wuchs bei dieser Wahrnehmung. Was tun? Es genügt doch nicht, diesem Übel beizuwohnen und es zu verkünden. Und was könnte ich allen anderen Malspieldienenden als Trost oder Ermutigung sagen, wenn sie mir ihre Verzweiflung verkünden. Denn sie wundern sich über die Kinder, die sich so offensichtlich verändern, denen die Formulation schließlich entfremdet ist.

Ist eine Hoffnung in der Feststellung enthalten, dass in dem Maß, in dem sich die Kinder so katastrophal verändern, auch die Erwachsenen – und gerade diejenigen, die davon direkt betroffen sind – anders werden, dass sie immer empfänglicher geworden sind für neue Begriffe und immer weniger skeptisch gegenüber meiner Bekanntgabe der bedrohlichen Tatsachen? In der Schule angestellte Personen beklagen sich, überall in der Welt, über die zunehmende Verrohung des kindlichen Verhaltens und die Unmöglichkeit, irgendeinen verordneten Lehrplan in die Praxis umzusetzen – sie fühlen sich als Belehrende immer unwohler und machen sich zunehmend Gedanken über ihre Rolle.

Allerdings, Kunsterzieher und Kunsttherapeuten bleiben verschlossen, und sie werden wohl die allerletzten sein, die sich über ihre schädliche Tätigkeit Gedanken machen. Sie sind gerade stolz auf die überall gefeierten Erzeugnisse ihrer Schüler oder Patienten. Manche unter ihnen verirren sich allerdings zu mir und stellen daraufhin ihre Bereiche in Frage. Das trägt auch zur Rettung der Formulation bei. Sie sind Vorläufer eines unaufhaltsamen Stromes, dessen erstes Brausen wir bereits wahrnehmen.

Vieles in der Gesellschaft muss sich verändern, damit die Welt wieder wohnlich wird. Menschen schließen sich zusammen und fordern ein anderes Verhalten den Tieren gegenüber. Andere setzen sich dafür ein, dass die Pestizide die Erde nicht zu einer leblosen Wüste machen. Impfungen werden in Frage gestellt, und über die Pharmaindustrie im Allgemeinen wird kritisch nachgedacht. Wer, außer den Verschmutzern, die das nicht hören wollen, wünscht nicht die Rettung der Atmosphäre und des Klimas? Jeder ist sich der Dringlichkeit seiner Forderungen bewusst. Ich möchte ihnen zurufen: Nicht nur unsere Umwelt muss gerettet werden, nicht nur die menschlichen Beziehungen müssen anders werden, im Menschen ist eine lebenswichtige Anlage bedroht. Auch diese muss dringend gerettet werden. Ihr Verlust ist so folgenschwer wie das Verschwinden der Bienen und Schmetterlinge, wie das Verseuchen des Grundwassers und das Schmelzen der Pole oder das Verschwinden der Wälder. Das alles hängt zusammen, und es betrifft eine Lebensweise, in all ihren Voraussetzungen. Es muss sich ein neues Ideal entwickeln, ein zusammenhängendes, ich möchte sagen: in allem, an jedem Tage im Leben, vom Erwachen bis zum Schlafengehen. Teillösungen sind gar keine Lösungen. Kinder gesund zu ernähren, aber sie in der Schule auf Erfolg dressieren zu lassen, ist ungesund. Für die Rettung der bedrohten Insekten einen Wettbewerb für Kinder zu organisieren, mit dem Ziel die gelungenste Zeichnung zu prämieren, schadet mehr als er zu retten vorgibt.

Um der Formulation eine Zukunft zu gewähren, muss als erstes bekannt werden, dass es die Formulation überhaupt gibt und dass sie, obwohl unbekannt und unerprobt, einer natürlichen Veranlagung und einem wahrem Bedürfnis entspricht.

Bei der Rettung der Formulation ist dieses zusätzliche Hindernis zu überschreiten. Während jeder einzelne heute weiß, worauf sich die ökologischen Bemühungen beziehen, muss die Formulation als erstes überhaupt genannt und erklärt werden. Denn von ihr weiß noch kaum jemand; und was auch ihre Bekanntgabe erschwert, ist die Tatsache, dass die Spur des Kindes seit je verkannt worden ist.

Ich hatte in all den Jahren, in denen mir alltäglich die Formulation entgegenkam und mein beglückendes Erforschen mir ihre Eigenart enthüllte, keine Zeit für andere Begebenheiten. Ich war auch zum Verständnis der wahrgenommenen Vorgänge in den unzähligen Blättern auf keine andere Information angewiesen. So kam es, dass ich keine »Fachbücher« über Kinderzeichnungen las, keine fremden Dokumente in Betracht zog, deren Entstehen ich nicht miterlebt hatte, und wenn mir Zeit blieb für andere Beschäftigungen, so las ich Gedichte von Rilke oder Verlaine, hörte gut gespielte Beethoven-Quartette.

Später erst, viele Jahre nach dieser Zeit der uneingeschränkten Hingabe an diese erfüllenden Begegnungen, fing ich an, über die Tatsache nachzudenken, warum mir – mir als Allerersten, als Alleinigem – die Formulation erschienen ist, wo doch vor mir, neben mir, so viele andere Menschen sich der kindlichen Spur zugewendet haben. Ich wusste sehr bald, dass mein Schicksal als Verschonter dazu beigetragen hat. Aber ich fand die wirkliche Antwort erst, als ich jene Bücher las.

Eines der ersten wurde 1886 von Corrado Ricci herausgegeben. Schon allein sein Titel: »Die Kinderkunst« enthält die irrtümliche Einstellung zur kindlichen Spur. Ich las dann vieles, in verschiedenen Sprachen. In keinem Satz ist irgendwann die Rede von der Eigenart dieser Äußerung. Alle betrachten sie als ein der Kunst angehörendes Geschehen.

Kein einziger Autor hatte die Bedingungen für eine spontane Äußerung geschaffen. Meistens sind Zeichnungen von Schulkindern als kindlicher Ausdruck beurteilt oder gedeutet worden; und darauf wurden Theorien aufgestellt und verbreitet. Wenn ich mir die Selbstzufriedenheit eines solchen Autors vorstelle, als er die Entwicklungsstufen der menschlichen Darstellung nach der Anzahl der dargestellten Einzelheiten festgelegt hatte (indem er nachgeprüft hatte, ob Hals, Augenbrauen, die anatomisch richtige Anzahl an Fingern, die Höhe, Breite und Gesamtform des dargestellten Gesichts … den Ausmaßen und den Proportionen des Vorbildes entsprechen), empfinde ich für ihn nachträgliches Mitleid. Aber ich wundere mich auch bei jeder Lektüre, über den zähen Stumpfsinn, dem bis heute niemand widerspricht, während doch in gar manchem wissenschaftlichen Bereich ehemalige Behauptungen abgelehnt – ja oftmals höhnisch kritisiert werden. Allein wenn es heißt: »Freie Zeichnungen von achtjährigen Kindern zum Thema Hans-guck-in-die-Luft« – was kann daran noch glaubwürdig und überhaupt beachtenswert sein! Die einzige gültige Feststellung dabei ist doch, dass der Autor nichts von einer wahrhaft freien Äußerung weiß.

Als mir auffiel, dass die im Malort entstehenden Bilder verschieden sind von den anderswo erzeugten Zeichnungen, habe ich darüber nachgedacht: zum ersten, worin der Unterschied liegt; und zum zweiten, wie dieser Unterschied erklärbar sein kann: Er hängt mit der außergewöhnlichen Beschaffenheit des Malortes zusammen.

Hier ist kein Thema vorgeschrieben; hier sind keine dem Alter nach vereinte und genormte Schüler zum gelegentlichen Zeichnen versammelt; hier werden keine für andere bestimmten Werke angefertigt, die der Beurteilung des Betrachters unterliegen; hier benützt das Kind nicht irgendwelche gelegentlichen Utensilien, sondern es entwickelt eine unbezweifelte Geschicklichkeit, die alles Zufällige ausschließt ... Aber etwas noch Wesentlicheres kommt hinzu: der Blick des Erwachsenen, der mit seiner dienenden Rolle zusammenhängt, und sich von der kritischen und erwartenden Betrachtungsweise eines Belehrenden unterscheidet.

Das Zusammenspiel der besonderen Bedingungen im Malspiel hat zur Folge, dass im Malort die nirgendwo und niemals zuvor geschehene Formulation entsteht und dass ich seit mehr als einem halben Jahrhundert deren Zeuge bin: Zeuge und vorurteilsloser Wahrnehmer ihrer Gesetzmäßigkeit.

Ist das mein Verdienst? Ich sage es anders: es ist mein Schicksal. Alles, was in meinem Leben geschah, hat mich dazu gebildet: die lange Staatenlosigkeit, das unaufhörliche Bedachtsein, die Achtsamkeit für das Geschehende, das ausgeprägte Bewusstsein des Erkorenen und Einsamen ...

Das erklärt auch meine Bestimmtheit, wenn ich von dem berichte, was ich nicht erdacht, sondern wahrgenommen habe. Vor Jahren hätte ich hinzugefügt: das jeder, den ich darauf aufmerksam mache, selbst nachprüfen kann. So war es, bevor den Kindern der Weg zur Formulation versperrt worden ist. Heute sage ich nun: »Erfahrt, wie die natürliche Äußerung aussieht, und macht euch zur Aufgabe, sie wieder zu ermöglichen!«

Und wenn Sie sich von dieser Aufgabe angesprochen fühlen, bringe ich Ihnen die dazu notwendige Kompetenz bei. Überzeugung und Bestimmtheit sind die Grundlagen für diesen Beruf.

Trotz all dem Kläglichen, das ich erwähnte, ist der Beruf des Malspieldienenden der allerschönste: Kindern ein so beglückendes Spiel zu gewähren, und ihrer Entwicklung zu folgen, die im Malspiel, aus dem zaghaften, oft unwilligen

Ankömmling einen sicher gewordenen und erfüllten Menschen macht, ist wie die Belohnung für unser Bemühen. Es geschieht, wenn die schädlichen Hindernisse überwunden worden sind; wenn auch die Formulation noch nicht dabei errungen wurde, die dem Spiel seinen eigentlichen Sinn verleihen sollte. Aber immerhin, auch ohne ihr Aufleben – das erst später in Aussicht steht – ist das Spiel im Malort eine lohnende Begebenheit. Dazu ist die Dauer unentbehrlich, und es ist nicht voraussehbar, wie viele Malstunden nötig sind, um das verunedelt Natürliche wieder herzustellen.

Auf diese unausbleibliche, aber langsamen Schrittes verlaufende Entwicklung bezieht sich meine Anweisung an die zukünftigen Malspieldienenden, ja keine Schnupperstunde anzubieten, sondern vor einer erwünschten Eintragung den Eltern – oder der erwachsenen Person – zu erklären, was der Malort anbietet; und ganz wichtig ist, zu sagen, was ihm fremd ist: Das Malspiel ist keine Therapie, das Malspiel ist verschieden von der Malkunst. Dies hat bestimmende Folgen: Im Malspiel soll kein Ziel erreicht werden; die Person ist erwartungsfrei und ermisst nicht das Fortschreiten dem Verbesserten entgegen. Die malspielende Person erwartet nichts. Wenn jemand bei unserem Vorgespräch fragt: »Wozu dient das Spiel? Was versprechen Sie uns?«, dann sage ich: » – Vergnügen!«, und ich lese der Person vom Gesicht ab, dass sie denkt: »Sonst nichts? – Ist das nicht viel, sehr viel? Vergnügliche Stunden bereichern das Leben!«. (58)

Etwas ebenfalls Grundlegendes muss die Person wissen, bevor sie in das Malspiel eintritt: dass es hier nicht darum geht, Werke zu erarbeiten wie in der Kunst; sondern nur um das gegenwärtige Erleben der Äußerung. Würde jemand sein Bild nach der Malstunde mitnehmen, dann wäre es fremden Blicken ausgeliefert. Selbst der sachlich gewordene eigene Blick würde ihm schaden, denn die zum Geschehen der spontanen Spur belebte Unbedachtheit geht nicht über die Grenzen des schützenden Malortes hinaus. Jedes Betrachten führt einen Anteil von Überlegung mit sich.

Nur wenn von Anfang an feststeht, dass nie ein Bild den Raum verlässt, stellt sich die Person auf das unbedachte Geschehenlassen ein, das eine absichtsfreie Äußerung möglich werden lässt. Das alles sollte selbstverständlich sein; aber es entspricht nicht den Gewohnheiten der Konsumgesellschaft, und es bedarf eines Einlebens in die Welt des Malortes.

Der im Malort heimisch gewordenen Person – ob vier- oder vierzigjährig – würde es niemals in den Sinn kommen, ein Bild aus der Geborgenheit, in der sie sich wohlfühlte, in die Fremde zu tragen. Sie fühlt sich dabei nicht enteignet, denn die Spur ist nur hier zu Hause; und es gehört auch zur Rolle des Malspieldienenden, sie achtsam aufzubewahren.

Um meine Rolle und die Verbundenheit zwischen der malspielenden Person und mir, dem Malspieldienenden, bildhaft darzustellen, sage ich, dass die in den Malort eintretende Person mir für die Dauer der Malstunde ihre Vernunft zum Aufbewahren anvertraut und sie beim Fortgehen wieder zurücknimmt. Das heißt, dass sie furchtlos die Vernunftschwelle überschreiten kann; etwa so, wie ein Schwimmschüler, vom Bademeister unterstützt, sich hemmungslos ins Wasser wagt. Dieses vertrauensvolle Verhältnis schließt auch das Verwahren der Spur ein.

Die aneinandergereihten achtzehn Farben auf dem Palettentisch laden unwiderstehlich zum Zugreifen ein. Mancher Besucher oder Zuschauer während eines Vortrages, in dem mein Instrument abgebildet ist, fragt: »Warum diese Farben, könnten es nicht sechs Grundfarben sein, aus denen sich weitere herausmischen lassen? Und warum auch diese Reihenfolge?«

Als ich die Kriegswaisen im Kinderheim malen ließ, hatten wir anfangs überhaupt nur einige Farbtöpfe und die Kinder spielten damit; aber dann verlangten sie die dringlich fehlenden, unentbehrlichen Farben, und ich machte sie ihnen an, indem ich Blau und Weiß mischte, Grün und Gelb, Grün und Weiß, Rot und Gelb und noch andere Farbtöne, die sie immer wieder brauchten.

Und so ergab es sich, dass manche Farben unentbehrlich sind, andere hingegen nur gelegentlich verlangt wurden. Die dringenden Farben waren offensichtlich gewissen dargestellten Gegenständen angepasst: eine blasse aber allgemein gewünschte Hautfarbe, Braun für die Baumstämme, Rot für das Dach, Grau für den Rauch und die Wolken. Die Sonne war meistens Gelb, aber es kam vor, dass sie Rot oder Orange gemalt wurde, seltener in einer anderen Färbung.

Das alles verfolgte ich. Es war neu für mich und regte mich zu Überlegungen an; oft zu ganz einfachen und selbstverständlich scheinenden Wahrnehmungen. Jedenfalls ging daraus hervor, dass die unentbehrlichen Farben von vornherein zur Verfügung stehen müssen; und es waren derer achtzehn, die ich vor der Malstunde zubereitete – was nicht ausschloss, dass ich sie im Verlauf des eifrigen Geschehens nachfüllen oder ergänzen musste.

Die Mittel waren nach dem Krieg knapp. Ich war es auch gewohnt, mit Wenigem auszukommen, weil ich von zu Hause aus und später auf der Flucht und im Lager in einer sparsamen Lebensweise aufgewachsen bin.

Ich musste im Kinderheim darauf achten, dass die Beschäftigung der Kinder – sei sie noch so begeisternd und allgemeines Aufsehen erregend – nicht zu übermäßigen Ausgaben veranlasste.

Nun waren also die achtzehn Farben da, in kleinen Schälchen – ich weiß nicht mehr, woher sie stammten, wohl aus der Küche – in einer Reihe auf einem zwei Meter langen schmalen Brett. Und ein Kind, der begeisterte, unaufhörlich jubelnde Moritz, der sehr bald drei Meter hohe Menschengestalten auf Packpapier malte und auf allen verfügbaren Unterlagen, wie Verpackungen, Papierfetzen, Steinen, Holzstücken ... Köpfe mit einem übertrieben großen Mund darstellte – dieser etwa acht- oder neunjährige Junge war unaufhaltsam farbtrunken und verbrachte jede freie Stunde mit Zeichnen, wo er auch hinging: in den Garten, in den Zoo, oder im

Autobus sitzend und besonders am Abend, vor dem Schlafengehen, in meinem Zimmer, wo wir, einige junge im Heim Angestellte, zusammensaßen – dieser beflissene Moritz hatte es sich auch zur Aufgabe gemacht, die achtzehn Farbschälchen in einer gewissen Anordnung aneinanderzureihen. Diese für ihn, wie auch für mich, logische Reihenfolge habe ich endgültig beibehalten, als ich einige Jahre später meinen Palettentisch einrichtete.

Das Malspiel ist jedoch nicht auf achtzehn Farben beschränkt. Viele Farbtöne können, je nach dem Verlangen der Malspielenden, gelegentlich hinzukommen: ein für die Lippen anderes Rot, für einen nächtlichen Himmel notwendiges Dunkelblau oder für eine Militärbekleidung die Mischung von Grün und Hellbraun …

Im späteren Malort richtete ich ein Regal ein mit sechs Abteilen für die zusätzlichen Farben, ein rotes, blaues, grünes, gelbes, braunes und graues Fach; und darin sind veränderliche, aber doch ihrer Gattung nach geordnete Schälchen, die im Ruhezustand mit Wasser angefüllt sind, das vor Gebrauch in den Eimer abgeschüttet wird. (37) So trocknen die Farben nie ein, und auch der darin liegende Pinsel bleibt weich.

Für manche Zwecke genügt die darin enthaltene Farbe. Aber oft muss nachgefüllt werden, und dabei ist erstaunlich, wie genau sogar ganz kleine Kinder wissen, aus welchen Grundfarben die Mischung zusammengesetzt ist. Im Malspiel entwickelt sich auch diese besondere Empfindsamkeit. So ist es ebenfalls, wenn ein Kind eine eigentümliche Farbe verlangt. Meistens ist es ein sehr genauer Wunsch, der auf etwas Bestimmtes zielt. Es muss eine gewisse Menge Grün mit einem ganz kleinen Häufchen Blau und noch etwas Ocker vermischt sein. Es ist, als kenne das Kind die Wellenlänge eines jeden Farbtons und wüsste genau, was ihre Verbindung ergibt.

Wie das praktisch gehandhabt wird, möchte ich erzählen, weil es zu den eingeführten Gewohnheiten im Malspiel gehört:

Ein Kind sagt mir: »Ich möchte ein helleres Gelb haben!« Dem Neuling muss ich dann erklären, dass er zuerst einmal ausprobieren soll, wie er zu dieser Farbe kommt: Er taucht ganz leicht eine Fingerspitze in ein Farbnäpfchen (38), in diesem Falle in das gelbe, und einen Finger seiner anderen Hand in eine andere Farbe. Es ist nicht sicher, dass er das Erwartete auf Anhieb findet, wenn er die beiden Farben an seinen Fingern zusammenreibt. (39) Wenn das Ergebnis nicht befriedigend ist, werden die Farben abgeputzt und das Kind macht weitere Versuche, bis es das helle Gelb gefunden hat, woraufhin ich es ihm in einem Schälchen anmache; und dazu kommt ein vorrätiger Pinsel und ein Tröpfchen Wasser. (41) Nach Gebrauch stellt das Kind diese Farbe zu anderen, in das gelbe Abteil des Mischfarbenregales.

Es ist auch möglich, dass ein Kind, anstatt eine Farbe zu beabsichtigen, nur erfahren möchte, wie Grün mit Lila vermischt aussieht, und es macht dann noch weitere Experimente, was meistens andere Kinder zum gleichen Spiel anregt. Das lasse ich eine Zeitlang geschehen. Und dann werden keine Versuche mehr gemacht, und das Malen geht weiter. Aber jederzeit kann das Ausprobieren von Mischungen wieder geschehen. So wie es stattfindet, geschieht es auf die einfachste und sparsamste Weise. (40)

Ähnlich ist es, wenn eine Person, anstatt mit dem Pinsel, mit dem Finger malt. Dazu benutzt sie ein Farbnäpfchen, taucht aber nur einen Finger ein. Manchmal sind mehrere Farben in dem Näpfchen, die gleichzeitig – nicht vermischt – verwendet werden, dazu können zwei Finger eingetaucht werden. Ich würde aber niemals zulassen, dass mit der ganzen Hand geschmiert wird, oder Handabdrücke geschehen. (32, 42)

Bei manchen Kindern fällt die besondere Verbundenheit mit einer Farbe eindrücklich auf: Ein kleiner Junge hatte eine ausgeprägte Vorliebe für ein dunkleres Blau, das er in jedem seiner Bilder irgendwo verwendete. Manchmal war der Himmel ein schwarz-blauer, mehr oder weniger breiter Streifen, anderswo benützte er diese Farbe als Wasserraum oder für einen Gegenstand, einen Menschen, ein Haus ... Bezeichnend war, dass er als erstes, bevor er ein Blatt nahm, das Näpfchen mit »seiner Farbe« aus dem Fach holte, es vor die Wand auf den Boden stellte und dann sein Blatt darüber aufhängen ließ.

Ein anderes Kind stellte in jede seiner achtunddreißig erarbeiteten Landschaften, während zwei Jahren, immer wieder ein hellgelbes Haus, für das es die Mischfarbe aus Gelb und Weiß brauchte.

Wer die Formulation kennt, weiß, wie wichtig das Wiederholen ist, das als immer wieder dargestellter Gegenstand, als »Trazat«, oder als eine bestimmte Farbe geschehen kann. Dafür sind die zuvor geschilderten Begebenheiten bezeichnend.

Am Anfang der Malstunde sind alle Mischfarben im Regal bis zum Rand mit Wasser angefüllt. Wenn jemand eine solche Farbe haben möchte, sagt er es mir, und ich nehme das gewählte Schälchen sorgfältig hervor, schütte das Wasser in den danebenstehenden Eimer und gebe es der Person in die offene Hand – nicht zwischen die Finger, wie sich Unerfahrene anschicken, es in Empfang zu nehmen –, und zwischen Daumen und Zeigefinger der anderen Hand schiebe ich den dazugehörenden Pinsel.

Das ist das übliche Ritual, an das sich ein jeder hält. Es ist manchmal – gewiss ganz selten – geschehen, dass ein Neuankömmling sich einredet, er brauche dazu nicht meinen Dienst; und es geschieht dann, dass er das Wasser mit der darunter ruhenden Farbe auf den Boden ausleert, wenn er es nicht sogar schon davor, beim Hochheben des Schälchens, auf das Regal oder auf seine Hose oder Schuhe verschüttet. In der Folge, weiß dann die Person, dass ich dafür da bin und, wie angenehm es ist, von mir bedient zu werden. (44)

Niemand sollte glauben, das Bedientwerden schaffe Abhängigkeit und mache die Kinder unselbstständig. Es geht ja nicht darum, zu beweisen, dass man es selbst tun könnte. Es ist beflügelnd, sich auf das Wesentliche, das hier geboten ist, unabgelenkt zu konzentrieren und sich von dem Malspieldienenden getragen zu fühlen.

Es gehört auch zu meiner aufmerksamen Rolle, sobald es nötig ist, einen Tropfen Wasser in das Schälchen in der Hand einer malenden Person nachzufüllen; deshalb wird oft gerufen: »Arno, meine Farbe ist trocken!« oder, kurz gesagt: »Arno, Wasser!« und ich begebe mich zu der Person mit der Flasche. (43) Das Befeuchten der Farbe im Mischnäpfchen muss auch von der dienenden Person erprobt worden sein, damit wirklich nur der gewünschte Tropfen, und nicht ein Strom aus der Flasche fließt.

Wenn es eine unerfahrene malspieldienende Person tut, muss ich meistens einspringen und erklären: »Das abgebogene Flaschenende nach oben richten, und die Flasche kurz nach vorne kippen, dann fließt nur ein Tropfen heraus!«

Die Formulation ist ein Universal-Gefüge mit siebzig Bestandteilen. Zu ihnen gehören, neben Figuren, Bild-Dingen und Trazaten, auch zwei Farben: Blau einerseits und ebenso das Zusammenspiel von Rot und Gelb. Blau ist der Wasserraum (45), Gelb-Rot der Lichtraum (46). Beide haben die Eigenschaft zu wachsen, sich zu riesengroßen Räumen auszudehnen, die das Kind mit Begeisterung erlebt.

Die achtzehn Farben des Palettentisches sind also nicht irgendwelche, meinem Geschmack oder meiner Empfindung angepasste. Manchmal fragt mich jemand – nicht ein im Malort Spielender – ob denn der Tisch nicht länger sein könnte, denn dadurch wäre doch Platz für zwanzig Farben, für ein zusätzliches Gelb, ein weiteres Blau ... Es bestätigt sich immer wieder, wie praktisch dieses Instrument ist: in seinen Ausmaßen übersichtlich und von allen Seiten her zugänglich. Und besonders auffallend ist auch, dass ganz kleine Kinder so geschickt damit umgehen können. (48) Die Tischplatte ist für manche in Augenhöhe, und doch bringen sie es fertig, den Pinsel sachte einzutauchen. Sie müssen dabei etwas übertrieben den Ellenbogen heben, um die anderen Pinsel nicht zu verschieben. (49) Ich verlange deshalb von den Eltern, dass die Kinder eine gut angepasste Schürze tragen, nicht eine mit herunterhängenden oder dick aufgerollten Ärmeln, die eine sichere Gebärde verunmöglichen.

Oftmals habe ich den von zu Hause mitgebrachten Kittel gegen etwas dem Spiel Angemessenes ausgetauscht. Das ausgetragene Hemd vom Papa, oder eine dicke Gartenschürze aus wasserdichtem Kunststoff mit einem Mickey-Mouse-Kopf auf der breiten Vordertasche zeugen von der fehlerhaften Vorstellung der Eltern vom kindlichen Malen, als würde man sich dabei besudeln und bespritzen! Mit welcher sicheren und ruhigen Gebärde das Kind spielt, ist der Erfahrung der meisten Erwachsenen fremd. Es ist tatsächlich für Außenstehende unvorstellbar.

Meine Beschreibungen sollen darauf hinweisen, dass es im Malspiel auf unendlich viele Begebenheiten ankommt; aber sie sollen nicht etwa als eine Gebrauchsanweisung oder als Rezepte verstanden werden, die fertige Lösungen für übliche Probleme vorschlagen. Die Grundlage des Dienens beruht auf der Fähigkeit, sich immer in die Lage einer jeden Person zu versetzen, zu wissen, was ihr im gegenwärtigen Moment angenehm sein kann, und was sie empfindet, wenn wir ihr dienlich sind.

Dass wir den Umgang mit dem Pinsel ermöglichen – nicht irgendeinen, sondern einen aus guten Rohstoffen und gewissenhaft angefertigten –, trägt zum Vergnügen bei; dass die Farbe dickflüssig leuchtend, deckend ist, und das Papier, dessen Ausmaße dem Blickfeld entsprechen, in angenehmer Höhe, der Gebärde angepasst (32, 54), zum Geschehenlassen der Spur empfänglich einlädt – das sind die materiellen Grundlagen, die dem Malspiel eigen sind. Sie sind die unentbehrlichen Bedingungen für den makellosen Ablauf der Malspielstunde.

Dessen muss sich die dienende Person voll bewusst sein. Sie muss aber auch die unvergleichlichen Folgen des Malspiels ermessen. Sie muss wissen, dass in der Geborgenheit des Malortes, in den außergewöhnlichen Momenten des dortigen Erlebens, eine Spur entsteht, die es nirgendwo zuvor gegeben hat.

Auch davon möchte ich erzählen – vom unvorstellbaren Abenteuer der Formulation, das die malspielende Person zur Begegnung mit ihrem entflohenen Anfang führt.

In den Jahren, als meine Donnerstag-Akademie bekannt wurde, kamen Menschen zu mir, die auch beabsichtigten, Kinder malen zu lassen und mich ein wenig um Rat fragen wollten, wie sie das am praktischsten tun können. Es stellte sich bald heraus, dass dies gar nicht so einfach geht und dass, was mir geläufig und selbstverständlich war, anderen Schwierigkeiten bereiten kann. So unbelastet wie ich war sicher kein Anderer. Dieser kam vom Bereich der Kunst her, jener hatte etwas mit der Psychologie zu tun, ein anderer kam aus dem Schulwesen. Das lastete auf ihnen und beeinflusste unausweichlich ihr Verhalten.

Später allerdings, nachdem ich angefangen hatte, die Formulation zu erforschen, und als schon etliche Mappen mit Bildern angefüllt waren, nicht mit außergewöhnlich originellen oder gelungenen Werken, sondern, im Gegenteil, mit Beispielen, die das Allgemeingültige dokumentierten, und die ich manchmal für Besucher öffnete, um ihnen zu zeigen, worin die Eigenart der im Malort entstandenen Spur besteht, benutzte ich auch diese Dokumente, die sich sehr schnell vermehrten, um Erzieher auf die Besonderheit der Formulation, aufmerksam zu machen.

So entstand im Laufe der Jahre zwar nicht ein Lehrplan, aber doch eine strukturierte Vermittlung der nötigen Grundlagen für das Malspiel.

Ich nahm in jeder meiner Malgruppen sechs Wochen lang eine Person auf, die dem Spiel zuschaute; und am Ende ihrer Lehrzeit lud ich sie alle zu einem Diavortrag ein und zeigte ihnen allen die ersten Ergebnisse meiner Forschungsarbeit.

Entscheidend war eine Einladung nach Kanada gewesen, für die ich mir eine Einrichtung ausdenken musste. Sie bestand aus drei Wänden: einer fünf Meter langen, die zwei etwas schräg angesetzte Seitenteile verlängerten. Das Ganze sah wie eine Stube auf einer Theaterbühne aus. Ein Palettentisch stand im Vordergrund. Kinder konnten in diesem halbgeschlossenen Raum malen, und ihnen gegenüber saßen die zu meiner Ausbildung gekommenen Personen und wohnten schweigend – das verlangte ich – dem Geschehen bei, über das hernach gesprochen wurde – nicht über die Bilder, sondern über mein Verhalten und all das Ungewohnte und nicht für einen jeden sofort Begreifliche im Malspiel. An den vielen Fragen konnte ich ermessen, wie wichtig jede Einzelheit im Malspiel ist, über die ich nicht nachdachte, aber die ich anderen erklären musste: Warum Reißnägel? Warum sechs Reißnägel? Warum stecken Sie die beiden oberen in das Blatt? Warum lassen Sie nicht das Kind selbst sein Blatt nach Belieben aufhängen? Loben Sie nie ein Kind, wenn es etwas Schönes gemalt hat? Ist es nicht eine Enteignung, wenn Sie das Bild behalten? Warum dürfen nicht mehrere Kinder ein Gemeinschaftsbild malen? ...

Die Kinder malten jeden Nachmittag, und am Morgen führte ich mit vielen Dias in die Formulation ein – die damals noch die »bildnerische Sprache« hieß. Viele damalige Benennungen habe ich in meinem Vokabular durch geeignetere ersetzt. Und meine Vorträge wurden im Laufe der Jahre durch viele neue Bilder und Schema-Tafeln bereichert.

Ich wurde auch gefragt, wozu es nötig sei, als dienende Person die Eigenart der Spur zu kennen, die doch nur zu geschehen habe und nicht dem Kind beigebracht werde.

Es ist sehr wichtig, zu erklären, warum für den Malspieldienenden die Kenntnis aller Bestandteile der Formulation unentbehrlich ist. Aus drei Gründen nämlich: Um nie staunend der Äußerung des Kindes zu begegnen, sondern nur festzustellen, dass sie geschieht, nicht weil das Kind begabt und einfallsreich ist oder, im Gegenteil, fantasielos, unfähig, behindert oder anderweitig rückständig sein könnte, sondern wissend, dass das Geäußerte einem Universalgefüge angehört und bei allen mit den gleichen Bestandteilen der Formulation stattfindet.

Die vom Wissen um die Formulation bestimmte Begegnung mit der Spur schließt den Gedanken aus, die Äußerung des Kindes sei unzulänglich und könne verbessert werden.

Diese veraltete, auf einem Irrtum beruhende Einstellung hat verheerende Folgen. Sie legitimiert den belehrenden Erwachsenen, der sich einredet, sein Wissen und Können dem unbemittelten Kind verabreichen zu müssen. Die Kenntnis der Formulation schließt den Gedanken einer Verbesserung aus. Die spontane Spur ist endgültig und niemals unzulänglich. Diese Kenntnis zeigt den grundlegenden Unterschied zwischen der Formulation und der künstlerischen Schöpfung – zwischen der im Malspiel geschehenen Spur und dem Kunstwerk.

Als drittes kommt hinzu, dass die Formulation nicht der Vermittlung dient und dass es für das vom Malspielenden Geäußerte keinen Empfänger geben kann. Auch dadurch unterscheidet sich diese Spur vom Kunstwerk, dessen Bestimmung ist, von anderen aufgenommen und genossen zu werden.

Die Spur des Kindes hingegen teilt nichts mit. Sie berichtet nichts aus dem Gefühlsleben, verbirgt keine geheimen Regungen, von denen Interpretierende sich anmaßen, sie ausgraben und entziffern zu können. In Wirklichkeit drängen sie ihre Zwangsvorstellungen in die als rätselhaft geltenden Bilder. Aber, da sie von der Formulation nichts wissen, unterscheiden sie nicht das Allgemeingültige von dem, was sie bei einer Person als Äußerung einer persönlichen Empfindung betrachten.

Ich hörte staunend einem Vortrag zu, in dem ein Psychologe Bilder von kriegsgeschädigten Kindern vorführte, und der vom Bild eines Jungen, behauptete, der rot brennende Himmel verkünde die Schrecken des durch einen Bombenangriff traumatisierten Gemütes.

Ganz Ähnliches steht in einem Heft mit Kinderzeichnungen zum Thema »Straßenverkehr«: »Der zunächst blaue und ruhige Himmel verändert sich dort, wo Fahrradfahrer und Lastwagen zusammenstoßen, in ein dunkles Rot um dann in heftigen Orange- und Gelbtönen aufzuglühen. Die im Fahrradfahrer wild kämpfenden Gefühle der Angst, Wut und Unsicherheit werden so dramatisch sichtbar gemacht.«[3]

Ich könnte diesen Interpretierenden lange Reihen von Bildern zeigen, mit einem roten oder gelb-roten Himmel. Manchmal sind sie zu riesengroßen roten Räumen herangewachsen, Sie sind Illustrationen zum Thema »Licht-Raum« und stammen von vielen, man könnte sagen: von allen Kindern, die mit der Spur spielen, denn der Lichtraum, der von der schmelzenden Sonne ausgeht, gehört zu den Bestandteilen der Formulation. (51) Alle Kinder stellen die Sonne dar; zuerst als das »Bild-Ding«, das die Strahlenfigur einkleidet. Und der programmierten Entwicklung folgend, schmilzt die meistens gelbe, manchmal rote oder gleichzeitig gelbe und rote Sonne und wird zum Lichtraum.

Keines dieser Kinder hat einen Bombenangriff, einen Großbrand oder einen Verkehrsunfall erlebt. Ich zweifle nicht daran, dass der zuvor erwähnte Junge Schlimmes erlebt hat. Aber sein geröteter Himmel deutet das nicht an; er ist genau der gleiche, wie bei Kindern, die in einer ruhigen Wohnung leben.

Wer es nicht weiß, stimmt bewundernd dieser nachweislich unbegründeten Deutung zu. Aber der Kundige lehnt sie höhnisch – verbittert – ab. Jene, und gleichermaßen alle anderen, die in vielen verwerflichen Büchern und Magazinen stehen.

Ich habe in einem umfangreichen Aktenordner, auf dessen Rücken steht: »Interpretierungen von Kinderzeichnungen« alles, was ich im Laufe der Jahre zu dieser Thematik fand, zusammengetragen. Diese Zusammenstellung wurde zu Beginn von meinem ausgeprägten Ordnungssinn veranlasst. Ich wollte möglichst einen Gesamtüberblick gewinnen, mit der Annahme, dass sich die verschiedenen Aussagen ergänzen. Dann, als ich alle diese Texte las, wuchs die listige Absicht, sie einander gegenüberzustellen. Ich tat es auch, was die Deutung der Farben betrifft, in einem meiner auf Französisch geschriebenen Bücher[4] Eine solche Konfrontation lässt deutlich erkennen, dass alle diese unbelegten Behauptungen bloß aus dem Gefühl des Aussagenden, aus seinem eigenen Verhältnis zu einer Farbe herstammen, und keinen allgemeingültigen, also wissenschaftlichen Wert haben. Aber solch eine unbelegbare Meinung sollte jeder für sich behalten und daraus keine

Theorie entwickeln und veröffentlichen. Dies zu zeigen, hätte ein spaßiges Spiel sein können. Es ist aber tragisch zu sehen, wie viele Kinder nach solch trügerischen Behauptungen beurteilt, eingestuft, geleitet werden.

Ich lehne den »Mann-Test« (»Draw-a-man-Test«) von Florence Goodenough entschieden ab, der in vielen Ländern seit Jahrzehnten viele Nachkommen zeugte.

Welch eine – ich suche das Wort, um es zu benennen! –: »Gemeinheit«? »Unverschämtheit«? »Unverantwortlichkeit«? Am liebsten sage ich: »welcher Frevel!« Denn ich denke an die Folgen für die getesteten Kinder. Man bedenke, dass wegen einer so verwerflichen Beurteilung des dargestellten Menschen ein Kind in der Schule sitzenbleibt oder eine ärztlich-psychologische Behandlung erdulden muss, weil es einen natürlich gebildeten Menschen darstellt, z.B. mit Händen als Strahlenfiguren, deren Striche nicht den erwarteten oder vorgeschriebenen fünf Fingern entsprechen, oder einen Menschen, mit fehlenden Augenbrauen, was auf einen Intelligenzrückstand hinweise.

Ich habe ein Dokument von einer Lehrerausbildungsschule, in dem Menschen – es müssen allerdings Männer sein, was an sich schon eine Verachtung der natürlichen Identifizierung bedeutet, wenn es Mädchen vorgeschrieben wird (inzwischen wurde der Test in »Draw-a-person-Test« umbenannt) – von verschiedenen Schulkindern abgebildet sind, mit den entsprechenden Angaben: Ingrid B. geb. 22. 3. 1947 – Zeichnung vom 18. 9. 1953; Lebensalter: 6,5 Jahre; Mann-Zeichen-Alter: 6,0 Jahre: leichter Altersrückstand. Marlies M. geb. 30. 1. 1944 – Zeichnung vom 22. 6. 1957; Lebensalter: 13,42 Jahre; Mann-Zeichen-Alter: 14,5 Jahre: dem Alter voraus. (Offensichtlich ist dieser zuletzt gezeigte Mensch in Profil-Darstellung, wonach der Reifestand des Kindes ermessen wird, die untertänige Wiedergabe eines beigebrachten Vorbildes.)

Wer hat den Begriff »Mann-Zeichen-Alter« erfunden? Wie konnte ein so verderblicher Gedanke verbreitet werden?

Ich fand in einer italienischen Zeitschrift den Bericht einer Gerichtsverhandlung, bei der Kinder zum Zeichnen aufgefordert wurden, und weil die Tochter eines Angeklagten einen Baum mit einem Punkt auf dem Stamm machte, hat der Justiz-Psychologe behauptet, das beweise die Vergewaltigung des Mädchen durch den Vater. Dieser Psychologe müsste wegen einer solchen Behauptung zu mindestens zehn Jahren Gefängnis verurteilt werden.

Ich bedauere es fast, von diesem Vorgang erst nachträglich erfahren zu haben. Es wäre mir leichtgefallen, dem Gericht in Rom eine Mappe mit fünfzig Bildern aus dem Malort vorzulegen (52), in denen Bäume dargestellt sind mit einem Mittelpunkt (der oft als Nest eines Uhus, oder eines Eichhörnchens bezeichnet wird), um zu zeigen, dass dieser *Akzent* ein üblicher Bestandteil der Formulation ist, der keinesfalls psychologisch als Sonderfall beurteilt werden darf. Ebenso wenig wie die gelb-rote Sonne als Beweis für einen Gehirntumor gedeutet werden kann, wie es Frau Dr. Bach tat, die auch von Vögeln – ganz üblichen Vogeldarstellungen, deren

Kopf links des Körpers steht – behauptet, sie seien in die Vergangenheit gerichtet und bezeichnend für den baldigen Tod des betreffenden Patienten.

Alle diese unverantwortlichen Interpretationen kann ich mit Hunderten von Beispielen widerlegen. (53, 54) Sie verkünden nichts anderes als die krankhaften Beschäftigungen der Analytiker.

Eine namhafte Kinderbilderdeuterin – die Kindergärtnerinnen ausbildet – schreibt in ihrem Buch, dass üblicherweise Kinder Häuser mit zwei Schornsteinen darstellen, worin sich die Vergegenwärtigung des Elternpaars erkennen lasse. Ich stellte sie zur Rede, und sie gestand mir, das sei ihr eines Morgens beim Aufwachen in den Sinn gekommen.

Das ist bezeichnend für die Mehrzahl der Interpretierungen. Woher weiß Frau Dr. Bach, was sie in ihrem Buch bekanntgibt? – Dass sterbende Kinder ein helles Braun verwenden, das sie das Braun des Verfalls nennt; dass Rot von einer Infektion künde und so weiter. Herr Dr. Le Barre behauptet, verschlungene Wege entsprächen Bettnässern. Alle diese Autoren verallgemeinern unverfroren einen zufälligen Einzelfall.

Ein Amerikaner – ich glaube ein Soziologe – erlaubte sich folgendes Experiment: Er legte eine Kartei von allen Schülern einer Klasse an, verteilte die Schüler willkürlich auf drei Gruppen und gab der Lehrerin an, die erste Gruppe enthalte die hochbegabten Kinder, die zweite die durchschnittlichen und die dritte die unbegabten.

Am Ende des Schuljahres entsprachen alle Schüler genau der gesteuerten Beurteilung. Daraufhin wurde in diesem Staat der Schultest abgeschafft. – Ein kluger Wissenschaftler! Würde ich, wie die Interpretierenden, Einzelfälle verallgemeinern, müsste ich sagen: Die Amerikaner sind klug; die Amerikanerinnen hingegen sind blöde!

Ich behandle nie einen Menschen im Malort nach dem, was ich von ihm weiß. Ich weiß nichts aus seinem Leben, ich kenne ihn nur als Malspielenden und bediene ihn vorurteilslos, kenne keine Sympathie oder Abscheu, weder Mitleid noch Bewunderung. Ich versetze seine Reißnägel oder bringe ihm einen Schemel.

Wüsste ich von seinem unglücklichen Eheleben, von seinem beruflichen Missgeschick, von Verhaltensschwierigkeiten in der Schule, von Autismus, von Krankheit oder Tod in der Familie und Ähnliches, hätte das seinen unvermeidlichen Niederschlag in meiner Beziehung zur betreffenden Person.

Kinder erzählen mir gelegentlich vom Formel-1-Rennen oder einem Fußball-Match im Fernsehen. Bei Größeren kann es vorkommen, dass uns eine Unterhaltung über ein Buch, eine Ausstellung, einen Film vorübergehend verbindet; oft sind es ein paar Worte während ihres Eintauchens am Palettentisch (31). Seit über fünfzig Jahren kommt ein jetzt Sechzigjähriger jeden Sonntag zum Malen. Ich weiß nicht, wie er lebt, welchen Beruf er ausübt – nur welches Buch aus der Leihbibliothek er diese Woche liest; und wir sprechen gelegentlich über Musik oder Politik.

Etwas darf es nicht geben – das sage ich auch den zukünftigen Malspieldienenden –: eine Plauderstunde nach dem Malen, mit Himbeersaft und Kuchen.

Einige Jahre lang fanden meine Ausbildungskurse in einem kleinen Gebirgsdorf statt. Dazu kamen die dortigen Kinder zum Malen; einige jedes Mal, andere weniger regelmäßig. Ein Mädchen versäumte keine einzige Malstunde und wuchs zu einem wahren Malort-Kind heran. Anfangs schüchtern, entwickelte es sich zu einer selbstsicheren Person. Diese Folgen des Malspiels ersparten ihr die psychologische Behandlung, die der Lehrer empfohlen hatte. Was ich aber hier erzählen möchte, bezieht sich auf das vorangegangene Thema:

Einmal ging ich im Dorf spazieren und begegnete dem Mädchen, das vor seinem Haus spielte. Als ich mich näherte vermied es entschieden, mich zu erkennen. Ich gehörte doch nur dem Malort an.

Ich stellte oft Ähnliches bei kleinen Malort-Kindern fest, die mich auf der Straße nicht erkannten. Ich konnte unmöglich derselbe sein, der dem Malort angehört. Selbst mir geht es ein wenig so: Vertraute Malort-Kinder kommen mir auf der Straße viel kleiner vor als im Malspiel. Ich weiß natürlich, dass das mit den Ausmaßen des Malortes zusammenhängt, in dem wir uns immer nahe sind; aber die glückliche Ausstrahlung jeder Person, die Wichtigkeit ihres Erlebens im Spiel verleiht ihrer Gegenwart überbetonte Dimensionen.

Ich untersuche nicht, was einen Malspielenden bewegt. Was ihn beschäftigt. Seine Spur entsteht – ich nehme es ohne Staunen wahr. Der Malspielende erlebt das Entstehen. Er ist von seiner Spur getragen, dem Nachdenken entflohen, das der Fremde angehört. Was in ihm sich regt ist unerprobt und beglückend. Ich kenne die Quelle, der seine Spur entfließt. Ich kenne den Unterschied zwischen *Gedächtnis* und *Erinnerung*. Ich weiß, wie weit das Gedächtnis reicht, und wo es aufhört – bestenfalls in unserem zweiten Lebensjahr –, und dass uns das Vorangegangene entgeht. Ich weiß, seit vielen Jahren schon, dass wir auch eine Erinnerung haben, eine »Organische Erinnerung«, die das zuvor Erlebte aufnahm. Und das darin Gespeicherte blieb ein unerreichbares Kleinod, bis der Malort – ohne es vorauszusehen – die unerprobte Möglichkeit zu seiner Offenbarung bot.

Erinnern heißt: in sein Inneres vordringen. Das ist es genau, was im Malspiel geschieht, wenn die Vernunftschwelle überschritten worden ist, und die spontane Regung das Ungedachte zur Äußerung bringt.

Niemand wusste von der Organischen Erinnerung noch von deren einzigartiger Äußerung. Mir war lange schon erschienen, dass die spontane Äußerung nicht die Wiedergabe von Aufgenommenem ist. Andere, die es bemerkten, jedoch nichts von einer absichtsfreien Äußerung wussten, schoben die vermeintlich mangelhafte Darstellungsweise der Unfähigkeit des Kindes zu.

Eine solche Auffassung war wohl verständlich in der Zeit der akademischen Malerei, der Johann Heinrich Pestalozzi, Corrado Ricci und einige weitere Veteranen angehörten. Aber wie ist sie bei späteren Pädagogen zu erklären?

Vor allen diesen schädlichen Begegnungen mit der Spur schützt die Kenntnis der Formulation, ihres Ursprungs, ihrer absoluten Eigenart. Und diesem Wissen entwächst eine andere Einstellung zum Kind – zum Menschen – eine urteilsfreie, bestimmt von der Überzeugung, dass seine Besonderheit unermesslich ist.

Bei den Malspiel-Vorführungen, die der Ausbildung angehören, fällt manchem Zuschauenden auf, dass die »Behandlung« der Malenden nicht einheitlich ist. »Als ein Kind sagte, sein Bild sei fertig, erwiderten Sie: ›Hole dir ein neues Blatt!‹ und einem anderen: ›Oh, nein, male weiter!‹«

Ich muss dann einiges erklären, das nicht sofort und für jeden selbstverständlich ist. Die ungleiche Behandlung unterscheidet sich von der schulischen Einstellung, die davon ausgeht, Gleichaltrige entsprächen festgelegten Kriterien; und weil diese als maßgeblich gelten, sind Klassen danach eingerichtet worden. Man vergesse nicht, woher die Schule gekommen ist: » ... im gleichen Schritt und Tritt!«

Im Malort sind nicht Vergleichbare vereint, und niemand ist beispielhaft. Das erscheint auf den ersten Blick, erscheint dem Neuankömmling, der sehr bald begreift, dass er sich hier nicht Gleichaltrigen anschließen kann, um mit ihnen eine Aufgabe zu teilen.

»Male weiter!« ist nicht eine Standard-Aufforderung. Wenn allerdings ein Kind sagt: »Ich bin mit meinem Bild fertig!« und ein anderes hakt ein: »Ich bin auch fertig!« erwidere ich mit Bestimmtheit: »Oh, nein. Male nur weiter!« denn das »auch«, das aus dem Konkurrenzdenken stammt, lasse ich nicht gelten.

Wenn ich ein Kind zum Weiterspielen ermutige, ist mein Angebot jedenfalls begründet. Mit der belastenden Kunstparodie soll es keine Zeit verlieren, sondern möglichst schnell ein neues Blatt zu einem besseren Zweck benützen. Die Aussicht besteht, dass das vom belehrenden Erwachsenen Beigebrachte noch nicht weit in die Tiefe des kindlichen Gemütes eindrang und dass die natürliche Spielfähigkeit zwar verachtet, aber doch nicht ganz entwurzelt worden ist; einmal wird sie wieder aufblühen – wenn auch mühsam –, mit unvermeidlichen Rückschlägen, weil das Vernichtende weiterhin die erzwungene Bereitwilligkeit benützt, um das Kind in seiner Macht zu behalten. Es kann lange dauern, bis das Kind wieder malspielfähig wird, aber die Zeit ermöglicht das Aufleben der natürlichen Veranlagung.

Die Zeit, die dieser lange Rückweg benötigt, darf nicht befristet sein. Wäre das Kind sich selbst überlassen, anstatt von der dienenden Person unterstützt zu sein, dann wäre kaum zu erwarten, dass es das Beigebrachte – das anderswo Geschätzte und Gefeierte – je überwände. Es muss erfahren, dass sich hier im Malort andere, unerprobte Fähigkeiten entwickeln, die einem begeisternden Spiel dienen. (30)

Wenn ich es einlade weiterzumalen, heißt das: Es lohnt sich, das Angefangene zu erweitern. Es kommt vor, dass ich dem Kind sage: »Weiter! Höre nicht auf!« Das bezieht sich auf alles der Formulation Angehörende. Es kann sein, dass ein Kind im Wasserraum, unter einem Schiff (sogar einem beigebrachten oder einer Vorlage entnommenem Schiff) ein paar Fische schwimmen lässt und, wie von plötzlicher

Eingebung angetrieben, die Fische vermehrt. Aber vielleicht ist der wahre Drang noch nicht so weit in ihm gereift, um das Bedachte zu überfluten, und ich sehe, wie es zögernd vor dem einladenden Wasserraum steht. Dann kann meine Zustimmung zum Weiterfahren anregen, ohne die es sich vielleicht noch enthalten hätte.

Mein Verhalten ist vom Wissen bestimmt, weil ich den Ablauf lückenlos verfolge und die geringsten Anzeichen des Wahren sofort erkenne; und ich lasse das Kind wissen, dass ich es bemerkte und schätze. Meine Unterstützung ist ihm unentbehrlich, um den Schritt zu wagen, zu dem es sich allein nicht getraut hätte. Oft genügt ein zustimmendes Lächeln, und es muss gar nichts gesagt werden.

Und auf die unausbleibliche Einwendung, das Kind sei also gar nicht frei, denn mein Eingreifen beeinflusse es, muss ich erklären, dass es nicht dasselbe ist, zu sagen, dass das Kind weitermalen *kann*, oder – wie anderswo üblich –: *was* es malen *soll*.

Was manchem, der einer Malstunde beiwohnt, auch als unüblich erscheint, ist, dass ich nicht nur mit Worten eine Verbindung mit den Spielenden herstelle, sondern sie auch berühre (56, 59); wenn es nötig ist, die Hand eines Kindes in die meine nehme, um ihm das richtige Eintauchen beizubringen (55); oder die gute Weise, beim Malen den Pinsel zu halten: nicht schräg, sondern gerade, das heißt, waagerecht, damit die Farbe nicht über das Blatt rinnt, oder, im Gegenteil, auf die Hand oder den Arm. Und auch, dass man nicht derb hin- und herstreicht. Das alles ist verständlicher, wenn ich es auf diese »greifbare« Weise erproben lasse, als wenn ich es mit Worten erklärte.

Es geschieht, dass ich jemanden wortlos zu der Farbe hinschiebe, in die er ungeschickt von der Ferne einzutauchen versuchte. Oder, nachdem ich einen Schemel brachte, der Person helfe, sich daraufzustellen.

Vor Jahren, als ich nach einem öffentlichen Vortrag Fragen beantwortete und von meiner Rolle erzählte, sagte eine Frau: »Ich würde es nicht wollen, dass mir jemand die Reißnägel versetzt. Das wäre mir unangenehm!« Und ich erwiderte: »Wenn *ich* Ihnen die Reißnägel versetze, dann finden Sie das angenehm!« Ich sagte das aus Überzeugung. Und sie lächelte gelassen bei dieser Vorstellung.

Das Malspiel ist ein Spiel. Damit unterscheidet es sich von der Malkunst. Aber es ist auch ein ganz besonderes Spiel; und es ist aus verschiedenen Gründen eigenartig: seiner Perfektheit wegen, und weil es keine besondere Begabung voraussetzt und jeder Person leichtfällt; weil es so angelegt ist, dass, wenn seine materiellen – leicht durchzuführenden – Bedingungen geschaffen sind, überhaupt kein Hindernis seinen Ablauf beschränkt.

Bedingungen sind: die räumliche Anlage und Einrichtung, die strengen Spielregeln, Regelmäßigkeit und Langfristigkeit der Malspielstunden und die unentbehrliche Kompetenz der dienenden Person.

Die Verkettung von Ort–Handlung–Spur ist das Merkmal des Malspiels.

Die hier entstehende Äußerung ist mit nichts vergleichbar. Es ist wichtig, das zu wissen, weil es für manchen zweifelhaft, sogar unannehmbar ist. Wie ist es möglich, dass etwas so Wesentliches, Natürliches und Lebenswichtiges nie zuvor geschah; dass es erst vor einem halben Jahrhundert entstanden sein kann?

Hätte ich vor hundert Jahren den Malort eingerichtet, dann würde er einer legitimierenden Vergangenheit angehören. Dass ein heute Lebender Urheber von etwas absolut Unerwartetem ist, stößt auf Widerstände; vielleicht weil er inmitten seiner Zeitgenossen lebt und sie sich benachteiligt fühlen, weil sie es nicht selbst gefunden haben. Das löst bei manchen ablehnende Gefühle aus – eigentlich unbegründete, denn sie sollten sich doch darüber freuen, dass jemand – ein ihnen Ähnlicher – dazu erkoren worden ist. Ich weiß – und sagte es bereits – : meine »Berufung« hängt mit meiner Vergangenheit zusammen, mit der daraus entstandenen Unbelastetheit, mit der ich der Spur begegnete.

Wenn ich vom Malspiel und der Formulation erzähle, werde ich oft gefragt, ob denn andere Techniken nicht die gleiche Rolle spielen könnten.

Ich lehne den Vergleich ab und muss erklären, was das Malspiel von anderen Spielen unterscheidet. Aber als erstes erwidere ich: Die »Organische Erinnerung« war unbekannt. Dass es eine solche gibt, ist eine wesentliche Erkenntnis – ist wesentlich und folgenschwer. Dass es für das darin Gespeicherte eine Äußerungsmöglichkeit gibt, ist eine ebenso bedeutsame Erkenntnis. Diese originelle Rolle der Spur war unerprobt geblieben, bevor die besonderen Bedingungen des Malortes sie ermöglichten. Der Spur war üblicherweise eine vermittelnde Rolle beschieden, eine anders veranlagte wurde überhaupt nie beabsichtigt. Dass also im Malspiel die Formulation geschieht, ist eine glückliche Errungenschaft der Menschheit.

Dass diese unerprobte Rolle der Formulation enthüllt worden ist, wird unermessliche Folgen haben. Dass der Mensch auf eine so natürliche Weise – weil er spielend seine Spontaneität belebt – den Zugang zu seinem verlorenen Anfang findet, geht jeden an, sollte ihn einladen und überzeugen.

Dass es dieses Äußerungsmittel gibt, ist unermesslich wichtig. Aber, warum sollte es für die Äußerung des in der Organischen Erinnerung Verborgenen noch eine Ergänzung geben; die Formulation bedarf einer solchen nicht.

Aber alle die auf ihre Weise nützlichen Spiele, an die oft meine Zuhörer denken: Tanzen, mit Tönen spielen, mit Wörtern jonglieren haben andere Eigenschaften. Sie geschehen unter anderen Voraussetzungen, die ich zweifellos schätze, vorausgesetzt allerdings, dass sie als Spiel geschehen, und nicht dem Vorspielen dienen.

Hinzu kommt auf praktischer Ebene etwas, das berücksichtigt werden muss: Im Malort sind fünfzehn Personen vereint; sie sind verbunden durch das Gemeinsame. Jeder kommt mit leeren Händen in den Malort und findet hier alles für das Spiel Nötige. Er nimmt das Blatt, das für sein Spiel an der Wand befestigt wird. Es hängt vor seinen Augen und ist sein bewahrter, mit niemandem geteilter Raum, der seiner Person angepasste Spielraum. Und doch ist sein Blatt neben anderen Blättern, den nahegelegenen, aber nicht bedrängenden Welten der Spielgenossen. Und zum Eintauchen geht er zum Instrument, wo die anderen sind, denen man nichts abstreiten muss, sondern in deren Gemeinsamkeit man sich behaglich fühlt.

Das Spiel ist dieses Hin-und-Her zwischen dem Eigenen und dem Gemeinsamen. (57)

Nun stelle man sich vor, was in einer Gruppe von fünfzehn Personen geschähe, die Töne entstehen ließen. Ist es denkbar, dass jeder Beteiligte seine eigenen Töne inmitten der Töne aller anderen uneingeschränkt erlebe? Ich finde es sehr wichtig und fördernd, mit anderen zu musizieren. Aber das bedingt eine unvermeidliche Anpassung. Das Gemeinsame geht auf Kosten des uneingeschränkt Persönlichen. Ich schätze es sehr, wenn Kinder ein so harmonisches Zusammensein erleben können. Daneben, vielleicht als Gegenstück dazu, um die Musik noch in einer anderen ihrer Eigenschaften zu erfahren, sollte jeder Mensch auch ernsthaft allein mit Tönen spielen; so wie mein vierjähriger Enkel sich von den Lauten berauschen lässt, die er auf dem Flügel oder der Harfe mit seinen zehn flinken Fingern in dem stilllauschenden Raum schwingen lässt.

Ähnlich ist es mit dem Bewegungsspiel, das viele Eigenschaften besitzt, viele Fähigkeiten entwickelt und niemandem versagt sein sollte. Aber wenn sich in einem Raum – sei er noch so ausgedehnt – fünfzehn Menschen bewegen, jeder seinem Drang folgend, sich dreht und sich fallen lässt, hüpft, sich streckt, sich am Boden einrollt, lange Stoffbahnen schwingt und ihrem Schweben folgt, muss doch etwas alle Beteiligten verbinden; wozu wären sie sonst beisammen in diesem Raum? Die Wahrnehmung und Berücksichtigung der anderen hat zur Folge, dass auch in diesem Spiel das Gemeinsame das Persönliche übertrifft.

Bei allen Kindern sollte auch dieses Spiel eine maßgebliche Rolle spielen. So war es im Leben meiner Kinder: Malspiel, Musik, freies Tanzen gehörten zu ihren allwöchentlichen Hauptbeschäftigungen; und das trug dazu bei, dass sie sehr vieles können und wissen. Denn das Wissen ist die natürlich Folge des Könnens. Das ist leider verkannt worden im Leben der zum Belehrt-Werden verurteilten Kinder.

Einer meiner guten Freunde hat neben seinem Malort auch einen Modellier-Raum eingerichtet. Er behandelt dort die Kinder genauso wie im Malspiel. Jedes Kind holt sich den nötigen Ton-Klumpen aus dem zentralen Kübel und formt ihn zu einem Gebilde auf einer Art Töpferscheibe, vor der er steht, neben den anderen Spielenden. Der Dienende macht die Runde, beschafft etwaige Stützen oder andere Hilfsmittel, wenn etwas über den ursprünglichen Rahmen hinauswächst. Wenn das Erschaffene am Ende der Stunde nicht fertig wurde, bleibt es stehen, muss bis zur darauffolgenden Zusammenkunft mit feuchten Tüchern vor dem Eintrocknen bewahrt werden; und der Erwachsene muss bei warmer Witterung immer wieder die Umhüllungen frisch befeuchten.

Die beendeten Gebilde werden fotografiert und hernach eingeschmolzen. Die dienende Person tut das alles mit einer erstaunlichen Hingabe. Manches, das der

Formulation angehört, gäbe es auch in dieser dreidimensionalen Äußerung, woran ich nicht zweifle. Aber welcher Aufwand, welche Beanspruchung im Vergleich zu dem einfachen Geschehen im Malspiel.

Zu den rein praktischen Erwägungen kommt, dass das Malspiel unvorstellbar geringe Ausgaben beansprucht. Der Verbrauch an Farbe und Papier ist so unaufwendig, dass er kaum berechnet werden könnte. Das sollte dazu beitragen, Verwaltungen von der Nützlichkeit des Malspiels zu überzeugen.

Ich nannte keine Nachteile. Es ist wohl nicht erstaunlich, dass ich sage: Das Malspiel hat unermessliche Eigenschaften, ist für einen jeden bereichernd. Nichts spricht dagegen, wenn es regelrecht geschieht. Jene, die es ablehnen, haben es wohl nicht in seiner Echtheit erfahren oder sind von zähen Vorurteilen geblendet, die oft von ihrer beruflichen Tätigkeit stammen.

Etwas derart Beglückendes, das jeden, dem es gewährt ist, begeistert, das jeden der davon erfährt, anspricht, sollte doch weltweit verbreitet sein. Warum ist es so schwer, das Malspiel zu verallgemeinern? Auch über diese so oft gestellte Frage habe ich nachgedacht. Ich weiß, dass es dazu kommen wird. Ich weiß auch, dass die Reinheit des Malortes schon heute von unehrlichen Nachahmern missbraucht wird. Aber das Unechte hat keine Zukunft. Ich könnte ein sicher erfolgreiches Buch schreiben: »Der Weg zu unserer Ursprünglichkeit« oder »Zurück zum Ursprung unseres Lebens« oder »Die Spur unseres vorgeburtlichen Erlebens«. Ich werde es nicht so nennen. Langsamen Schrittes wird sich das Malspiel verbreiten und dazu beitragen, die Menschen zu verändern. Und die Kenntnis der Formulation wird bezwecken, dass die schädliche Behandlung des Kindes abgelehnt wird und dass die wieder spielfähig gewordenen Kinder zu einer anderen Gesellschaft heranwachsen, einer Gesellschaft von erfüllten Menschen, nicht von geplagten, aus dem Paradies vertriebenen, denen ein Stück Lebens verlorenging. Die Formulation hat sie zu dem Entschwundenen zurückbegleitet, von dem sie gar nicht wussten, dass sie es in der Tiefe ihres Wesens besitzen. Als Ausgleich für das Mangelnde suchen sie tröstenden Ersatz, lassen sich von trügerischen Therapien verführen, anstatt ihr eigenes Potenzial zu nutzen.

Ich weiß, dass meine Aussage bei manchem Unbehagen hervorruft, vielleicht sogar Gehässigkeit auslöst. Aber jemand muss es sagen, muss Stellung nehmen. Welchen Sinn hätte das von mir Gefundene – dessen Wichtigkeit ich ermesse –, wenn ich mich darauf beschränkte, ein stummer Zuschauer von vielen schädlichen Handlungsweisen zu sein, die ich erkenne und begründet ablehne? Mein Schweigen wäre verantwortungslos. Deshalb ist für mich die Öffentlichkeitsarbeit ein erstrangiges Anliegen.

Viele Menschen kommen mir aus ihrer Ratlosigkeit entgegen und sind beglückt von den einfachen Begebenheiten, von denen ich berichte. Ihnen scheint, der Malort, das Malspiel, die Formulation seien das unbewusst Gewünschte, das ihnen entzogen war. Sie wussten nichts davon, und jetzt erfahren sie es staunend; und allein schon davon zu wissen, ist ihnen angenehm. Ich gönne einem jeden, das Malspiel zu erleben. Ich unterstütze jeden, der es ernsthaft anbieten möchte – ernsthaft und in allen seinen Einzelheiten.

Die Notwendigkeit, die Formulation bekanntzumachen, trat vor Jahren schon aus ihrer ursprünglichen Nebenrolle in den Vordergrund meiner Verpflichtungen. Ich verreiste viel, hielt Vorträge. Unablässig erarbeiteten wir neue Darbietungen. Meine Tochter Eléonore und ich verbringen noch immer viele nächtliche Stunden vor unseren Computer-Schirmen und wählen Bilder aus, setzten Abläufe zusammen, entwerfen Schema-Tafeln, bemühen uns, überzeugende Argumente zu illustrieren.

Und alle meine anderen Verpflichtungen ergänzend, drängt sich jetzt noch die Notwendigkeit der Ausbildung hervor; denn immer mehr Menschen, die vom Malspiel erfahren, wollen es erleben, oder sie erblicken in der Rolle des Dienens eine Lebensaufgabe.

Ich musste mir neue, erweiterte Mittel erdenken, um den Wunsch so Vieler nicht unerfüllt zu lassen. Vor etwa vierzig Jahren schuf ich die Einrichtung, von der ich erzählt habe, die in Kanada ihre Laufbahn antrat, und die bis jetzt den Malspiel-Vorführungen angemessen war. In ersichtlicher Zeit wird es anders sein. Mein Bestreben ist, die Formulation jedem Menschen zu gewähren. Das Malspiel wird zur erfüllenden Lebensweise aller Menschen beitragen.

Nach ihrer Ausbildung richten die auf das Dienen im Malspiel eingestellten Personen einen Raum ein. Alles ist darin noch unbenutzt. Der Palettentisch ist ausgestattet. Die Farbtöpfe stehen aneinandergereiht in der Rinne. Ihr Gewicht trägt zu seiner Stabilität bei. Die Tischplatte ist zwar neu, aber jedes Abteil ist angemalt: sogar die Pinselträger und die Pinselstiele, und das Wasser im Becher, dem Farbnäpfchen gegenüber, ist gefärbt; so fällt es jedem leicht zu erkennen, wo der blaue, wo der rote Pinsel eingetaucht wird und wohin er zurückkommt. Auch die Deckel der Farbtöpfe sind angemalt und sofort erkennbar, wenn die dienende Person während der Malstunde etwas nachfüllen muss. (60)

Ich habe jedem gesagt, dass er nie Farbreste in einen Topf zurückfüllen darf, weil irgendwelche Unreinheiten den gesamten Inhalt verderben könnten. Auch darf kein Wasser zum Verdünnen hineingeschüttet werden.

Und dann findet also eine erste Malstunde statt, und an ihrem Ende bleiben einige Farbspuren auf den braunen Wänden, die sich in der Folge vermehren werden, besonders in der mittleren Zone, weil am Anfang noch keine großen Bilder entstehen, die vom Boden bis zur Decke wachsen. (61) Vieles ist am Anfang noch etwas beschränkt und wird erst später erprobt, so viele unerwartete Spielmöglichkeiten: dass man noch andere Farben anfertigen kann, dass sich der Raum des Bildes erweitert, weil ein Weg oder ein Bach länger werden muss oder der in einem Blatt begonnene Mensch über seine Grenzen wachsen muss. Alle diese Erweiterungen des Spieles sind vorgesehen. Aber in den ersten Stunden geht es darum, sich mit dem Pinsel zu befreunden.

Der ersten Stunde ging ein Gespräch mit den von der Werbung angesprochenen Eltern voran, damit sie genügend vom Malspiel wissen, um es mit Überzeugung zu wählen. Sie haben vertrauensvoll ihr Kind – oder sich selbst, oder beide – für ein Jahr eingetragen; sie wissen auch, warum nie ein Bild den Malort verlässt. Sie wissen, dass dies entscheidend für die Besonderheit der hier ermöglichten Spur ist und dass die Abwesenheit eines Empfängers das Kind von der Abhängigkeit befreit.

An der ersten Stunde sind höchstens sechs Kinder beteiligt. Mehr können es nicht sein, sonst wäre die dienende Person überfordert und es entginge ihr manches unannehmbar Fehlerhafte. Sie verfolgt jede Gebärde und eilt dem Kind zu Hilfe, das mit dem Zurücklegen des Pinsels nicht zurechtkommt. Es darf ihr nicht entgehen, dass ein gelber Pinsel auf den grünen Pinselträger gelegt worden ist oder dass er in der verkehrten Richtung liegt – der Pinselkopf mit dem Haarbündel auf dem Stielende eines anderen Pinsels – oder dass, wenn der große Pinsel neben einem kleinen liegt, sich ein Kind anschickt, den zweiten kleinen auf diese schiefe Ebene zu bringen, anstatt den zurückgebrachten kleinen neben seinesgleichen und den großen dann darauf zu legen. Wenn die dienende Person das nicht bemerkt und nicht sofort in Ordnung bringt, besteht die Gefahr, dass der dritte Pinsel in die benachbarte Farbe rollt.

Jedes Kind muss Hemmungen und für das Malspiel unbrauchbare Angewohnheiten loswerden, muss sich an das unerprobte Bedientwerden gewöhnen und an die konkurrenzfreie Gegenwart der anderen.

Aber die dienende Person spricht keine einführende Worte: »So liebe Kinder, jetzt holt sich jeder ein Blatt aus dem Fach und trägt es zur Wand. Und dann geht ihr zum Palettentisch. Ich zeige euch, wie ihr den Pinsel eintaucht. Und danach ...!« – Solche Anweisungen sind absolut zwecklos. Wenn ein Kind zum ersten Mal in den Malort kommt, sage ich: »Nimm dir ein Blatt!«, und ich muss gar nicht sagen, wo die Blätter sind. (62) Während ich dann die beiden Reißnägel hineinstecke, sage ich: »Hole dir zwei Reißnägel für die unteren Ecken!« (14), und ich stelle immer wieder fest, dass ich auch gar nicht angeben muss, wo die Reißnägel sind. (16) Es wird im Allgemeinen zu viel erklärt, das selbstverständlich ist. Das muss sich jede malspieldienende Person zu Herzen nehmen. Dafür aber fordert diese Rolle eine unaufhörliche Aufmerksamkeit für alles, was bei jedem Malspielenden geschieht, und es darf ihr nichts entgehen; ihre sichere Gegenwart ist bestimmend für das Verhalten eines jeden. Sie achtet ganz besonders auf das richtige Eintauchen. Dazu muss das Kind sich vor die Farbe stellen, und nicht von der Seite her den Arm zu dem Farbnäpfchen ausstrecken und nicht hastig eintauchen; jedenfalls muss es in der richtigen Reihenfolge geschehen: Zuerst trinkt der Pinsel ein Tröpfchen Wasser und hernach schleckt seine Spitze ein wenig Farbe aus dem Näpfchen; aber es wird dazu nicht gerührt, wie bei der Vorbereitung eines Grießbreis oder einer Polenta. Manchmal muss einem Neuling beigebracht werden, nicht nochmals ins Wasser einzutauchen. (47, 48) Und vor dem Ablegen wird der Pinsel nicht gespült, wie zu Hause, oder an anderen Orten, wo der gleiche Pinsel für verschiedene Farben verwendet werden muss.

Vor dem Blatt muss oft gesagt werden: »Nicht die Hand aufstützen. Halte den Pinsel ganz gerade, nicht schräg!« Wer es nicht von Anfang an so erprobt hat, wird nie geschickt mit dem Pinsel umgehen; denn dann ist die Hand wie eingewurzelt. Sie kann sich nur im Halbkreis hin- und herdrehen, um den Mittelpunkt des Handgelenks oder, bestenfalls, um den aufgestützten Ellenbogen. Andere Gebärden – die natürlichen, die aus dem Gestaltungsdrang entstehen wollenden – bedürfen dann einer unnötigen Mühe.

Vielen Kindern muss auch gesagt werden: »Ziehe deinen Strich in einem Zug!« Auch das zaghafte Stricheln – das dem Stottern oder Hinken gleicht –, das ihnen irgendwo beigebracht worden ist, müssen manche überwinden. Ein freies, mit Überzeugung spielendes Kind gibt sich hemmungslos seinem Gestaltungsdrang hin; es zweifelt nicht an seiner sicheren Fähigkeit.

Wenn die Malspielstunde zu Ende ist, verlassen die Kinder den Raum. Niemand wirft im Fortgehen noch einen Blick auf sein Bild. Manche werden abgeholt. Andere gehen allein fort. Es kommt auch vor, dass jemand noch länger im Malort verweilt, weil etwas noch heute fertig zu malen war, das nicht eine Woche warten konnte.

Hernach ist die dienende Person allein und bringt den Ort auf seinen Ruhestand – nicht dass Unordnung entstanden wäre, aber es soll alles von der Malspielstunde Übrigbleibende weggeräumt werden.

Als erstes nimmt sie viele Reißnägel aus den Blättern, lässt nur die in den oberen Ecken noch stecken. (63) Sie stempelt das Datum auf die Rückseite eines jeden Bildes und schreibt den Namen der Person dazu. (64) Nach der Malstunde mit der zahlenmäßig beschränkten Gruppe sind es wenige Blätter, manche hängen in Augenhöhe, darüber hängen die ersten Bilder aus der Malstunde zum Trocknen. (65) Anfangs machen die Kinder viele Bilder; erst später verweilen sie länger in ihrem Raum und füllen ihn dichter an.

In das für das Malspiel geeignete Papier dringt die Gouache-Farbe leicht ein und trocknet sehr schnell. Das hat den Vorteil, dass man sehr bald mit einer anderen Farbe darübermalen kann. Um sich dessen zu versichern, sage ich der malenden Person, sie solle den Kopf ganz nahe ans Blatt halten, ihn fast seitwärts darauflegen und so von unten nach oben die Fläche ansehen, dann erscheinen deutlich die etwas glänzenden feuchten Stellen. Dicke Farbspuren trocknen langsamer; und es hängt auch ein wenig von der Witterung ab.

Die Bilder werden in zwei verschiedene Mappen verteilt, die fertigen in die eine, die zum Weitermalen bestimmten in die andere. (67) Beim Wiederkommen findet das Kind das Angefangene und nimmt es aus der Mappe (66) und lässt es wieder aufhängen. (68) Hinter manchen Blättern stehen mehrere Daten, oft sehr zahlreiche, wenn jemand lange in seiner inszenierten Welt verweilt.

Die Farbnäpfchen werden bis an den Rand mit Wasser angefüllt (69), das vor der nächsten Malspielstunde mit der Spritze sachte aufgesaugt wird. (70) So bleiben die Farben frisch, und nichts geht verloren. Wenn später Mischfarben dazu gekommen sind, werden sie auch mit Wasser bedeckt und der Pinsel liegt flach darin. Die vierundfünfzig Pinsel des Palettentisches bleiben auf den Pinselträgern liegen. Sie können, je nach Witterung und Frequenz der Malstunden im Wasserbecher leicht gespült werden. Jedenfalls werden sie vor Gebrauch kurz eingetaucht – nicht allzu lange, damit sich die Haare nicht biegen.

Und dann ist der Malort wieder still geworden, und die dienende Person beruhigt sich darin, bevor sie in die Außenwelt tritt. Beim Einordnen der Bilder hat sie die ganze Malspielstunde nacherlebt. In den Spuren auf den Blättern, und auch in den auf der Wand verbleibenden, ist etwas davon festgehalten worden und klingt nach, bis sie andere Spuren ablösen oder einspinnen.

Auch für die Kinder ist die Malstunde nicht abgeschlossen, nur unterbrochen, bis zum Wiederkommen und Weitererleben. Viele sagen beim Weggehen: »Ich male morgen weiter!« und beim Ankommen: »Ich habe gestern ein Bild begonnen und male daran weiter!« Die dazwischenliegende Zeit ist so gewichtlos, wie auch das im Traum Erlebte der Zeitrechnung entgeht.

Ich nannte das Vorgespräch mit den Eltern, die beabsichtigen, ein Kind in den Malort einzutragen. Ich lade sie ein und empfange sie einzeln oder gleichzeitig mit anderen Verabredeten, was auch immer der Grund war, mich zu treffen – ich erkläre allen, worum es im Malspiel geht, was es von der Kunst unterscheidet, was es jedem Malspielenden ermöglicht; und die Fragen meiner Gäste überschneiden und ergänzen sich.

Ich biete jede Woche zwei Sprechstunden an. Es sind Sprechstunden, denn wir unterhalten uns, oft sehr lange, länger als von manchen erwartet, weil das Thema oft die anfänglichen Grenzen überschreitet und zu Überlegungen führt, die Schule und Erziehung im Allgemeinen betreffen, die Lebensweise und Zukunft der Gesellschaft angehen; während das Wort »Sprechstunde« – so wie es üblicherweise angewandt ist – dem Geschehen bei einem Arzt eigentlich gar nicht entspricht.

Nach der Malstunde am Mittwoch und am Samstag, wenn die Wände des Malortes von allen entstandenen Bildern entblößt worden sind, treten die im Vorraum Wartenden ein und haben alle den gleichen verwunderten Gesichtsausdruck: So sieht der Raum also aus! Selbst wenn sie davon ein Bild gesehen haben, diese Stimmung konnte es nicht vermitteln, und jeder ist davon sofort berührt, als schwänge aus den Wänden eine noch nie erlebte Stimmung hervor – etwas wie beim Eintreten in einen gotischen Dom, der die Seele zu unwiderstehlichen Wallungen anregt. Zuerst ist Schweigen und Unbeweglichkeit. Und dann lässt jemand eine Frage in die Stille fallen, und es folgen viele, über die Beschaffenheit des Malortes, über die hier verwendeten Utensilien, das Alter der Beteiligten, die Dauer des Spiels, meine Rolle ...

Und jemand nähert sich dem Tisch, um sich in die Lage eines Spielenden zu versetzen, und mancher nimmt sogar einen Pinsel in die Hand, oder taucht tückisch eine Fingerspitze in ein Farbnäpfchen. Und die anderen haben auch Mut, heranzutreten und bemerken die strenge Anordnung der Pinsel, und versuchen, sich deren Verwendung vorzustellen. Oft schraube ich einen Farbtopf auf und lasse hineinriechen; und dann sagen sie: »Es duftet wie Marzipan!« und stellen fest, dass es gar keine rohen Pigmente zum Anrühren sind, sondern fertige, dickflüssige und einladende Farben.

Das veranlasst mich, zu unterstreichen, dass ich Wert darauf lege, den Kindern das beste Papier, die sorgfältig angefertigten Pinsel, diese ansprechende Farbe zu geben, damit sie sehr anspruchsvoll werden und ihre wertvollsten Fähigkeiten erproben.

Dass nie ein Bild aus der Geborgenheit, in der es entstanden ist, in die Außenwelt getragen wird, ist für manche überraschend, aber doch sofort einleuchtend. Dass Kinder und Erwachsene gleichzeitig hier spielen, ist unerwartet, aber schließlich verständlich, wenn ich erkläre, dass die Äußerung nicht altersbedingt und die Spielfähigkeit nicht auf die Kindheit beschränkt ist.

Das lässt oft den Gedanken keimen, selbst das Malspiel zu erleben: »Wäre es denn möglich, mit dem Kind zu kommen?« Vor Jahren hatte ich das nicht getan, weil es sich wiederholt begab, dass Kinder, die begeistert gemalt hatten, plötzlich nicht mehr kamen. Und es stellte sich heraus, dass dies mit der Eintragung des Bruders oder der Schwester übereinstimmte.

Nachdem es sich so oft wiederholt hatte, nahm ich keine zweite Person aus derselben Familie mehr auf. Ich verstand, dass ein Kind, in dessen Leben das Malspiel so wesentlich geworden ist, das sich im Malort eine abgesonderte Welt eingerichtet hat, das Eintreten eines anderen, der dem Alltäglichen angehört, der mit anderswo Erlebtem verbunden ist, schmerzhaft ablehnt; und ich ermaß die Heftigkeit seines Auflehnens gegen die Entweihung seines verborgenen Heiligtums.

Später regte mich eine Begebenheit zu einer anderen Handlungsweise an: Ein sehr kleines Mädchen wurde eingetragen. Die Mutter begleitet das Kind, aber es klammerte sich an sie und wollte nicht eintreten. Ich sagte der Mutter, sie solle ein Blatt nehmen; ich hängte es auf, und sie begann zu malen, woraufhin das Kind dasselbe tat. Und dann kamen beide einige Jahre lang.

Oft geschieht es, dass bei dem Vorgespräch gefragt wird: »Bis zu welchem Alter nehmen Sie denn die Kinder auf? – Bis in die Achtziger, solange sie gehen und stehen und einen Pinsel ergreifen können! – Ach, dann könnte ich ja selbst kommen?«

Es wäre schade, diesen Wunsch nicht zu erfüllen, oder ihm das Kind zu opfern. Ich nehme jetzt ganze Familien auf, Eltern – meistens sind es Mütter, sogar berufstätige, die sich an einem Sonntagmorgen oder zu einer anderen Malspielzeit dazu frei machen. Und das geht hindernislos. Voraussetzung ist allerdings, dass alle gleichzeitig beginnen. Dann ist das Malspiel so, und jeder findet dabei seine Unabhängigkeit inmitten des Gemeinsamen.

Es stellte sich sogar heraus, dass dieses gemeinsam Erlebte, mit seiner Strenge und Unabhängigkeit zugleich, und ganz besonders mit dem genießerischen Bedientwerden und der Selbstvergessenheit während der Dauer des Spieles, dass diese Unbesorgtheit die Beziehungen zwischen den Eltern und ihren Kindern verändert. Beide Teile erfahren sich auf eine neue Weise, erfahren in sich und in den Nahestehenden unvermutete Veranlagungen.

Diese Begegnung ist heute wertvoll, da doch die Kluft zwischen den Generationen immer tiefer wird. Im Malspielen verschwinden ganz natürlich Konflikte und Verhaltensschwierigkeiten.

Es lohnt sich bestimmt, ohne daraus ein festgelegtes Programm zu machen und ohne es wie eine geplante Hilfe anzubieten, auch diese Eigenschaft des Malspiels zu erkennen.

Bei dem Gespräch mit den Eltern muss jedenfalls gesagt werden, dass ein Probeangebot genau so sinnlos wäre wie die Kostprobe von einer verschriebenen Arznei, deren Wirksamkeit erst nach einer gewissen Zeitspanne ersichtlich wird.

Ich mache darauf aufmerksam, dass sich das Kind einleben muss, dass es viele belastende Begriffe überwinden muss, um sich alsdann wohlzufühlen. Ich sage auch, dass es von Anfang an jedem leichtfällt, mit dem Instrument umzugehen, dass das Kind dabei wertvolle Fähigkeiten entwickelt und sich seines Könnens bewusst wird: »Kein anderes Instrument ist wie der Palettentisch so unmittelbar einem jeden angepasst. Und die Gebärde, aus der eine Spur entsteht, bedarf keines Übens, keiner Lehrzeit!«

Meistens leite ich das Gespräch zur Eigentümlichkeit und zum Ursprung der Formulation hin. Ich mache darauf aufmerksam, dass wir ein Gedächtnis besitzen, dessen Reichweite begrenzt ist, dass aber die Organische Erinnerung in jedem Menschen tief verborgen ruht; und dass die Formulation die einzige Äußerungsmöglichkeit für das darin Gespeicherte ist. Dies zu erfahren veranlasst neue Überlegungen und zeigt anschaulich, was die Formulation von der üblichen Spur unterscheidet und unersetzlich macht.

Wenn die Besucher von der Wichtigkeit des Malspiels überzeugt sind, füllen sie das Anmeldeformular aus, in dem das Wesentlichste aus unserer Unterhaltung steht: dass die Geborgenheit, die die Formulation ermöglichte, auch die Spur betrifft und dass deshalb keinesfalls ein Bild aus dem schützenden Raum sich in die Außenwelt verirren darf. Bei der Abfassung der Anmeldebedingungen muss die Benennung »Werke« vermieden werden (ein »Werk« ist Eigentum seines Erzeugers), während prinzipiell Schülerarbeiten der Werkstatt oder der Lehranstalt angehören.

Es muss auch in dem Abkommen mit den Eltern (oder dem Erwachsenen) angegeben sein, dass etwaige Aufnahmen für Veröffentlichungen und zu Werbezwecken für das Malspiel verwendet werden dürfen.

Es ist wohl leichter, für die Besonderheit eines bekannten Produktes zu werben als für etwas völlig Unerprobtes. Wie kann in einem unvorbereiteten, von vielen Angeboten überfallenen Menschen der Konsumgesellschaft ein Interesse für das Malspiel geweckt werden? Können ihn die spezifischen Benennungen ansprechen, oder muss das Unvergleichbare mit allgemeingültigen Worten benannt sein? Etwas ist sicher, das Verbreitete ist überzeugender als das vereinzelt Angebotene, das auf ein gewisses Misstrauen stößt. Deshalb ist es ratsam, sich zusammenzuschließen, wenn in derselben Stadt, in einer Gegend oder in einem Land mehrere Malspieldienende anwesend sind.

Sie sind keine Konkurrenten, sondern Kollegen, die sich gegenseitig ermutigen und unterstützen. Aber sie sind Pioniere, und es ist nicht einfach, und am Anfang fast entmutigend, von der Wichtigkeit einer Sache überzeugt zu sein und seine Begeisterung nicht mit vielen teilen zu können. Es gilt, diesen Anfang zu überwinden.

Um die Medien zu gewinnen (sei es eine kleine Lokalveröffentlichung), ist es ratsam, ein *Ereignis* anzukündigen: einen Vortrag, die Besichtigung des neu eingerichteten Malspielraumes, eine sonstige, mit dem grundsätzlichen Gedanken des Malspiels vereinbare Kundgebung; aber natürlich nicht eine Probemalstunde oder Malspiel-Vorführung.

Das Verteilen von Flugblättern, das Verbreiten von kleinen Plakaten trägt zur Bekanntmachung bei, genügt aber selten; es unterstreicht oder ergänzt, was die Zeitung empfohlen hat, was meistens eine überzeugende Wirkung hat.

Die malspieldienende Person lebt in einer beglückenden Welt, aber sie muss sich manchmal schmerzhaft am Unverständnis der Außenwelt aufreiben. Es ist schwer, aber reizvoll, einer kommenden Gesellschaft anzugehören.

Jeder Mensch kann die Formulation erleben. Wenn ich das versichere, fragt jemand: »Auch in meinem Alter? – In jedem Alter!« (50) Und dann folgt die Frage: »Angenommen, ich käme zu Ihnen in den Malort, dann würde ich also mit den Erstfiguren beginnen, die mir als Kind versagt waren? – Nein, so ist es nicht!«

In der Formulation folgen drei Perioden aufeinander. Die Formulation beginnt mit den Erstfiguren. Ihnen folgen die Bild-Dinge, die von Trazaten bestimmt sind und deshalb anfangs in ihrer Gestaltung typisch sind. Beim größer gewordenen Kind werden sie immer dem wahren Aussehen der Dinge getreuer, denn sie sind zunehmend von der Vernunft bestimmt und dementsprechend sind die Trazate verdrängt worden. Und wenn die Äußerung diesem Grad des Bedachtseins entspricht, geschieht ein Umschwung, wie ein gerechter Ausgleich; und die Äußerungslust entfernt sich von der Absicht und folgt dem wieder belebten spontanen Drang.

Dazu sind die Hauptfiguren aufbewahrt, die schon früher jedem geboten waren, sich aber, der Vernunft entgehend, als Trazate geheimnisvoll in das Beabsichtigte eingeschlichen hatten. In diesem neuen Erblühen beglücken sie die große Person, die endlos mit ihnen spielt. Es ist ein leichtfallendes Spiel, ohne Maßstäbe, kein mühsames Erarbeiten wie bei einem Kunstwerk.

Zu dieser Stufe der Formulation führt die programmierte Entwicklung eines jeden Menschen, ob er mit den Erstfiguren oder später mit den Bild-Dingen beginnt. Und wenn er erst als Erwachsener zu der Formulation kommt, tritt er unmittelbar in diese dritte Periode ein.

Die Aufspeicherungen in der Organischen Erinnerung sind eine unvergängliche Quelle für die ihr eigens verfügbare Äußerung. Ob fünf oder fünfzig Jahre die Äußerung von der gespeicherten Eintragung trennen, ist gewichtlos.

Wenn eine große Person in die Formulation eintritt, ist ihr Spiel nicht mehr wie bei einem Kind, vom Erforschen und Erfahren der Umwelt angeregt. Ihre kulturellen Erfahrungen und Beschäftigungen treten sehr bald in den Hintergrund und überlassen die große Person ihrem vollen Genuss an einer ungedachten Äußerung. Und nach den anfänglich noch von der Vernunft erzeugten Kunstparodien folgen sehr bald die Hauptfiguren, und die malspielende Person genießt ihr Entstehen und Gedeihen, und sie lässt sich dann von keiner Überlegung beirren; sie wiederholt – mit der gleichen ungetrübten Hingabe wie das kleine Kind, wenn es mit den Erstfiguren spielt.

Die große Person ist nicht kindhaft (71), sie ist getrieben von der angeborenen unvergänglichen Spielfähigkeit, die dem Kunstschaffenden, und dem auf der Bühne spielenden Kunstvermittelnden, eigen ist. Nur macht die malspielende Person aus dieser Eigenschaft keine Hauptbetätigung, sondern ergibt sich diesem Genuss in den privilegierten Momenten des Malspieles – zugesicherte Momente des unbeschwerten Erlebens.

Den Kindern fällt es heute so erschreckend schwer, ihre Spielfähigkeiten wiederzubeleben und die beigebrachten, hemmenden Kunstbegriffe loszuwerden, um die Formulation zu erleben. Wie den Kindern in der Blütezeit des Ausdrucks, fällt es den heute Spätbeginnenden leicht, mit den Hauptfiguren zu spielen.

In ihrer Kindheit fand die Kunsterziehung noch nicht statt. Sie haben wohl etwas gezeichnet und zu Hause, im Kindergarten und anderswo gemalt, sind aber davon nicht so eindringlich belastet worden.

Ob es den Menschen, in deren Kindheit die Formulation vernichtet wurde, als Großgewordenen genauso leichtfallen wird wie den heute lebenden Erwachsenen, ist nicht sicher. Hoffen wir aber, dass die schädliche Behandlung der Kinder bald aufgegeben wird und dass die Formulation wieder früh bei allen geschehen darf, und dann uneingeschränkt den Menschen durch sein ganzes Leben begleitet.

»Und wenn ich zu Ihnen zum Malen komme, mit wem bin ich da zusammen? – Mit allen möglichen Mitspielenden, großen, kleinen, erfahrenen, die seit vielen

Jahren dem Malort angehören, und anderen, die erst vor kurzem dort jede Woche spielen.« (72)

Ich richte keine Gattungen ein. Aus diesem Grund finden die Malspielstunden an schulfreien Terminen statt und nicht beispielsweise am Abend, was Kinder ausschlösse; und ich berücksichtige auch die Schulferien, selbst wenn sie ganz Kleine und Erwachsene nicht direkt betreffen.

Anderswo ist es nicht so. Überall in unserer Gesellschaft herrscht doch dieser Klassengeist, der die schulische Denkweise verlängert. Sogar dort, wo man ihn wirklich nicht erwartet. In ihrem Buch (aus der Zeit, als sie sich noch – oder schon – als Atelierleiterin vorstellte, bevor sie sich später zur Kunsttherapie bekannte) hat die Autorin Folgendes geschrieben:

»Es sind Kindergruppen, Jugendlichengruppen und Erwachsenengruppen, die ich bewusst nicht mische.

Für die Kindergruppen gibt es zwei Stufen: die der Dreieinhalb bis Viereinhalbjährigen und die der Viereinhalb – bis Dreizehnjährigen ...

... Wenn die Kinder anfangen, die Farben nebeneinander zu setzen, ist die Zeit für die nächste Stufe gekommen ...

... Erwachsene fühlen sich wohler, wenn sie unter sich sind. Sie werden von Kindern abgelenkt, in Fragen verwickelt, die sie nicht beantworten wollen oder vom größeren Lärm, der in Kindergruppen herrscht, gestört. Vor allem fühlen sie sich freier, alles zu malen, wenn keine Kinder dabei sind.«[5]

Das ist schon eine kunsttherapeutische Einstellung.

Hier werden Probleme geschaffen, die im Malort nicht vorkommen. Die Patienten werden angespornt, ihre Beschäftigungen zu verbildlichen, ihre bildliche Äußerung zu kommentieren, zu sagen, was sie bei dieser Äußerung empfunden haben, wodurch natürlich derartige Empfindungen erzeugt werden, die dem Malspiel fremd sind, die aber im Vordergrund der Therapie stehen. Allein das Entstehen dieser Überlegungen verhindert die Möglichkeit des Spontanen, während doch die im Malort entstehende Äußerung von der Absicht und von der Vernunft entfernt.

Heute begleitete der Vater den kleinen Jungen, weil die Mutter anderswo beschäftigt war. Ob er anstelle seiner Frau malen dürfe? Der beflissene Diensthabende am Eingang hätte ihn aus Verwaltungsgründen stur zurückgewiesen. Ich verweigerte es ihm nicht, indem ich mir vorstellte, was die Beteiligung des Vaters an seinem Spiel für den Knaben bedeuten konnte und mit welcher Vorfreude er sich darauf eingestellt haben muss, einmal das übliche Spiel mit dem Papa zu teilen.

Sie traten ein: der Junge in seinen vertrauten Bereich; der Vater, etwas verlegen, ließ sofort die unpassende Frage fallen: »Und was wirst du malen?« Ich ließ ihm keine Zeit, eine Antwort zu erhoffen, und lud ihn ein, ein Blatt zu nehmen; und er malte während der gesamten Malstunde; und der Junge ließ ihn nicht aus den

Augen, verwendete die gleichen Farben, und stellte sich darauf ein, ihm am Tisch zu begegnen und seinen Pinsel neben den zurückgebrachten des Vaters zu legen. Er war sichtlich stolz auf seine geübte Umgangsweise mit dem Instrument, aber das fiel dem Vater kaum auf, weil er vertieft in sein eigenes Spiel war.

Die unglückliche Frage bei der Ankunft war unauffällig verdunstet. Sie zeugt eben von der allgemeinen Ungeschicktheit der Erwachsenen in ihrem Verhalten den Kindern gegenüber. Hier hatte sie nicht die unausbleiblichen Folgen wie anderswo, weil ich sie sofort eindämmte. Sonst hätte sie das Kind mit einer herausgeforderten Zeichnung beantwortet. Sicher würde der Vater, wenn er wiederkäme, keine solche Frage mehr stellen; nicht nur aus der Erkenntnis, dass sie unangebracht ist, sondern aus der sofortigen Einsicht, die dem Selbsterfahren entwächst.

Die Malspielenden berichten nie etwas aus dem Malort. Wovon sollten sie auch erzählen? Alles ist so üblich; nichts ist bemerkenswert. Und das wirklich Wesentliche, das Beglückende, im Raume des Blattes Erlebte, entzieht sich dem Sagbaren.

Das fällt manchen Eltern auf, die anfangs die Kinder fragten: »Und was hast du gemacht?« und feststellten, dass sie nichts erfahren können. Sie nehmen meistens wahr, dass sich das Kind veränderte, und manche teilen mir ihr Staunen darüber mit, das mich zwar erfreut, aber nicht wundert, weil ich die Folgen des Malspiels kenne und allein schon an der veränderten Wesensart des Kindes ermesse und ihnen in der Reihenfolge seiner Bilder nachgehe.

Einmal holte ein Mann seine Frau ab und sagte mir: »Meine Frau kommt seit zwei Jahren in den Malort und ist jedes Mal davon begeistert. Ich weiß nicht, was Sie mit ihr tun, aber sie erzählt nie etwas!« Ich konnte ihm nicht sagen, dass ich die Reißnägel versetze, die ihrem Pinselstrich im Wege sind, dass ich ihr die erwünschten Blätter anhänge, die ihren Spielraum erweitern, und im richtigen Moment einen Tropfen Wasser in das Farbschälchen nachfülle oder eine Messerladung Farbe – auf Wunsch, oder ihm zuvorkommend – bringe, damit sie ihren Impuls nicht unterbrechen muss. Das erzählt man nicht; es kann nur als etwas unsagbar Wichtiges erlebt werden – von den kleinen, wie von den großen Malspielenden.

Die Eltern sollten sich aber nicht ausgeschlossen fühlen. Das Malspiel ist nicht geheimnisvoll. Es ist nur ungewöhnlich und es ist untrennbar mit dem schützenden Ort verbunden. Nach dem Vorgespräch, das den Eltern ein möglichst klares Bild des Malspiels vorstellte, finde ich Elternabende unnötig. Ich habe nichts dagegen, lade aber viel lieber zu öffentlichen Vorträgen ein, denen manchmal auch Kinder aus dem Malort beiwohnen. Was ich zeige, dürfen sie zur Kenntnis nehmen; Größere bestätigen manches aus eigener Erfahrung, und die Feststellung, dass das Selbsterprobte allgemeingültig – und gar nicht außergewöhnlich – ist, ist eher ermutigend als störend. Sie wussten nicht, dass die Gebilde und Bilder, mit denen sie sich eine eigene Welt schufen, Bestandteile eines Universalgefüges sind. Es zu wissen heißt, dass sie es auch verstandesmäßig annehmen können und dass die Spiele des

Kindes – ihre damaligen Malspielstunden, auf die sie zurückblicken – ernsthaft und wertvoll sind.

Etwas habe ich seit sehr vielen Jahren eingeführt: Ich empfange die Eltern, die es wünschen, am Ende des Maljahres und zeige ihnen alle in der Mappe eingeordneten Bilder ihrer Kinder. Ich lade sie dazu persönlich ein, aber sie betrachten die Bilder ohne die Gegenwart des Kindes, sollen ihm aber zuvor sagen, dass sie es tun werden. Es ist nur ein einziges Mal vorgekommen – bei einer fast Jugendlichen – dass sich ein Malort-Kind dem widersetzte. Im Allgemeinen empfinden sie das Interesse der Eltern als eine Zustimmung. Und ich rechne mit deren Staunen. Zweierlei beeindruckt sie: »Ach so viele Bilder hat das Kind gemalt!« und: »Wie gut die Bilder gemalt sind! So sorgfältig und ohne Kleckse!« Und noch etwas schätzen sie meistens: »Welche Buntheit! So viele leuchtende Farben!«

Für mich sind das nebensächliche Kriterien, aber ich kann ihnen nicht die gesamte Formulation beibringen, deren Bestandteile in den Bildern vorkommen. Worauf es ankommt, ist, dass ihnen aus der gesamten Menge der Bilder die Begeisterung des Kindes entgegenleuchtet. Das Gegenteil ist nie vorgekommen. Jedoch genügte diese günstige Einstellung nicht immer, um dem Kind ein weiteres Malspiel-Jahr zu gewähren; weil andere »Verpflichtungen« oder Wünsche sie überlagerten.

Eine oft gestellte Frage lautet, ob die Kinder ihre fertigen Bilder irgendwann anschauen können? Und es überrascht, wenn ich sage: »Jeder könnte seine Bilder betrachten; aber es kommt nie zu diesem Verlangen. Kinder und schöpferische Menschen schauen nicht auf das Geschehene, sondern erleben das gegenwärtig Geschehende.« Und auch zu diesem Thema weiß ich eine kleine Anekdote.

Vor Jahren kam eines Tages eine Frau in den damaligen Malort und sagte zu mir: »Ach, schön, dass Sie noch hier sind. Ich habe als Kind bei Ihnen ein paar Jahre lang gemalt!« Sie ging auf und ab, machte die damaligen Schritte zwischen dem Palettentisch und einer bestimmten Stelle an der Wand, wo ihre großen Bilder entstanden waren. »Haben Sie meine Bilder noch? – Ja, natürlich, alle, von einem jeden! – Dürfte ich sie einmal anschauen? – Das ist möglich! – Ich lebe in Kalifornien und bin zu Besuch bei meiner Familie in Paris. Wenn ich wiederkomme möchte ich das!« Sie kam nicht wieder. Es genügte ihr wohl, zu wissen, dass diese lieben Spuren von ihrer Kindheit bei mir aufbewahrt worden sind.

Wenn ich zu einem Anlass eine der vielen Mappen öffne, in denen die unzähligen Spuren enthalten sind, dann sind alle die Kinder da, in ihrer Unvergänglichkeit, die in der Blütezeit der Formulation das Malspiel erlebten, und deren Äußerung ich als etwas unermesslich Kostbares bewahre. Und wenn ich sie als Illustration der Formulation in Vorträgen und Schriften verwende dann stehen sie mir so nahe, als würden sie selbst von dem Kostbaren bekunden, für dessen Weiterbestehen ich mich heute einsetze.

Und noch eine Frage kommt immer wieder: »Malen sie selbst auch? – Nein, ich male nicht! – Gönnen Sie sich nicht, was Sie anderen gewähren?«

Als Jugendlicher, als ich drei Jahre lang im Schweizer Arbeitslager interniert war, zeichnete ich viel. Zum Malen kam ich nicht, obwohl ich zuvor im Auffanglager ein paar wenige Bilder gemalt hatte, die ich Freunden schenkte, außer einem, das aus wahrem Künstlerdrang entstanden war und das ich meinem Vater zum Geburtstag schenkte, der es sehr schätzte. Warum war dieses Gemälde ein wirkliches Bild? Vielleicht weil ich es, fast steif vor Kälte, auf der verschneiten Straße malte, und wohl das qualvolle Arbeiten mit frostigen Fingern und steifen Zehen den Geist und jegliches Nachdenken betäubte.

Und nach dem Krieg und meiner Rückkehr nach Frankreich entstanden einige Ölgemälde. Meinen Eltern gefiel der Gedanke, dass ich ein Künstler sei. Und ich versuchte auch, die Vorstellung meines Dichterfreundes aus dem Lager nicht zu enttäuschen, für den ich die Künstlerfigur in seiner erdachten Romanwelt verkörperte. Meine Künstlerkarriere versiegte bald, besonders nachdem ich den Waisenkindern begegnet war, und an ihrer natürlichen und unerschöpflichen Schaffenslust meine eigene mühsame Kreativitätsgabe ermaß.

Allerdings kam mir der Ruf, ein Künstler zu sein, zugute, als ich 1945 nach dem Krieg zu meinen Eltern zog und Bekannte mich dem Kinderhilfswerk empfahlen, wo ich angestellt wurde, um Kinder mit Kunst zu belehren. Dass es radikal anders wurde, lag an meiner Einsicht und Begeisterungsfähigkeit für das dort Erlebte.

Was galten meine schwer erarbeiteten Kompositionen im Vergleich zu dem unaufhörlichen Treiben aller Kinder?

Ich war sehr eng befreundet mit einigen jungen Künstlern – die ich 1941 in Valence kennengelernt hatte und die sich nach dem Krieg in Paris zu einer kleinen Malergruppe zusammengeschlossen hatten. Ich traf sie, nahm gelegentlich an ihren Debatten teil. Aber ich war ein Außenseiter, der sich immer mehr vom Kunstwesen entfernte und in eine andere Welt eingetreten war. Ich konnte das nicht sofort ermessen; aber rückblickend erkenne ich meine stufenweise Abwendung von dem der Kultur Angehörenden.

Fast bis zu seinem Tod blieb ich mit André Laurent sehr verbunden. Wenn ich ihn in seinem Atelier – mit Ausblick auf die alten Dächer im sechsten Arrondissement – aufsuchte, standen seine Bilder auf dem Boden, rings um den Raum an die Wände angelehnt; und ich erlebte sie, die meist noch nicht beendeten, als seien sie meine eigenen Geschöpfe. Das künstlerische Schaffen stand mir immer sehr nahe, aber ich hatte keinen Anteil daran, war eben ein Wahrnehmender, und nichtdestoweniger ein Kunstgenießer. Niemand sollte glauben, dass ich die Kunst ablehne, weil ich ihr die Äußerung der Kinder abschreibe und entschieden gegen die Kunsterziehung Stellung nehme.

Doch zur Sache: Warum ich mir nicht die Formulation gönne, die ich anderen ermögliche und von der ich weiß, dass sie einmalig und beglückend ist.

Ich sagte, niemand spricht über das im Raume seines Blattes Erlebte. Niemand denkt darüber nach, weder vor dem Entstehenlassen der Spur – was von dem

Gedanken entfernt, es gäbe einen »guten Einfall« und es könne minderwertige Absichten geben; dem guten Einfall könne eine originelle Zeichnung entwachsen; es gäbe also bereichernde Gedanken, die lohnend verbildlicht werden können – noch danach, wenn der Schöpfungstaumel beendet ist und die Überlegung folgt, ob das Werk gelungen sei – die nüchterne Beurteilung mit irgendwelchen brauchbaren Kriterien.

Das in der Formulation Geäußerte entgeht der Beurteilung. Das zeichnet sie aus und unterscheidet sie vom zuvor erwähnten Schöpfungsgeschehen.

Ich war jahrelang Zeuge des unaufhörlichen Erlebens der Formulation so vieler Menschen, nahm die besonderen Bestandteile der Äußerung wahr, verfolgte ihre immer wieder geschehenden Abläufe. Es fand alltäglich statt, kam zu mir, drängte sich mir auf, wie im Lichtstrahl eines Bühnenscheinwerfers, der Aufmerksamkeit zugeführt, deutlich erkenntlich und verfolgbar. Es geschah in einer überzeugenden Fülle, worin ich ihre Gesetzmäßigkeit erkannte. Dieses Erleben war berauschend, wie das Erschaffen eines Kunstwerkes, wenn sich alles harmonisch zusammenschließt und sich als das endgültige Werk erweist. Dieses Erleben erfüllte jahrzehntelang meinen Alltag.

Hätte ich mich der Formulation ergeben, es wäre beglückend gewesen, aber so wie ein jeder, hätte ich sie erlebt, ohne mir Gedanken darüber zu machen. Als Zeuge des Geschehens, von der unwiderstehlichen Intensität des Ablaufes jeder Malspielstunde angeregt, habe ich die Ausdruckssemiologie gegründet; habe der Welt die Formulation enthüllt und dabei das befriedigende Gefühl entwickelt, etwas zukünftig Unentbehrliches eingeführt zu haben.

Meine Einstellung – als objektiver Zeuge, nicht als jemand, der aus seinem Innenleben berichtet und es beispielhaft anderen vorführt, – betrifft den Forscher, nicht den Malspieldienenden.

Jede Person, die einen Raum für das Malspiel einrichtet, sollte auch selbst das Malspiel erleben, sollte das Bedientwerden genießen und ermessen, sollte die Einzigartigkeit der Formulation erproben und sie sich gönnen – nicht im eigenen Raum, sondern als Malspielende, die eigene dienende Rolle vergessend, jegliche Beurteilung und Überlegung weglassend, sollte sich restlos auf die eigene Äußerung verlegen: ein Malspielkind sein.

In Büchern, in Zeitschriften sind noch immer Kinderzeichnungen abgebildet, die Dinge darstellen: die Gleichen, die schon in den alten Veröffentlichungen als typische Beispiele gezeigt wurden. Und die Autoren nahmen Stellung dazu, interpretierten sie, reihten sie in Altersstufen ein und beurteilten danach die Reife oder den Seelenzustand des Kindes. Haben die heutigen Autoren nicht bemerkt, dass den Kindern ihre Bilder geraubt worden sind?

Was machen Kinder, wenn sie in den Malort kommen, wo ihnen kein Thema vorgeschrieben wird, wenn sie nicht ein Vorbild – zum Beispiel ein abstraktes Kunstwerk – abzeichnen müssen?

Sie stehen befangen vor dem Blatt und überlegen. Und wenn ihnen keine Aufgabe gestellt wird, holen sie eine Kunstaufgabe aus der Schule hervor, die im Schutthaufen ihres Schülergeistes abgelagert ist, und malen auf eine nachlässige Weise ein Herz oder eine geometrische Form und betupfen sie mit ein paar bunten Farbklecksen. Und auf dem nächsten Blatt reihen sie Farbstreifen aneinander und langweilen sich auch dabei gräulich. Was ist aus der natürlichen Spiel-Lust geworden? Warum ist ihnen nicht mehr wie Kindern vor dreißig Jahren natürlich, ein Haus, einen Menschen, einen Baum darzustellen? Warum legen sie sich nicht mehr eine paradiesische Welt an? Haben sie gar keine eigene Welt mehr, keine Wurzeln? Sind sie aus dem Natürlichen vertrieben, in eine Zwangswelt eingeschlossen, wie die gemarterten entmenschlichten Internierten im Konzentrationslager? Was tun? Sie kommen eine Woche später wieder und es geschieht ein ähnliches Nichtsein, eine Spur aus der Leere, als habe man ihnen das der Formulation dienende Organ wegoperiert. Sie sind verkrüppelte Wesen.

Ich hoffe, dass niemand glaubt, ich übertreibe, wenn ich von solch beunruhigenden Tatsachen berichte. Ich kann ermessen, was vernichtet worden ist; denn der Malort ist ein sicherer Maßstab. Genau wie sich mir dort einst die Formulation in ihrer ganzen Dimension und ihrer Eigenart zeigte, so offenbart mir der Malort jetzt die erschreckende Verdorbenheit der kindlichen Spielfähigkeit. Wartet nicht bis es endgültig zu spät geworden ist!

An der Begeisterung für das Malspiel bei jedem, der davon erfährt, lässt sich ermessen, dass es einem dringlichen Wunsch im Menschen entspricht.

Diese wachsende Zustimmung erfreut mich. Sie beweist, dass die erwartete Veränderung begonnen hat. Deshalb sage ich: Wer die Ursachen des Übels erkennt, muss das Schädliche entschieden ablehnen. Die Spontaneität muss wieder aufleben. Kinder müssen wieder spielfähig werden, kindhaft echt, sie sollen nicht mehr Kunst vorgaukelnden Robotern ähneln.

Vielleicht ist die Frage überzeugend, worauf es am dringlichsten ankommt: Ist das Gedeihen der Kulturstätten in der vergehenden Konsumgesellschaft wesentlicher als die Gesundheit der ihnen geopferten Kinder, aus deren Überlebensdrang eine andere Gesellschaft entstehen sollte?

Hatte ich recht, von einer »Philosophie des Malspiels« zu sprechen? Als Sie es lasen, fragten Sie sich wohl: »Was ist damit gemeint?«

Ich wollte sagen, dass die dienende Rolle sich nicht auf den geschickten Umgang mit dem magnetischen Messer beschränkt, sondern dass sie im Einklang stehen muss mit einer grundsätzlichen Lebenseinstellung und Lebensführung.

Das Malspiel ist bei geldgierigen Opportunisten in unwürdigen Händen. Es kann auch keine auf wenige Stunden beschränkte Nebenbeschäftigung sein. So mancher – vom Reiz des Malspiels angezogen – hat Lust, einen Spiel-Raum einzurichten; mit einem schlecht abgeschauten Palettentisch in der Mitte, um beschwingt und belustigt den Kindern zuzuschauen, die auf irgendwie aufgehängte große

Blätter Farben mit irgendwelchen groben Pinseln schmieren, sich und andere besudeln, die Wände und den Fußboden beklecksen. Und dann behauptet die Person, das sei das wunderbare Malspiel – womöglich die verbesserte Form der Erfindung von Arno Stern: Und nach einigen Wochen oder Monaten des sinnlosen Treibens räumt sie den gesamten Kram wieder weg und begeistert sich für ein neues Angebot – für etwas exotisch Wirkendes aus Amerika, das von einem diplomierten Psychologie-Händler als ein origineller Modeartikel angeboten und verbreitet wird.

In das Malspiel muss man eintreten, wie Pioniere auf einen unbetretenen Boden: junge Menschen mit ihrem unverbrauchten Antrieb, ältere Personen, die schon manchem begegneten und sich davon abgewendet haben.

Die Philosophie des Malspiels ist die Philosophie des Dienens.

Anmerkungen

1 Arno Stern: »Die Spur. Gewesenes Kindsein«, Sich-Verlag, 2014.

2 »Wie man Kinderbilder nicht betrachten soll«, Zabert-Sandmann Verlag, 2012; sowie: »Das Malspiel und die natürliche Spur«, Drachen Verlag, 2005.

3 Aus: »An den Rand gedrückt. Eine Analyse von Kinderzeichnungen zum Thema ›Kinder im Straßenverkehr‹«, Winterthur Versicherungen, 1986.

4 Arno Stern: »Le Monde des Autres« (Die Welt der Anderen), Delachaux & Niestlé, 1974. (vergriffen)

5 Bettina Egger, »Faszination Malen«, Zytglogge Verlag, 1996.

Teil 2

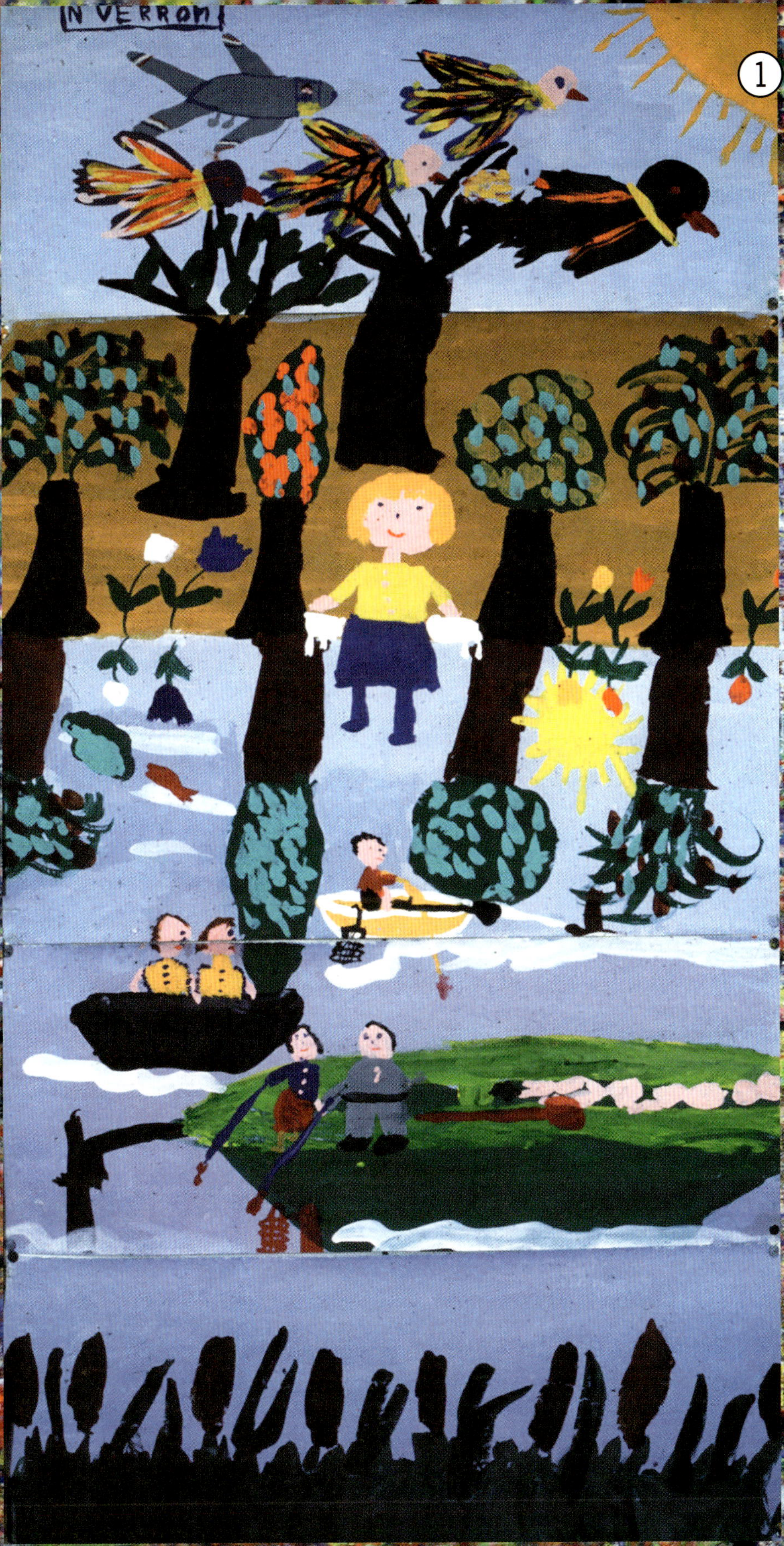

1

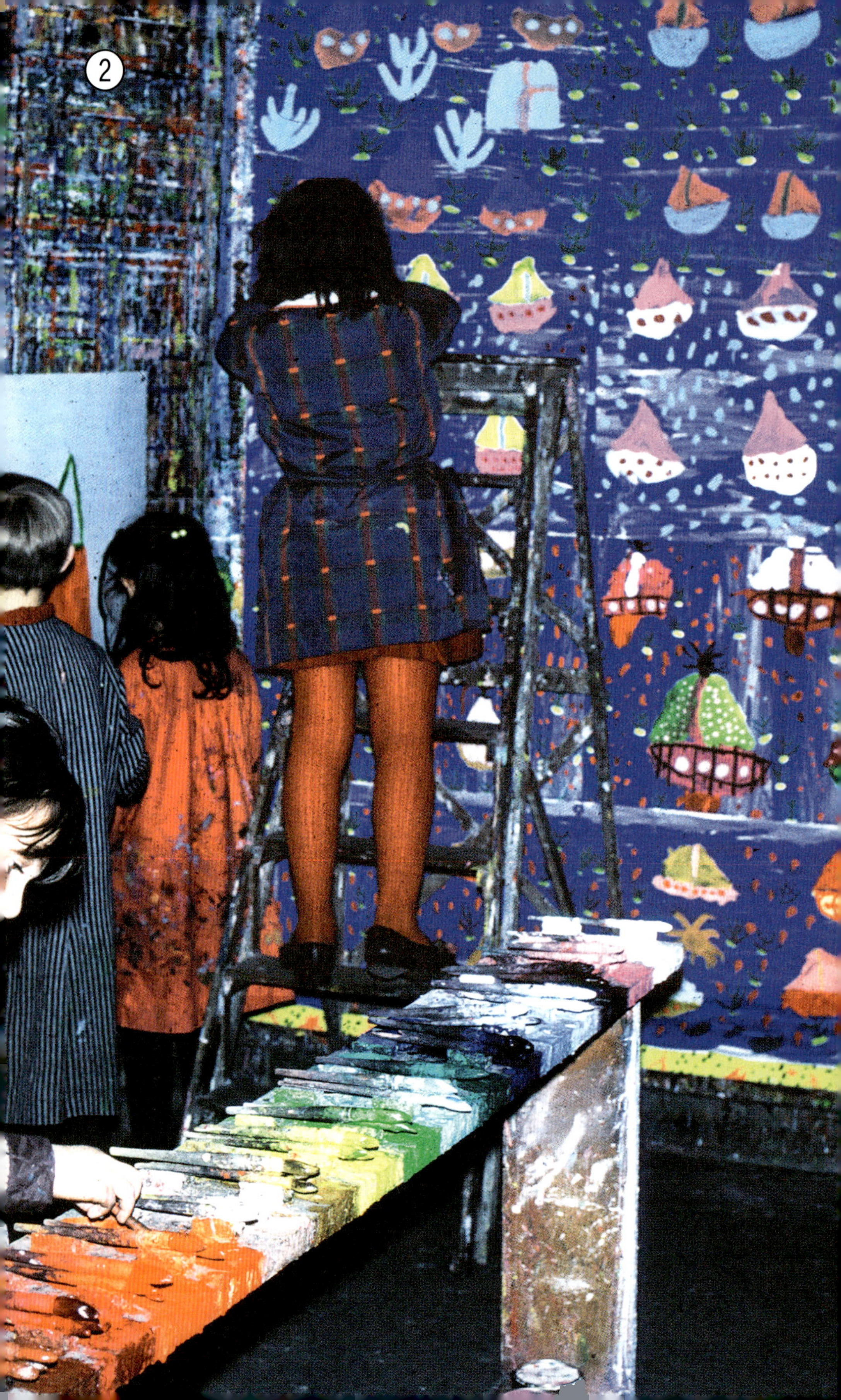

2

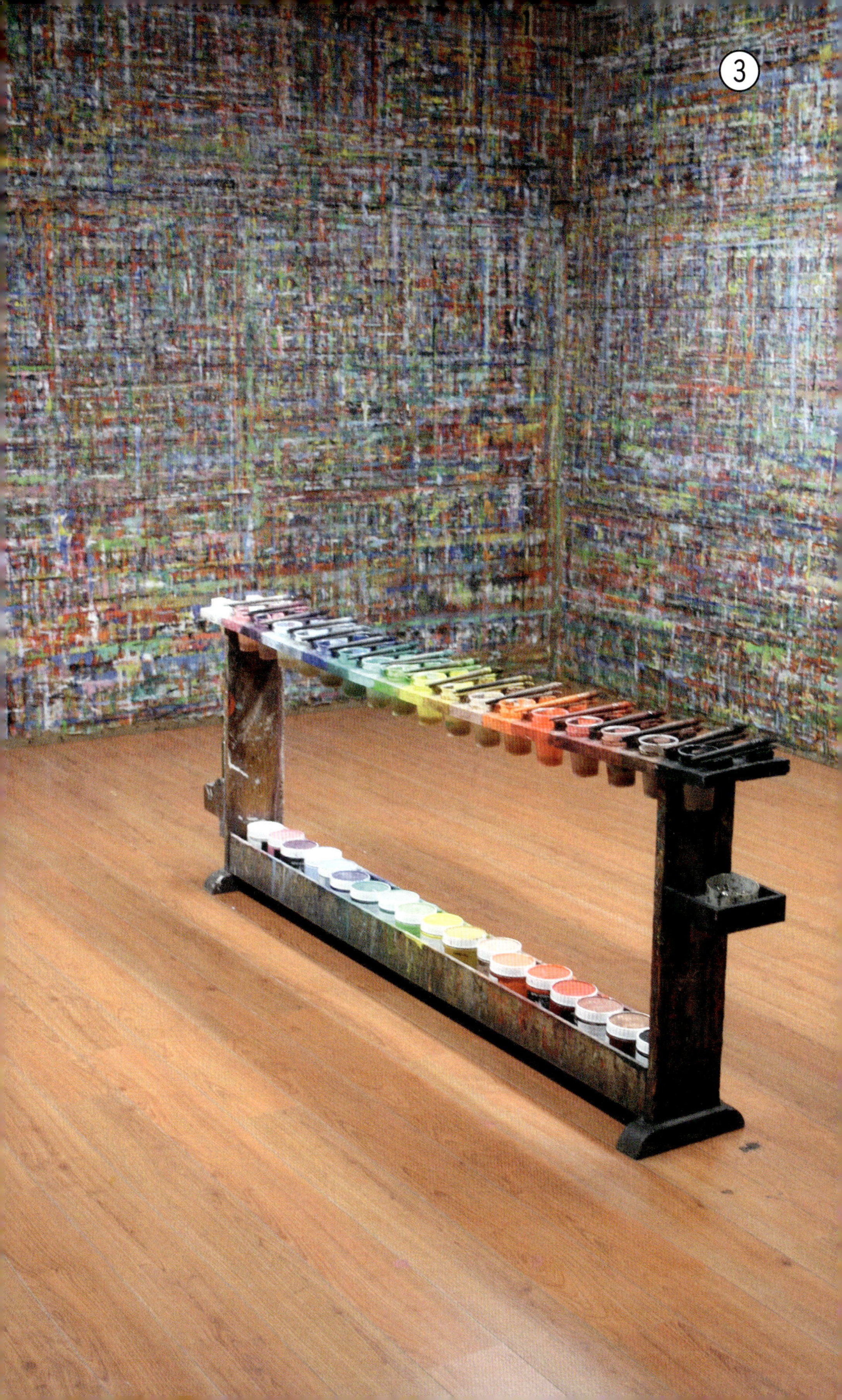

3

4

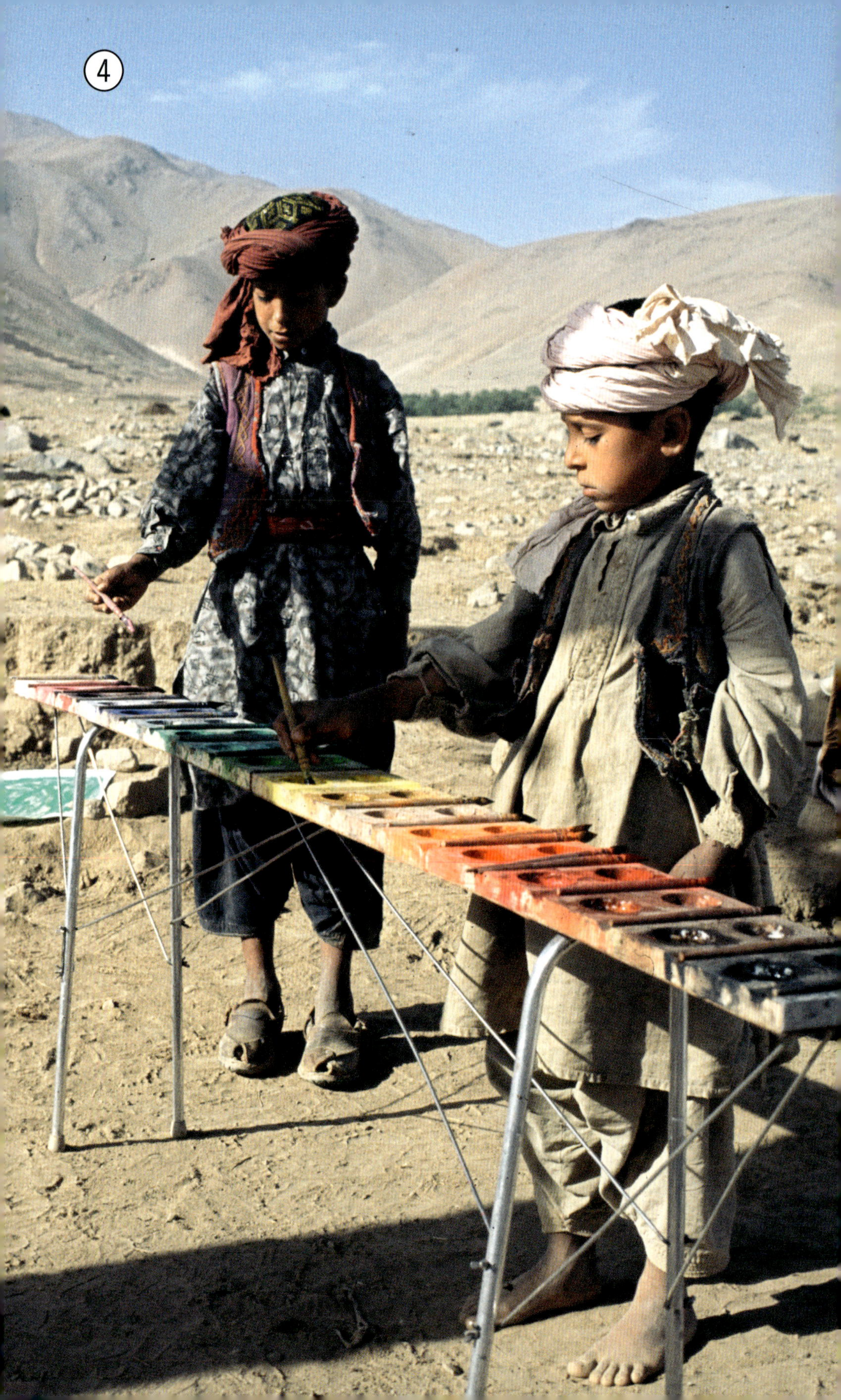

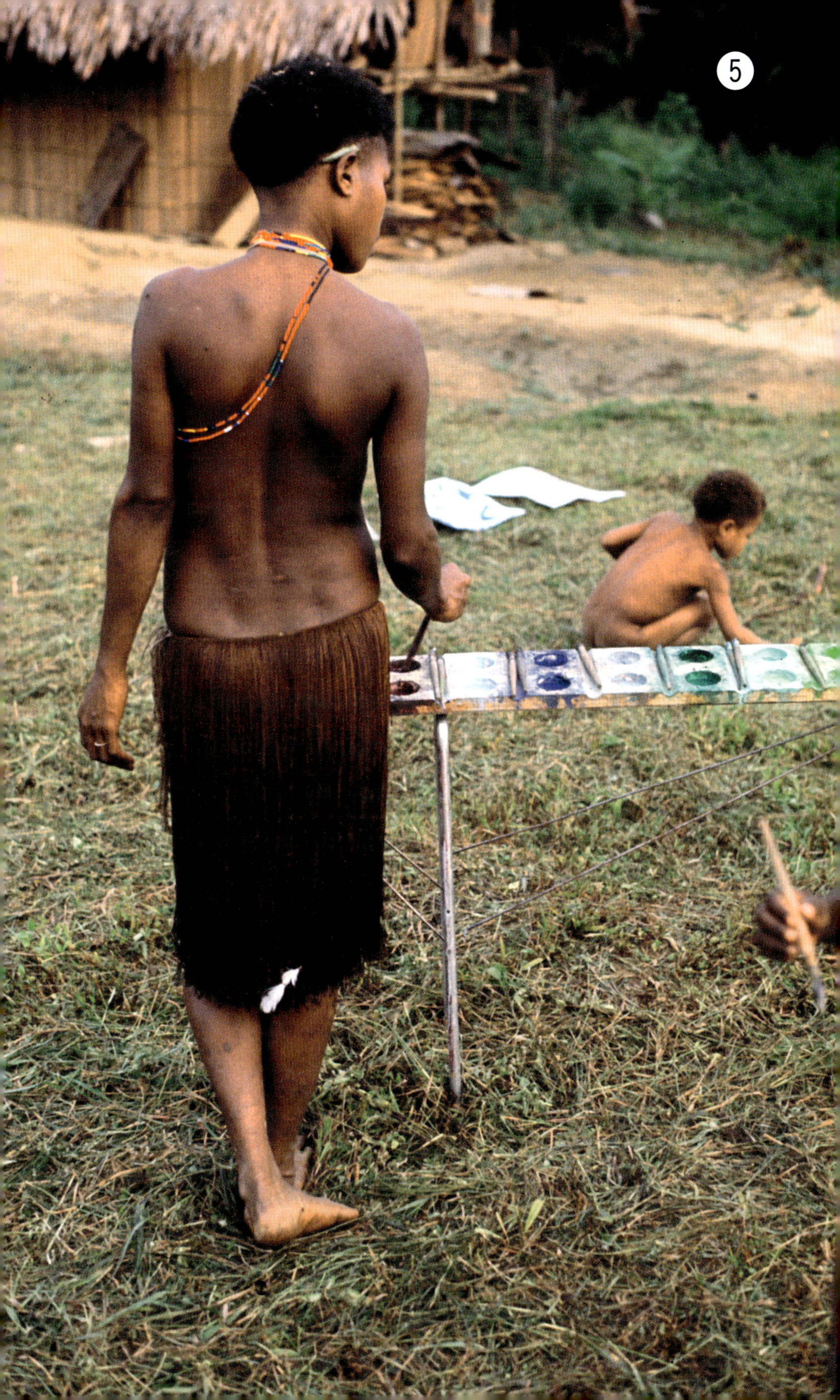

5

6

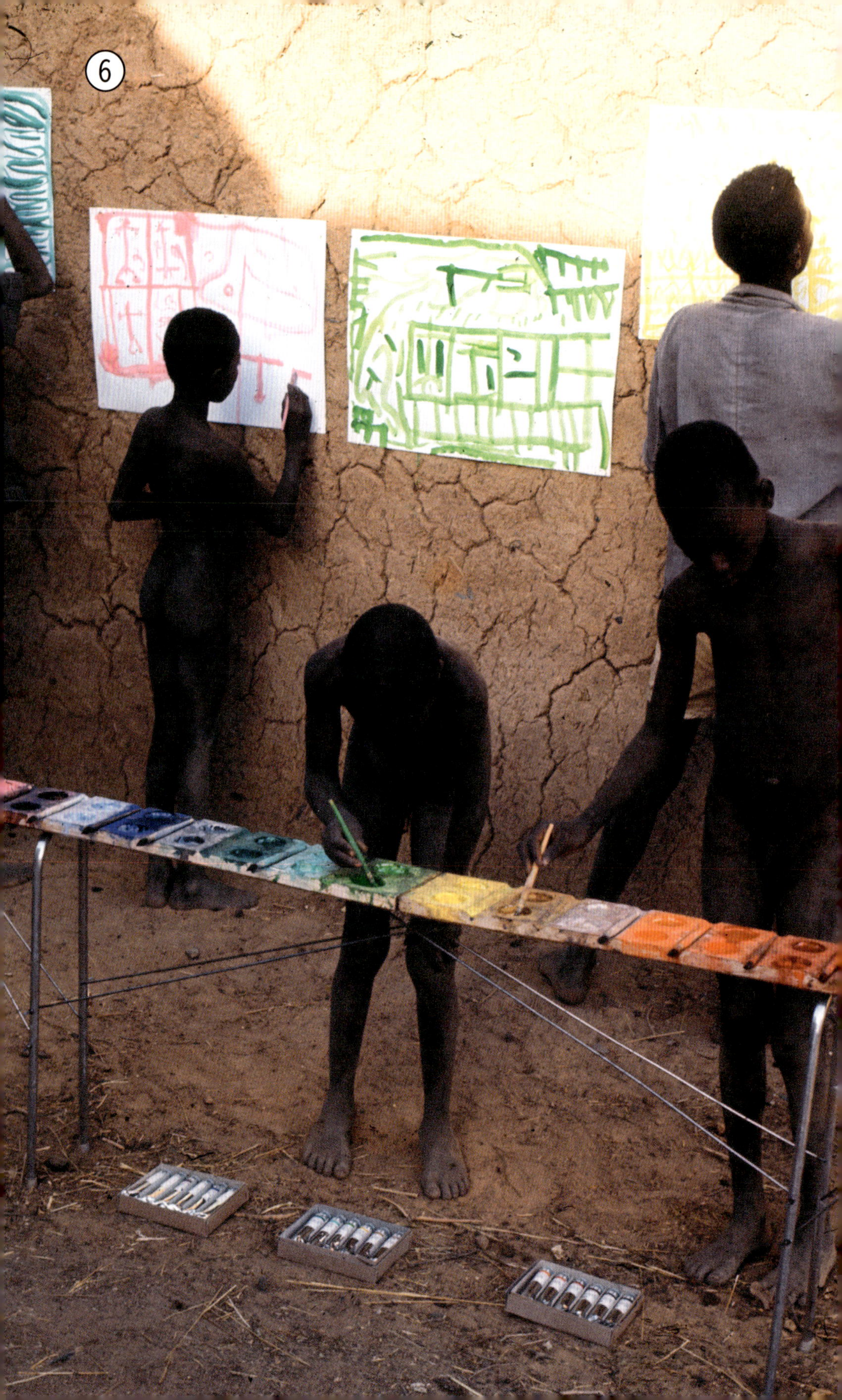

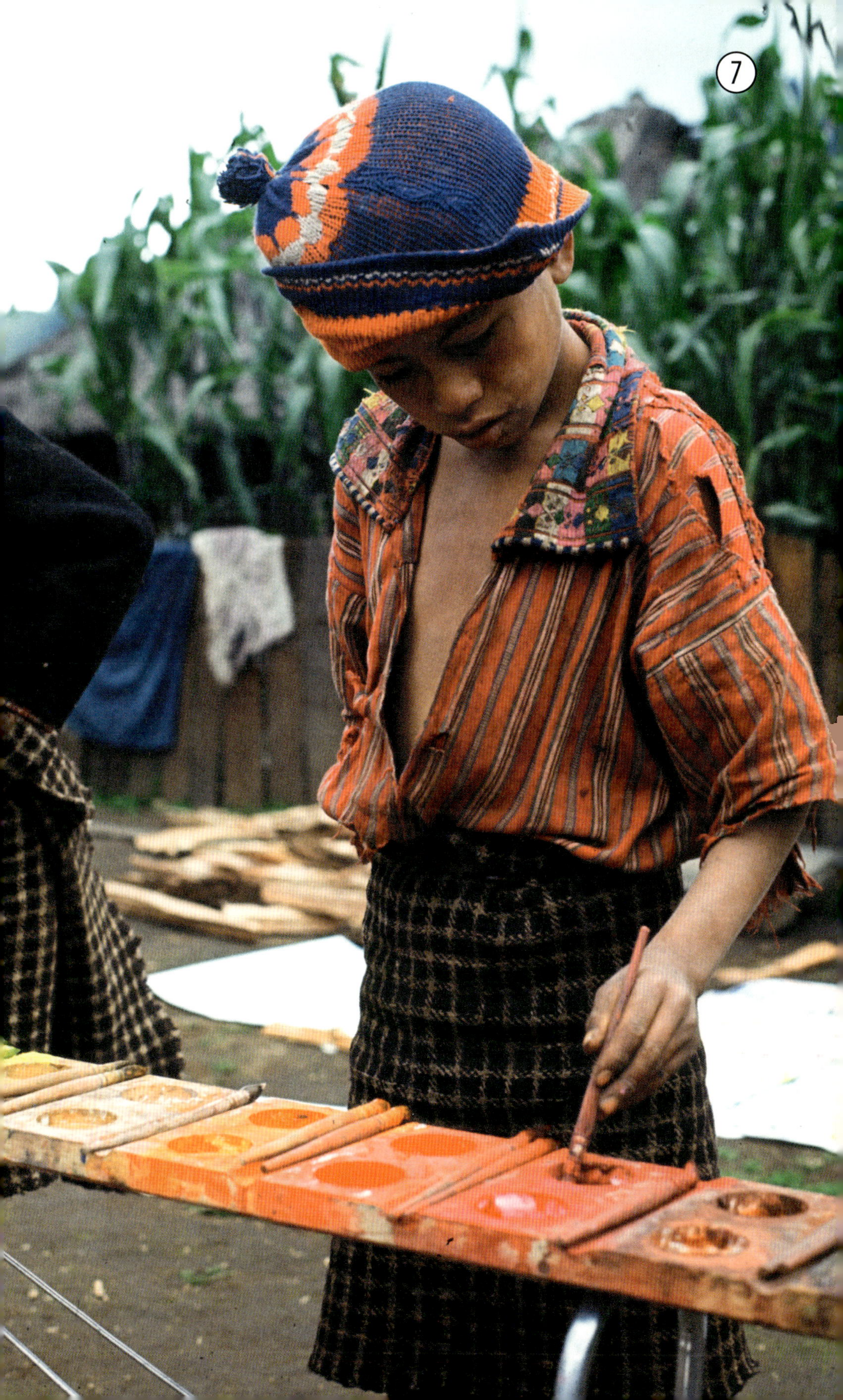

8

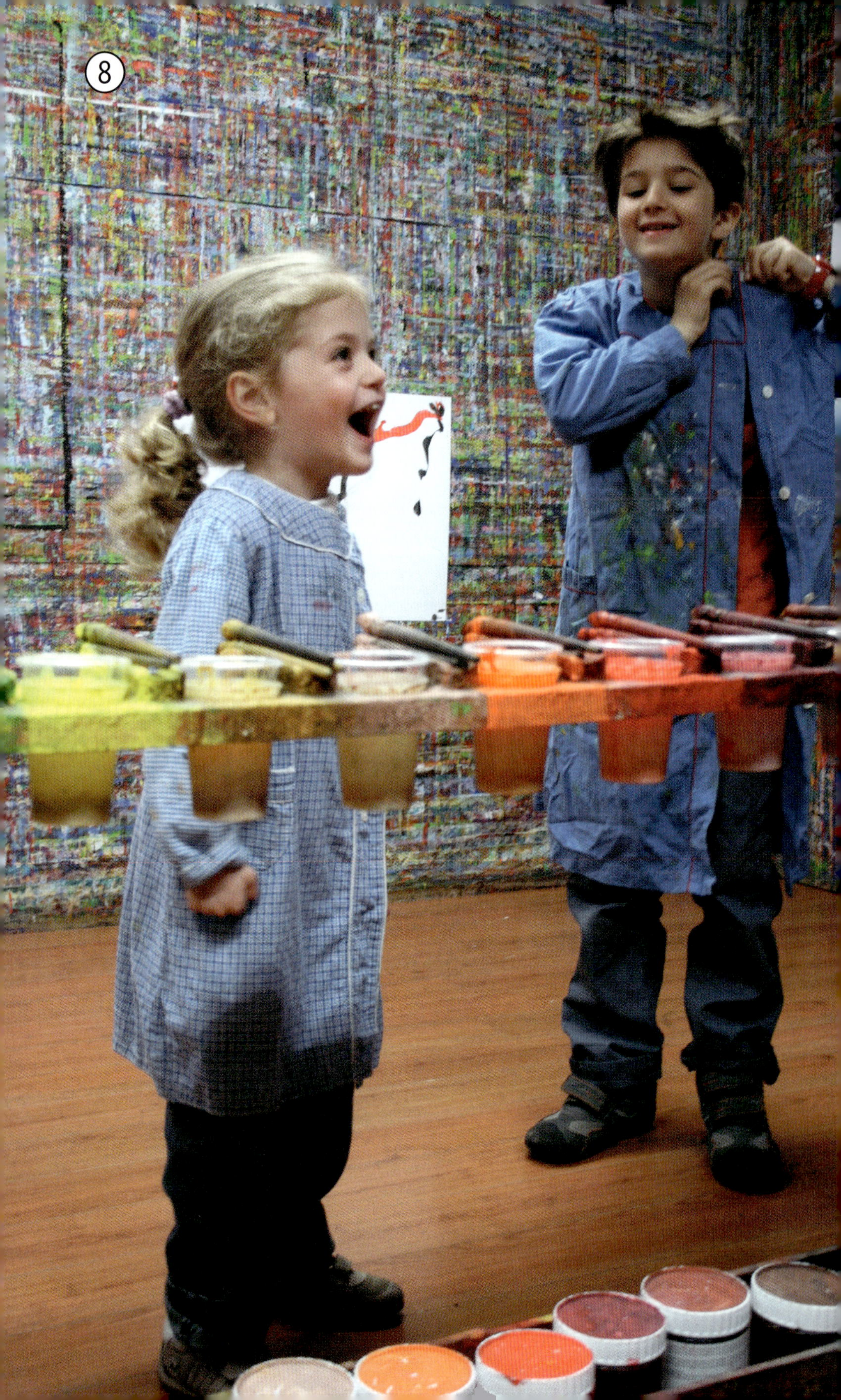

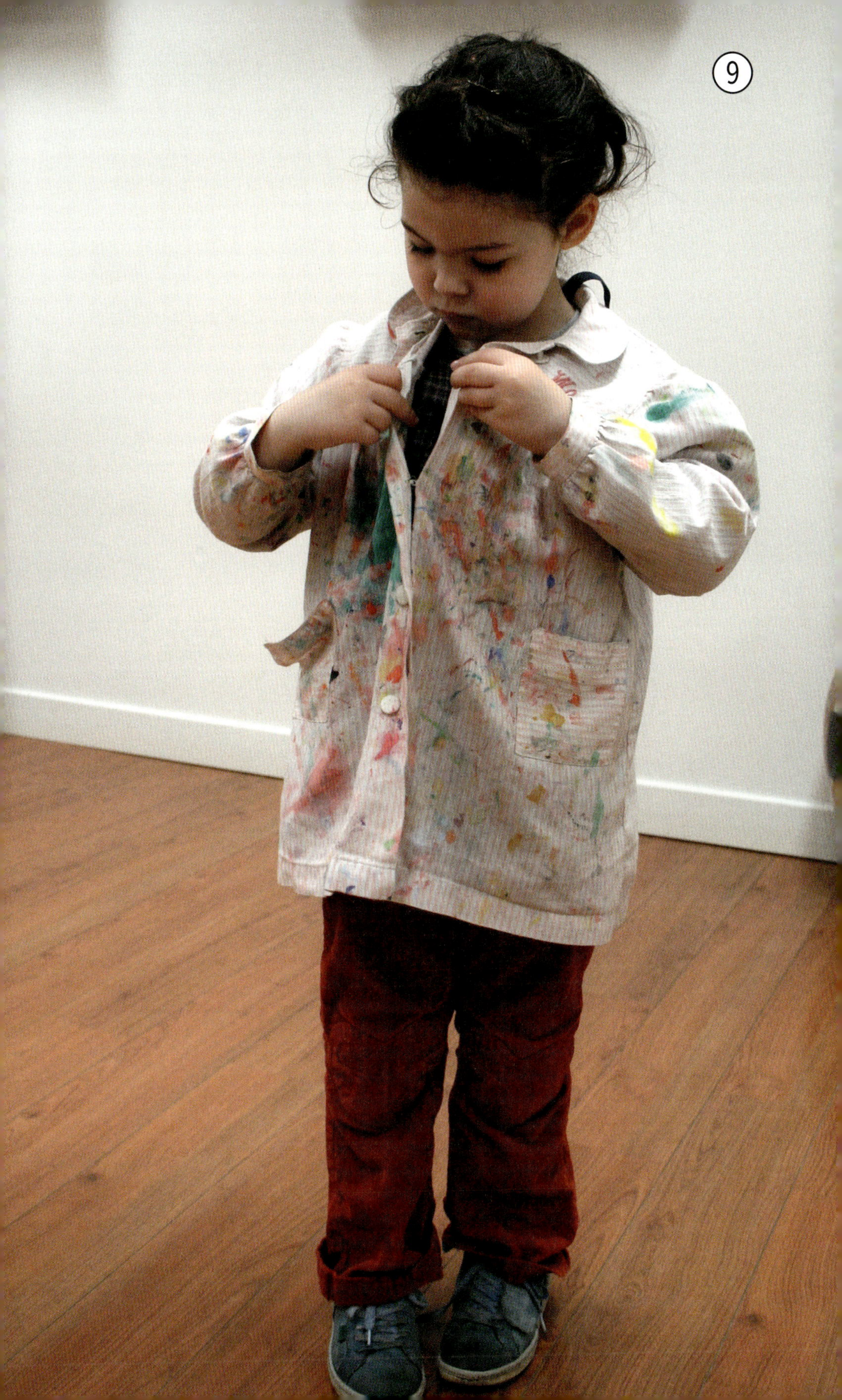
⑨

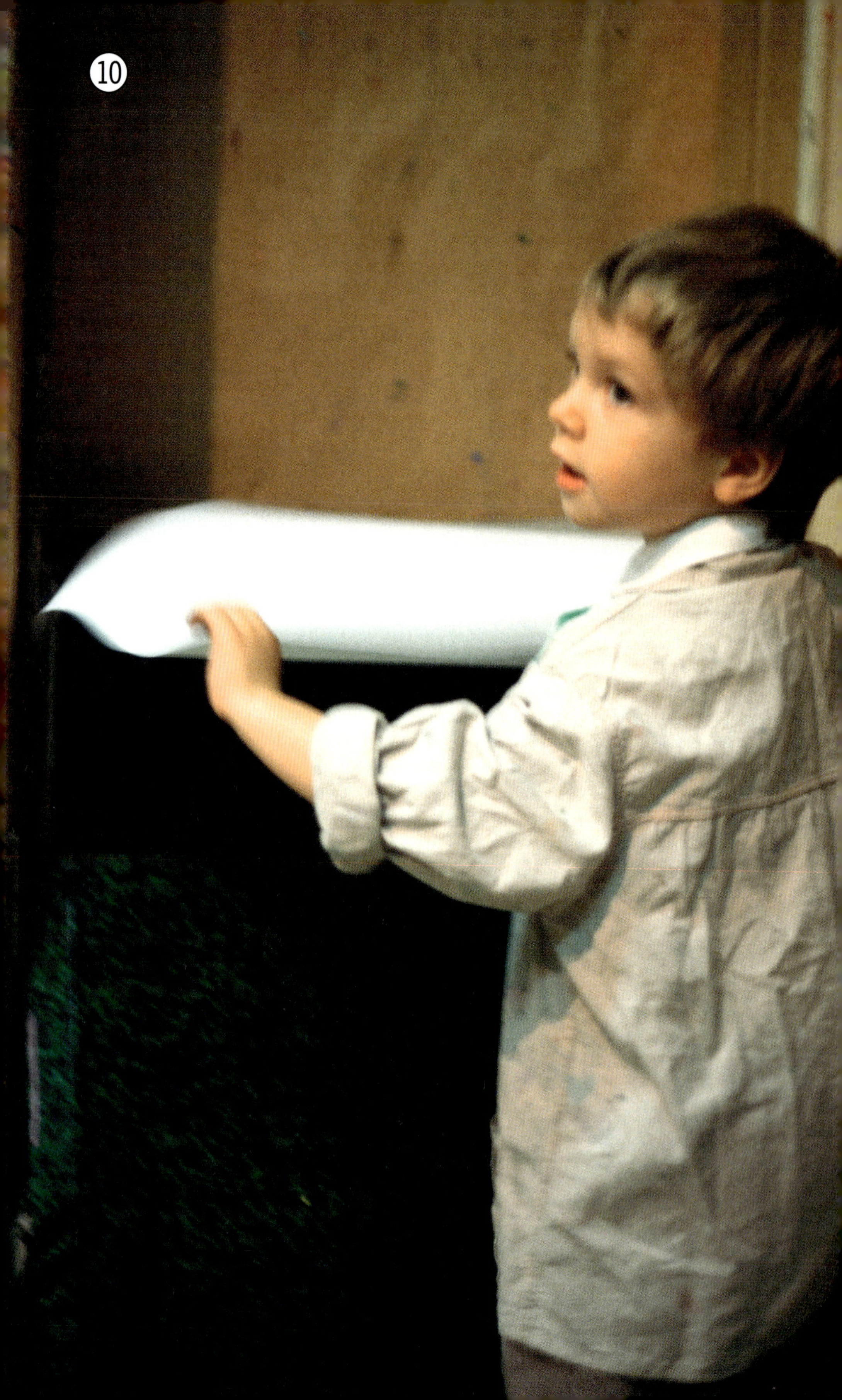
10

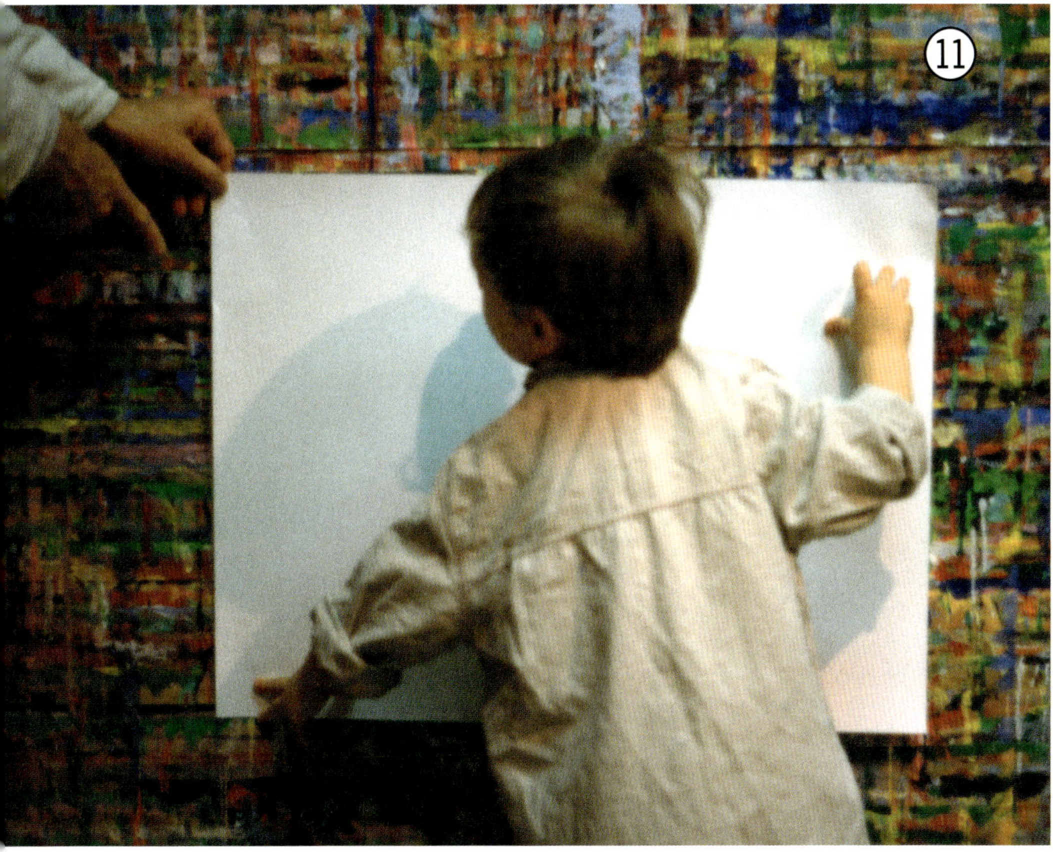
11

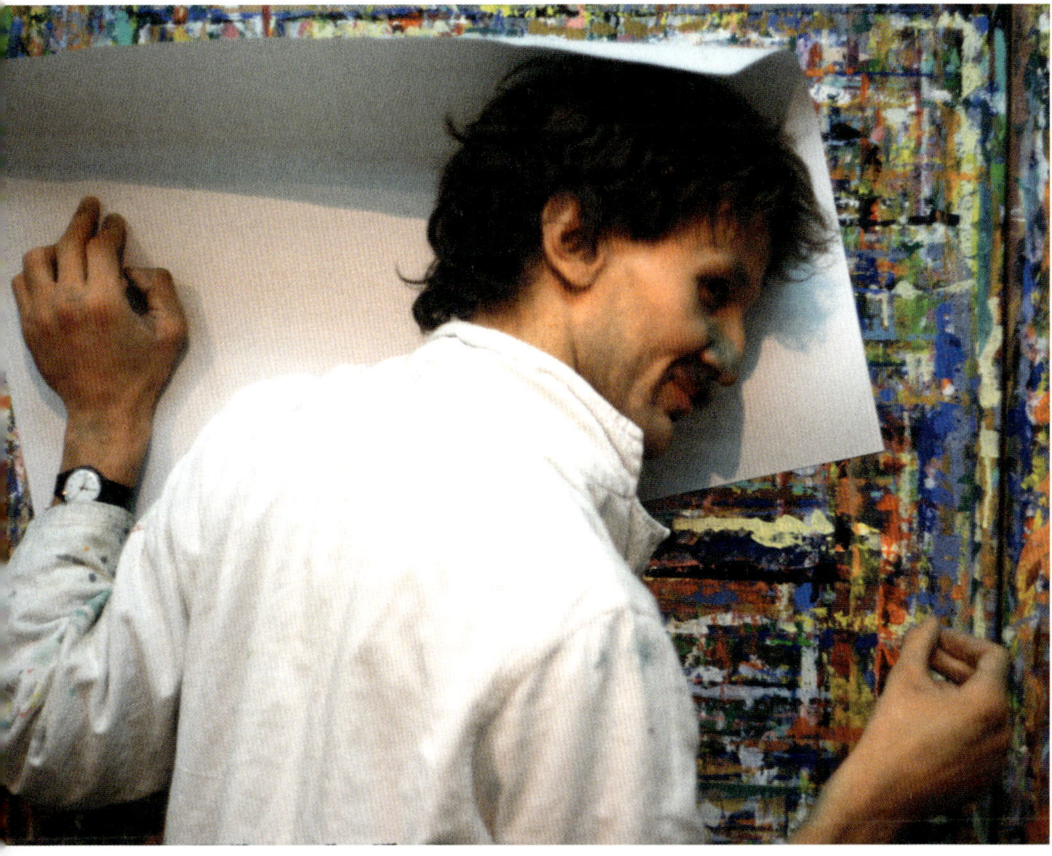

12

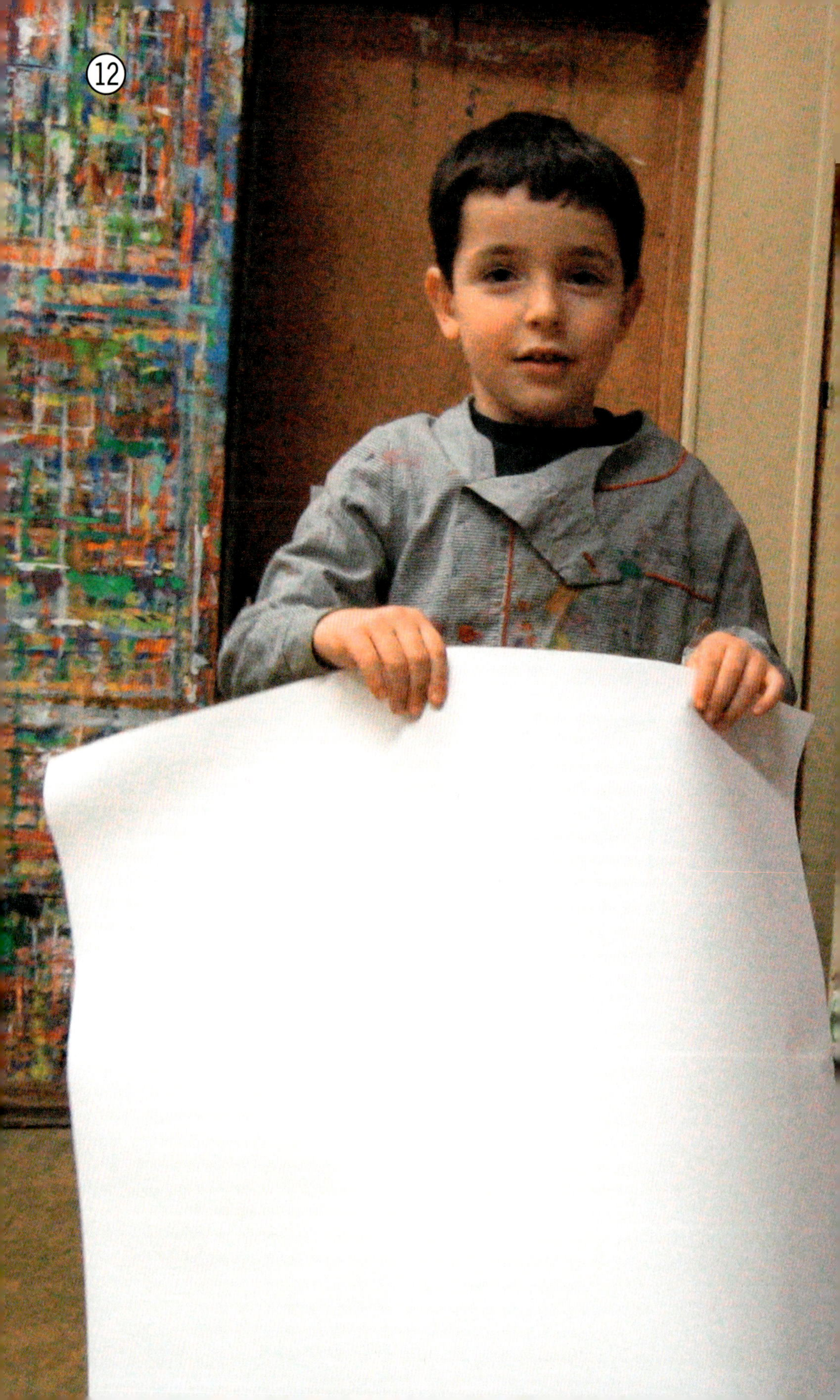

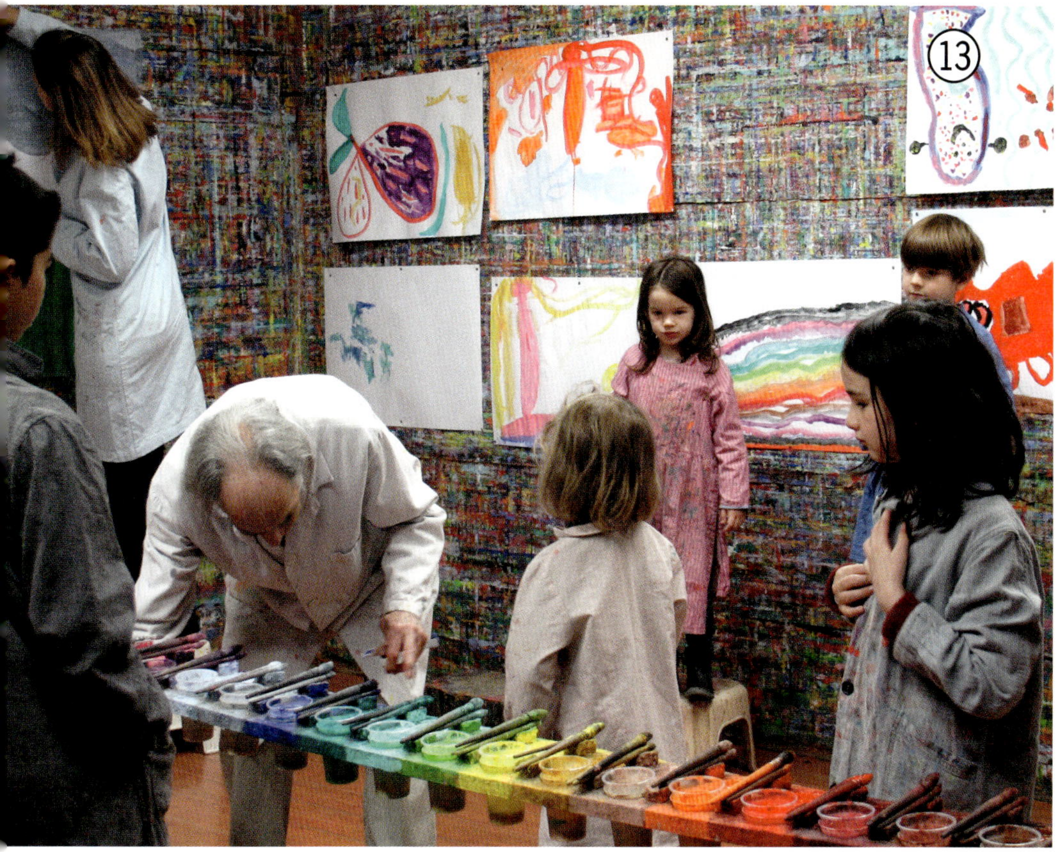
13

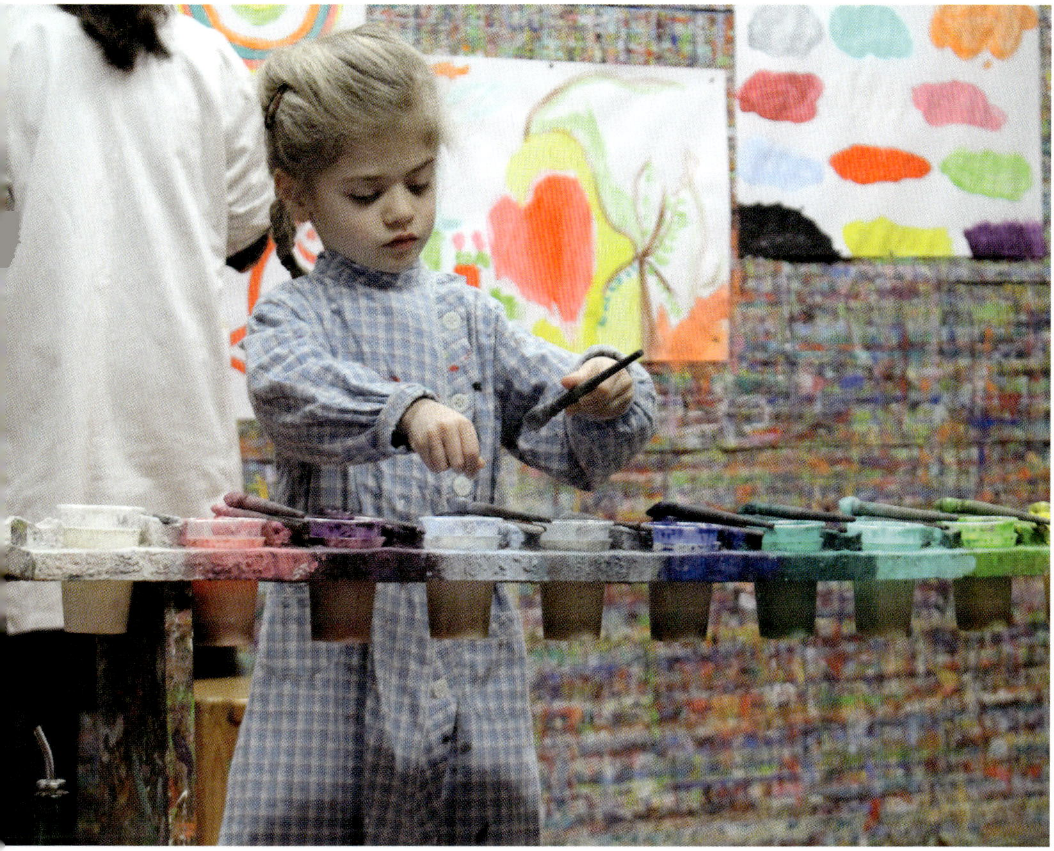

14

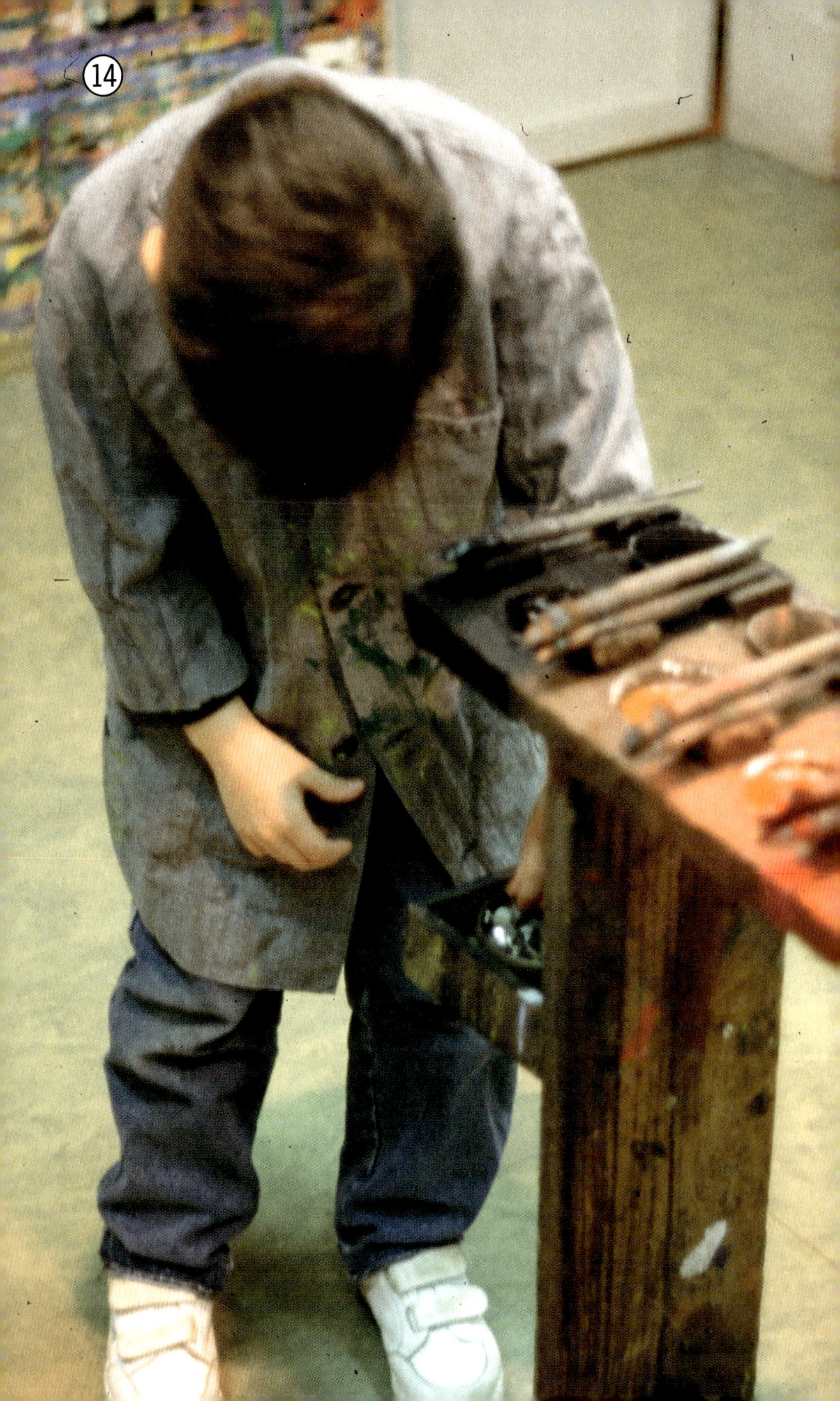

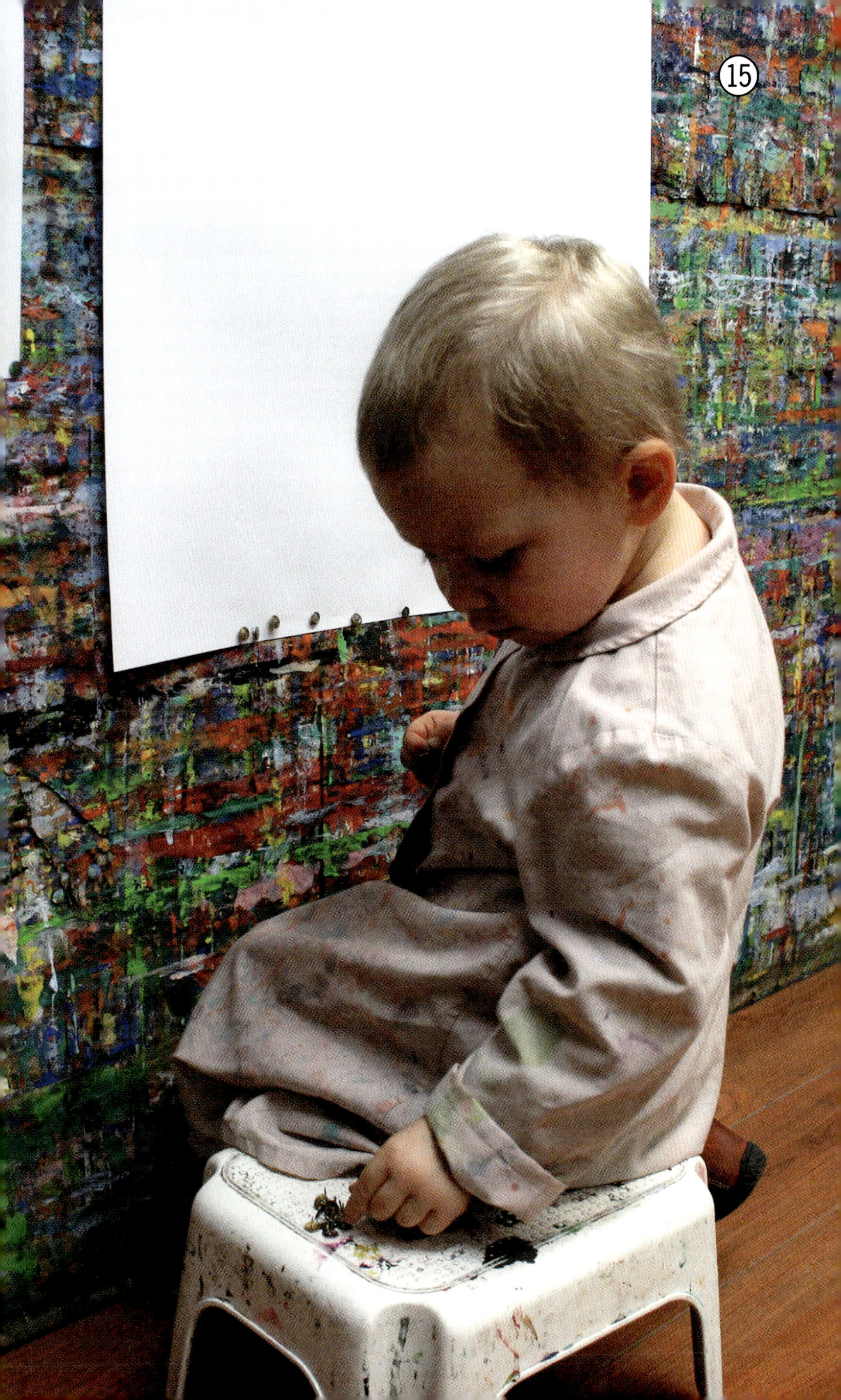
15

⑯

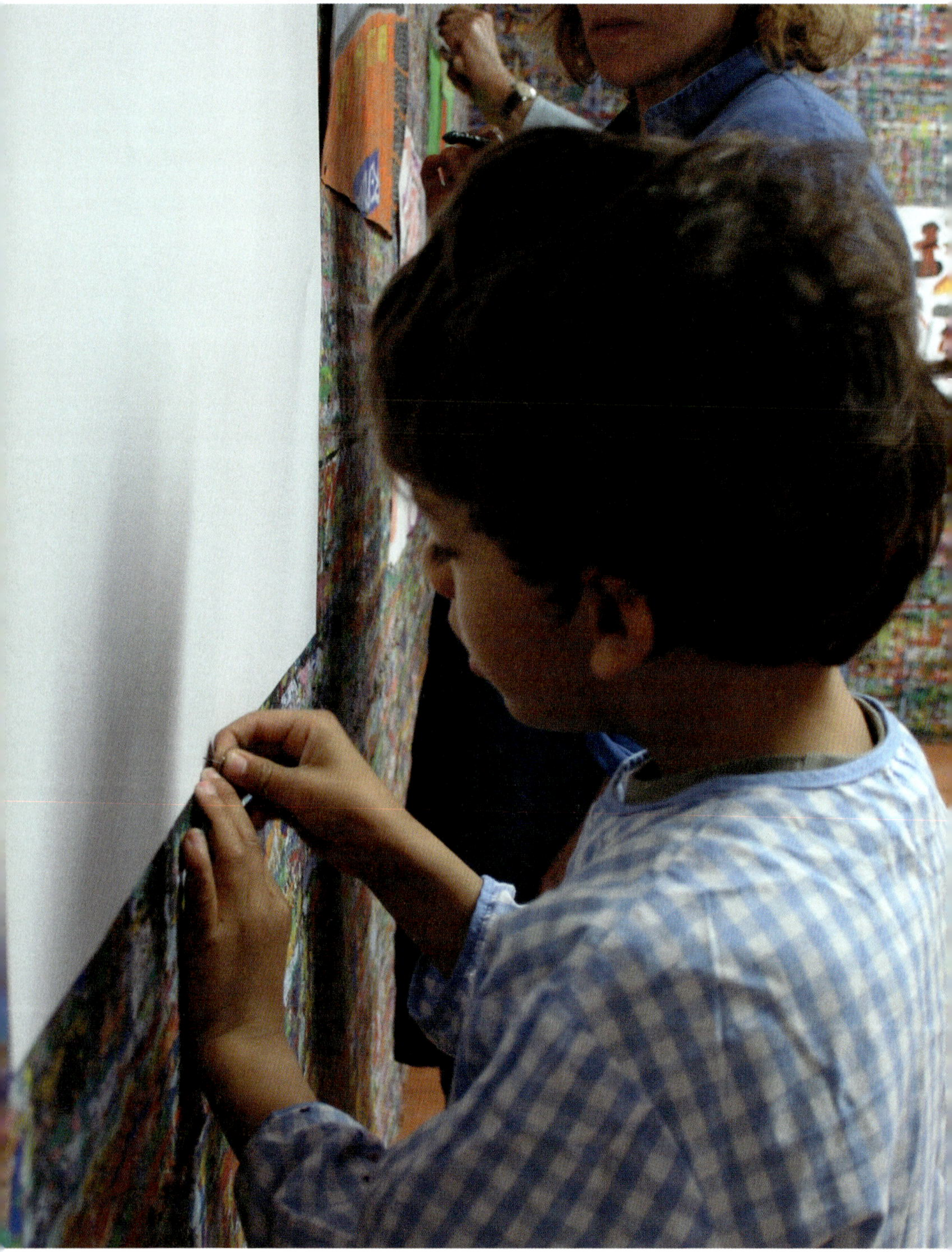

⑰

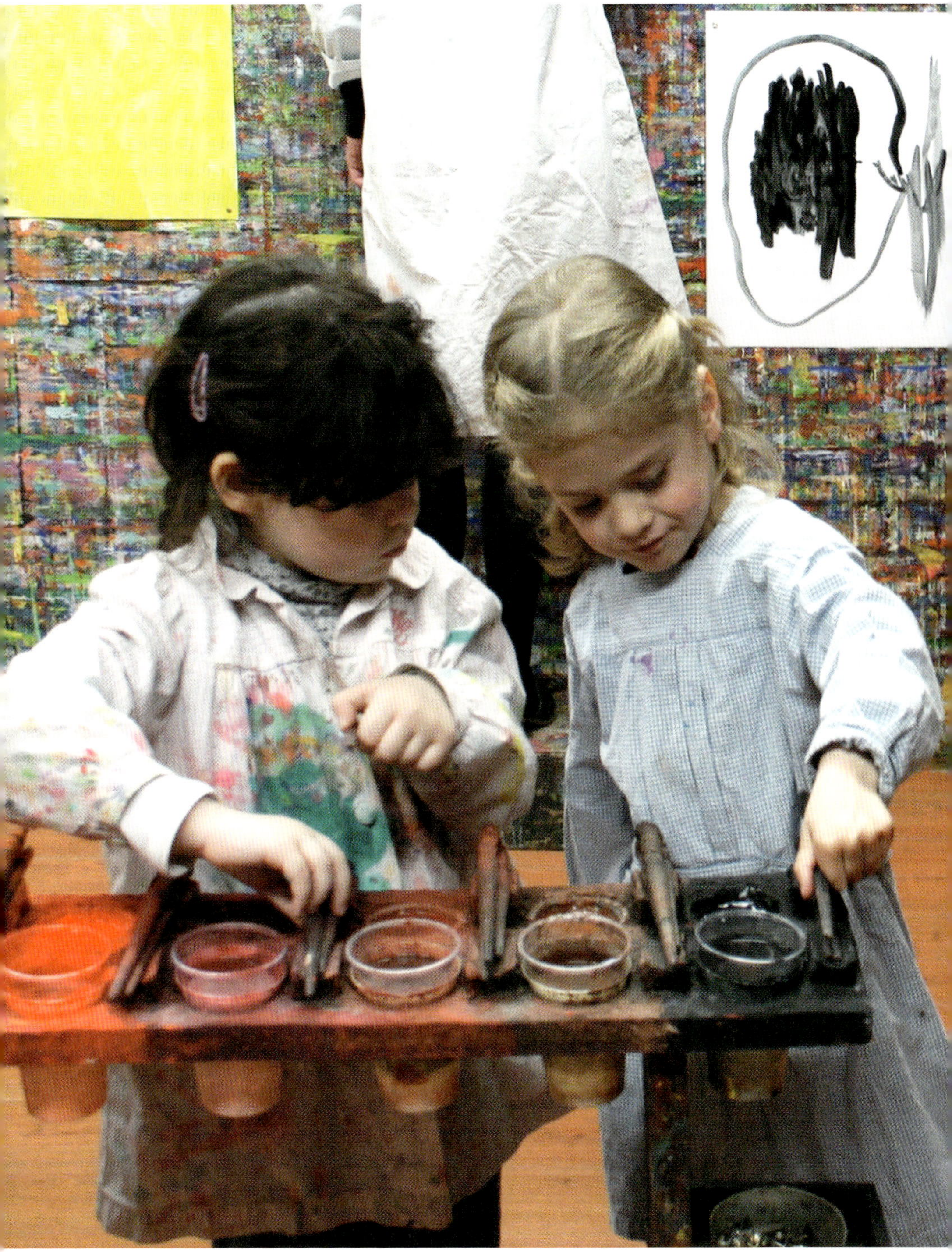

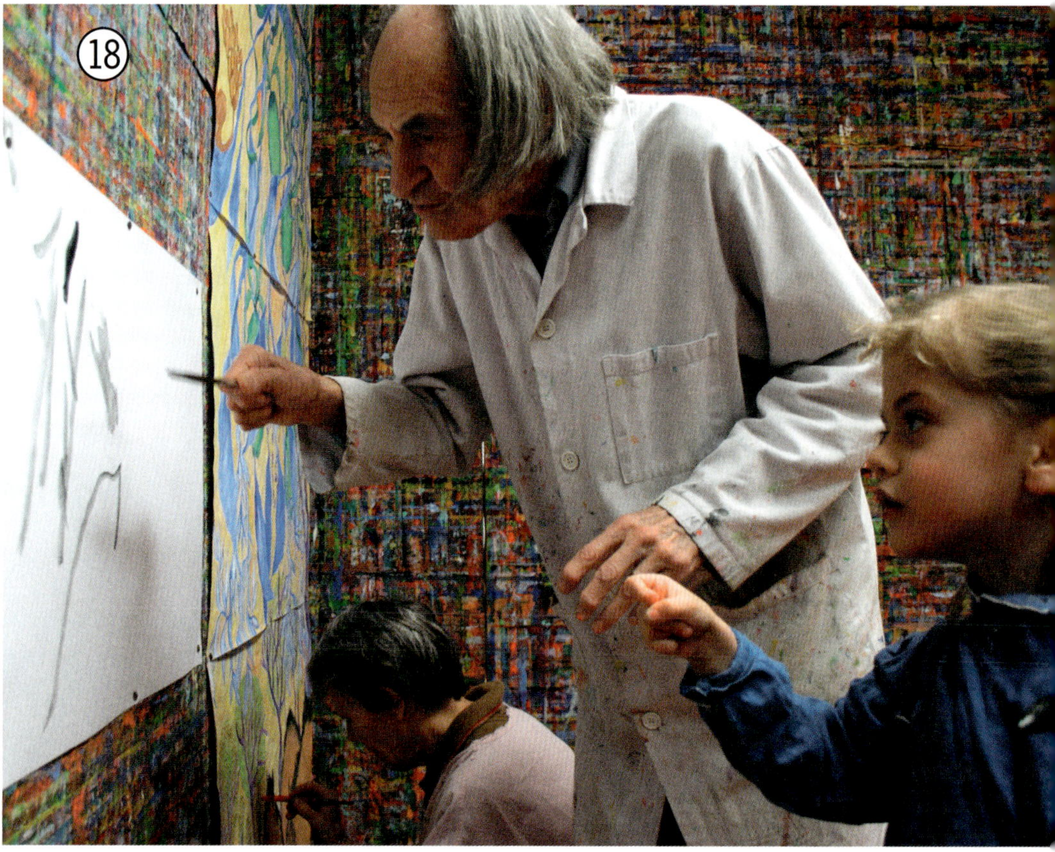
18

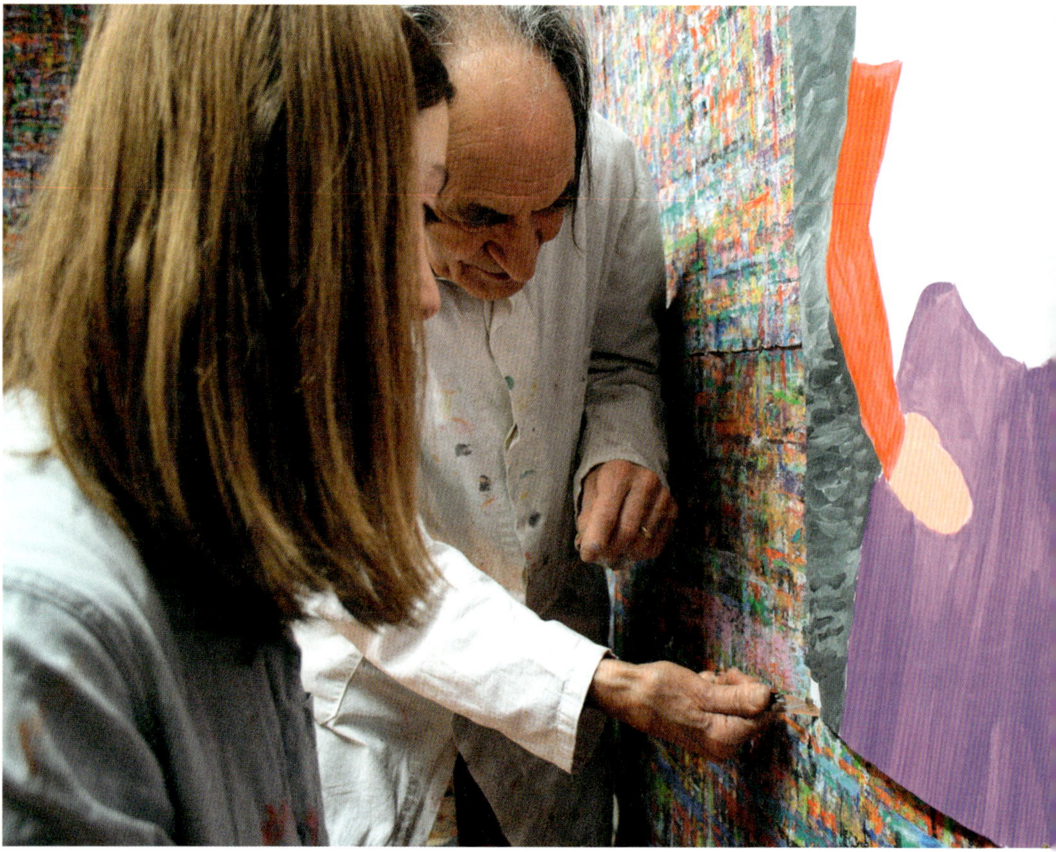

19

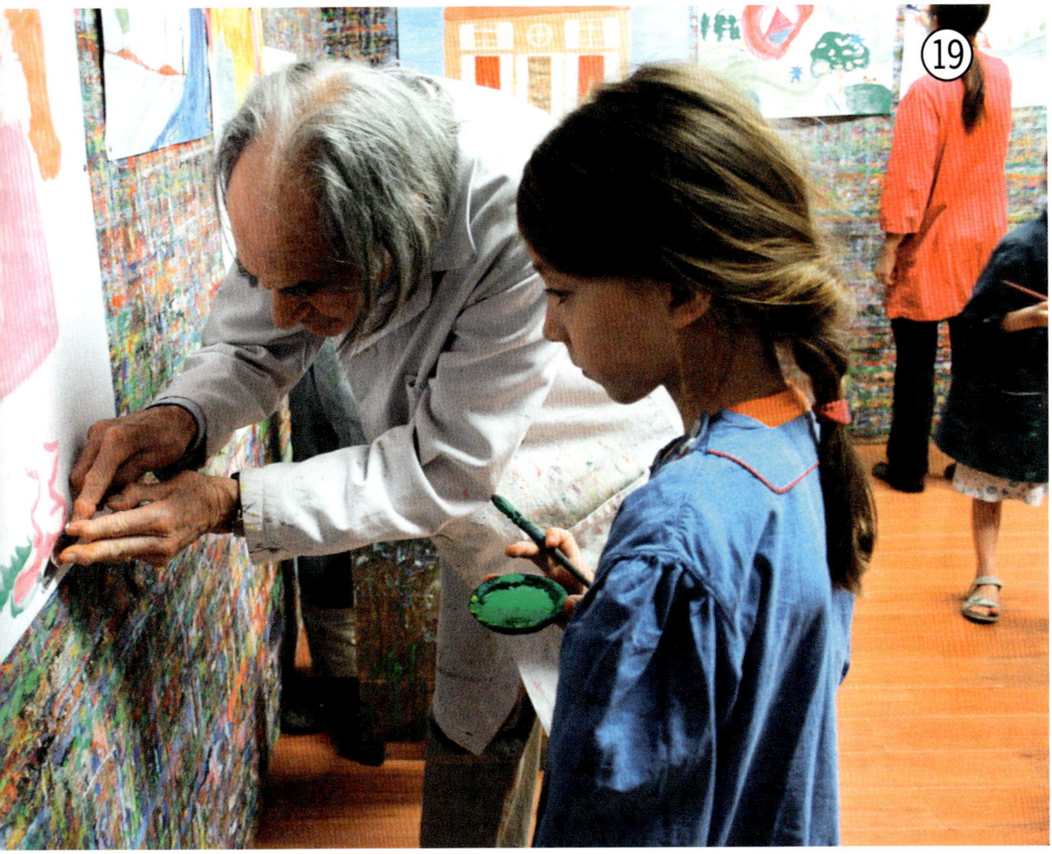

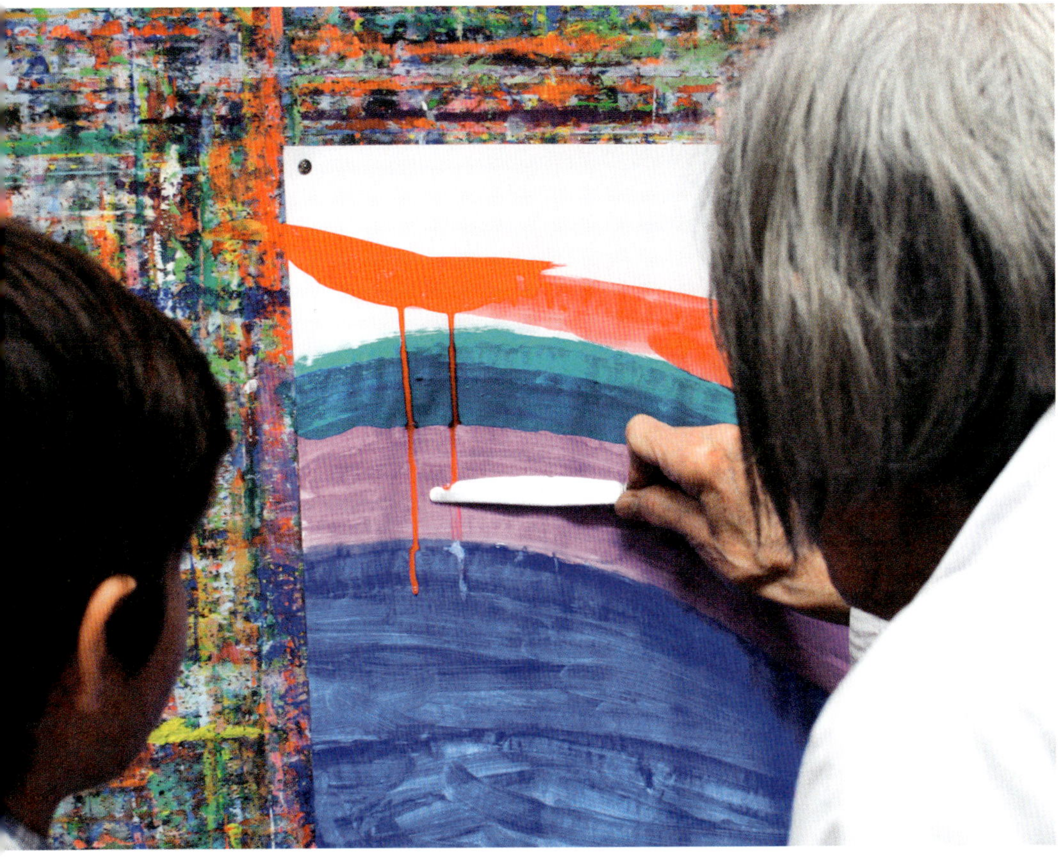

⑳

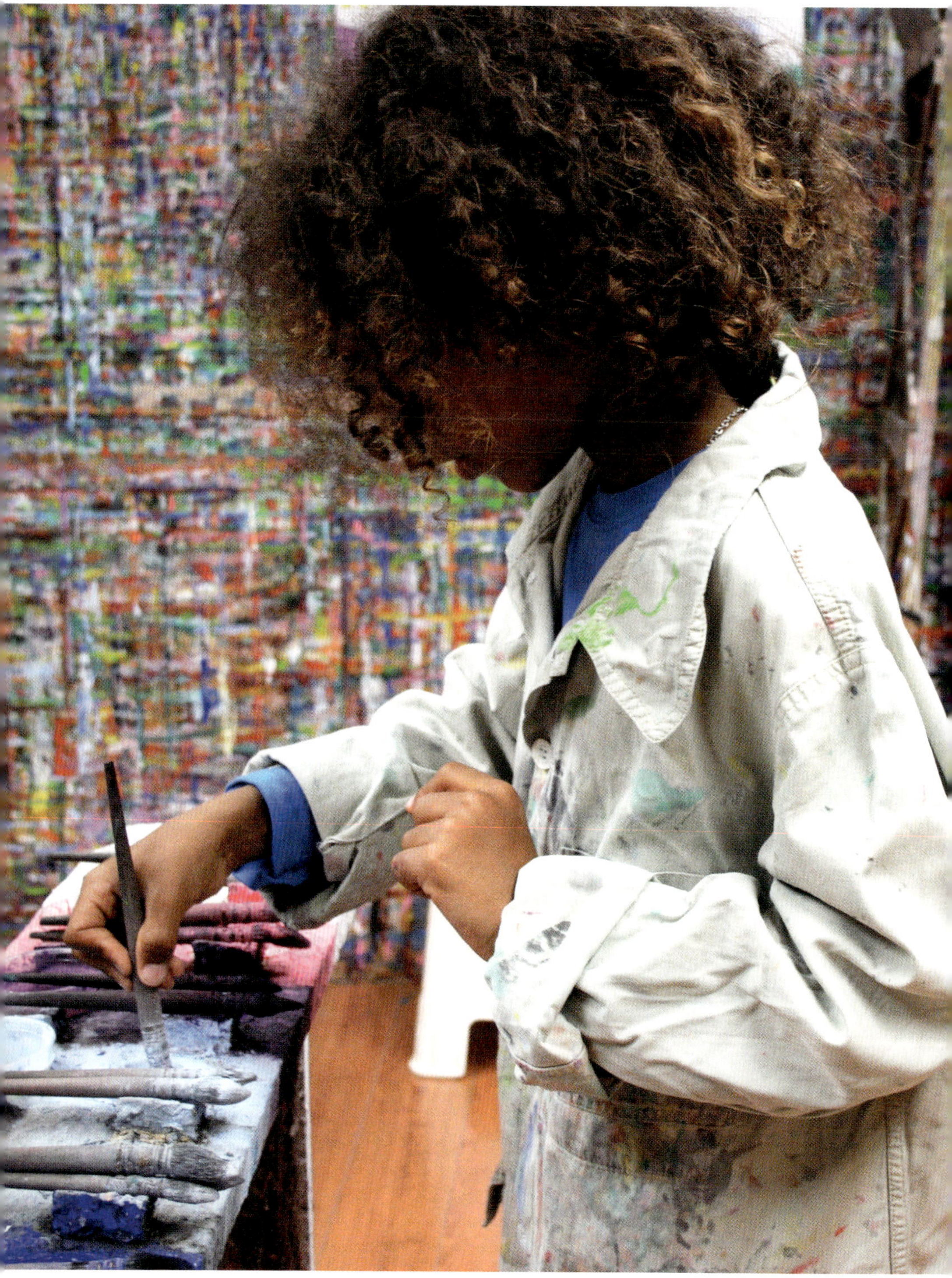

㉑

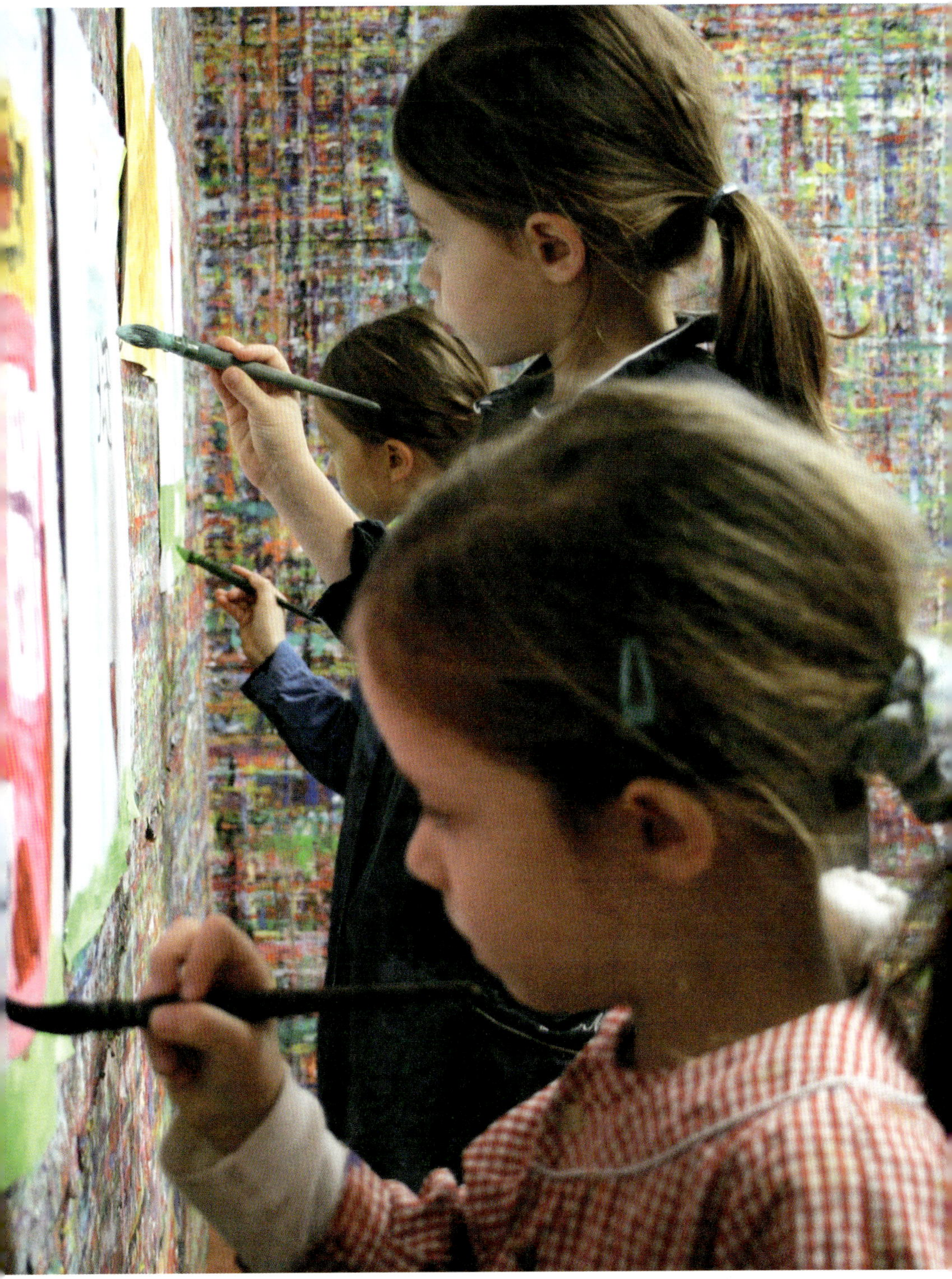

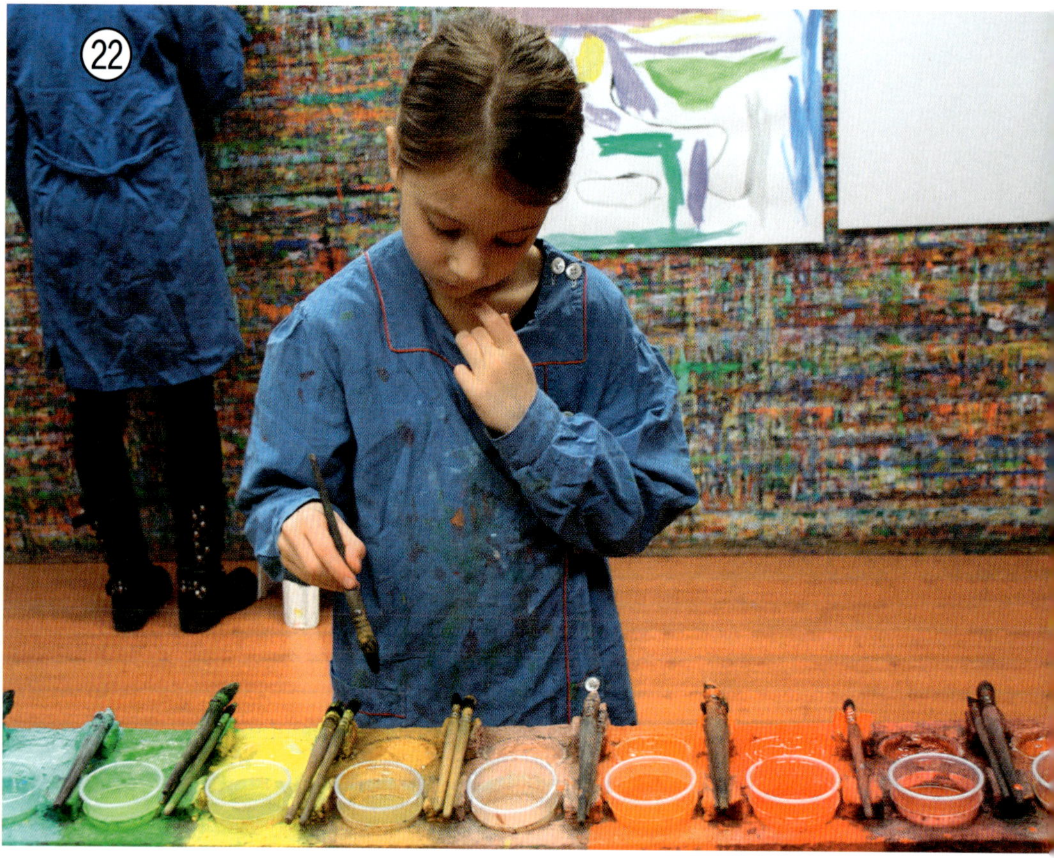
22

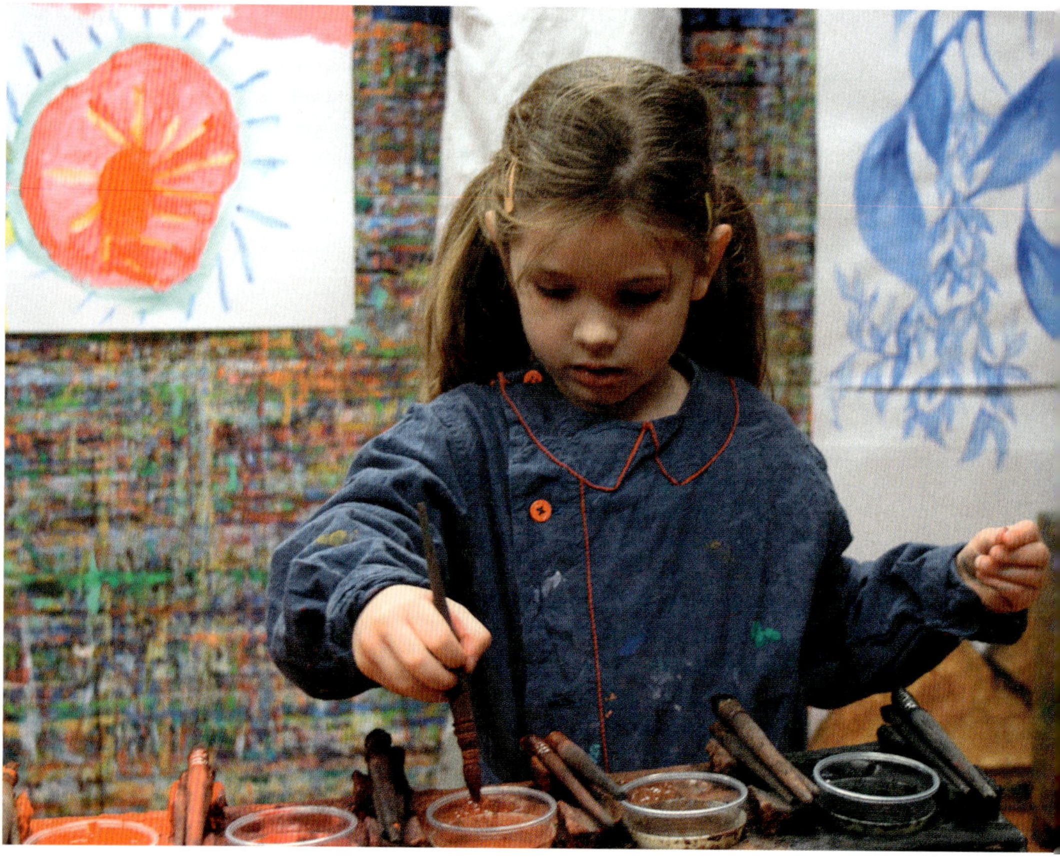

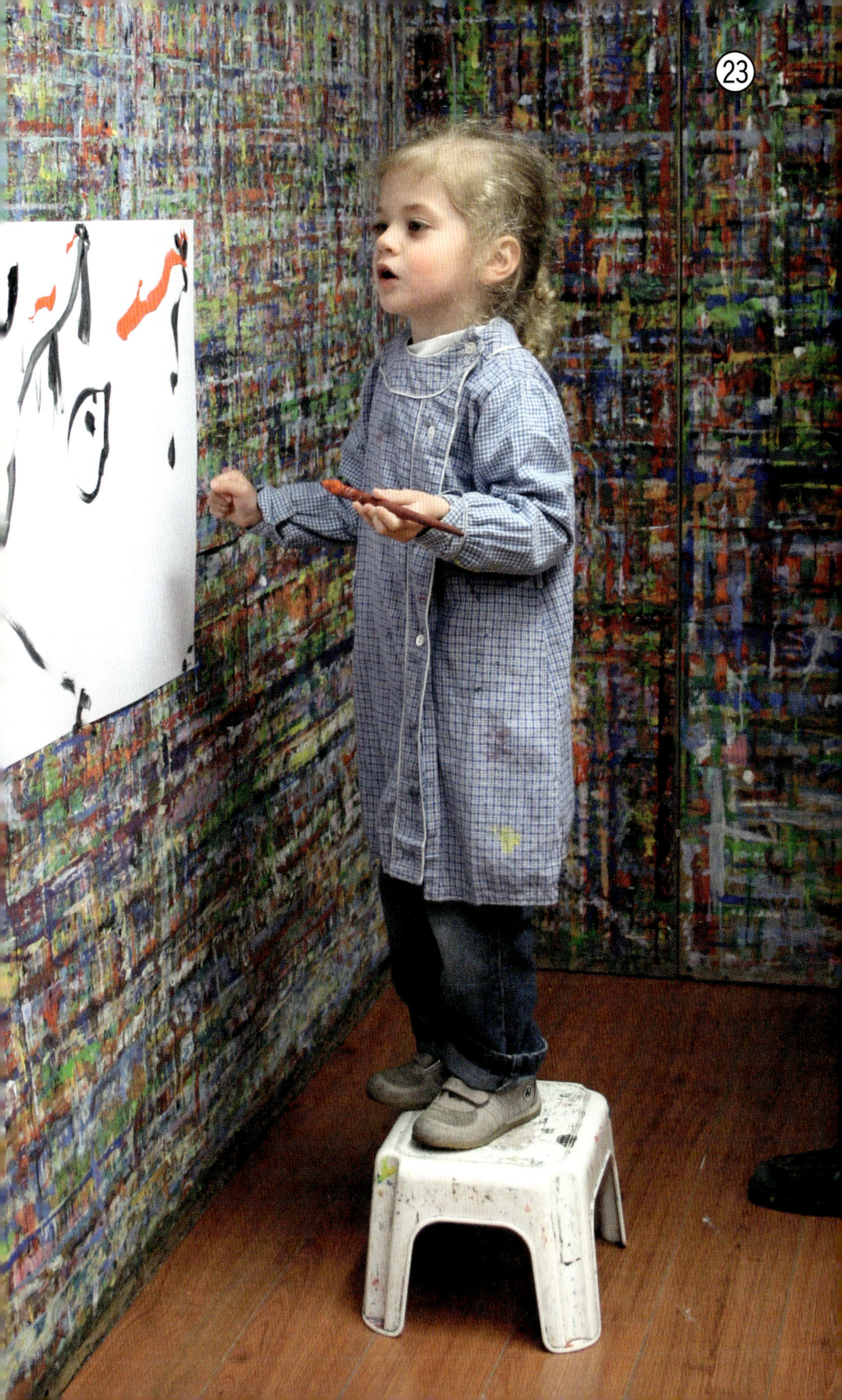

23

24

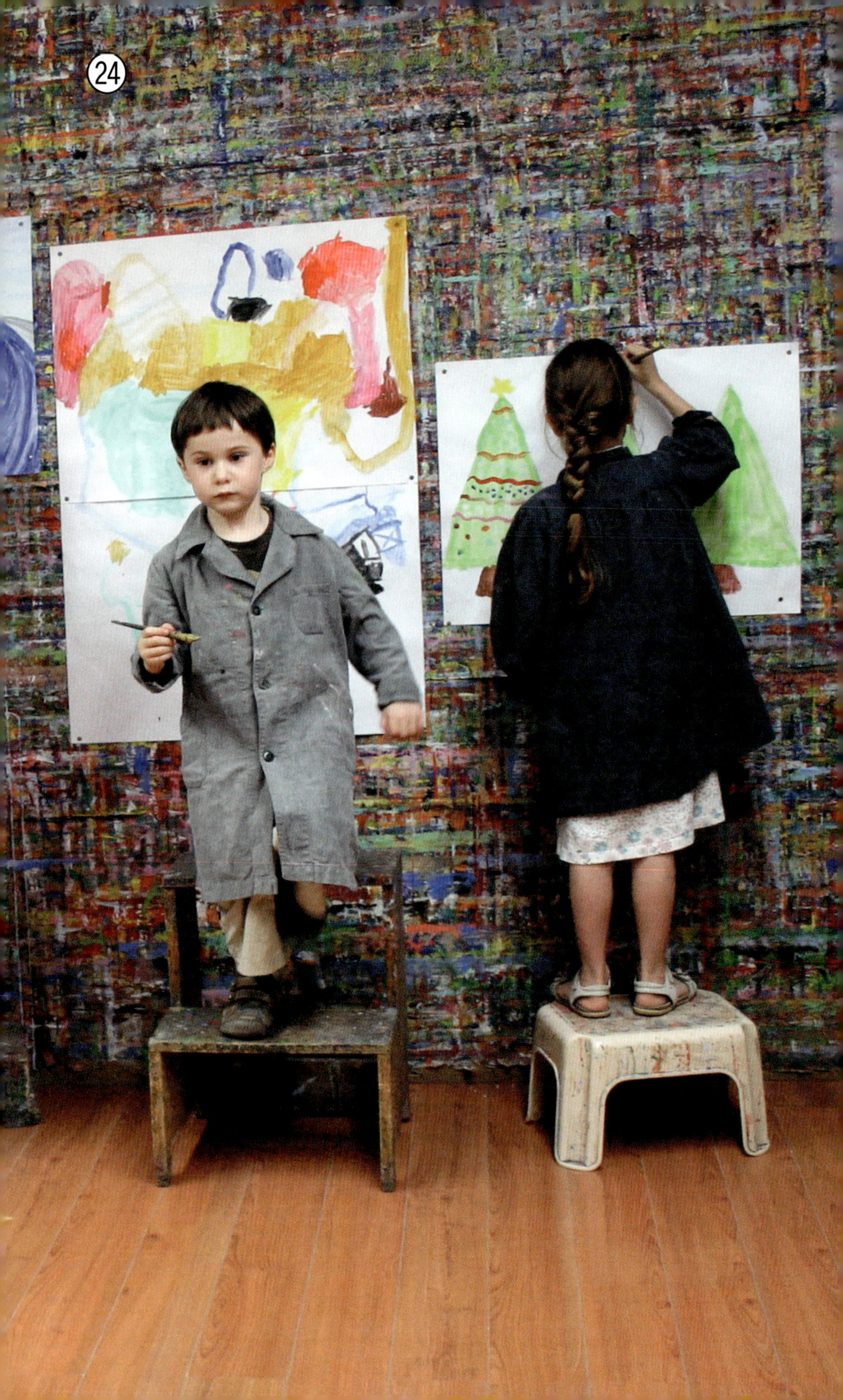

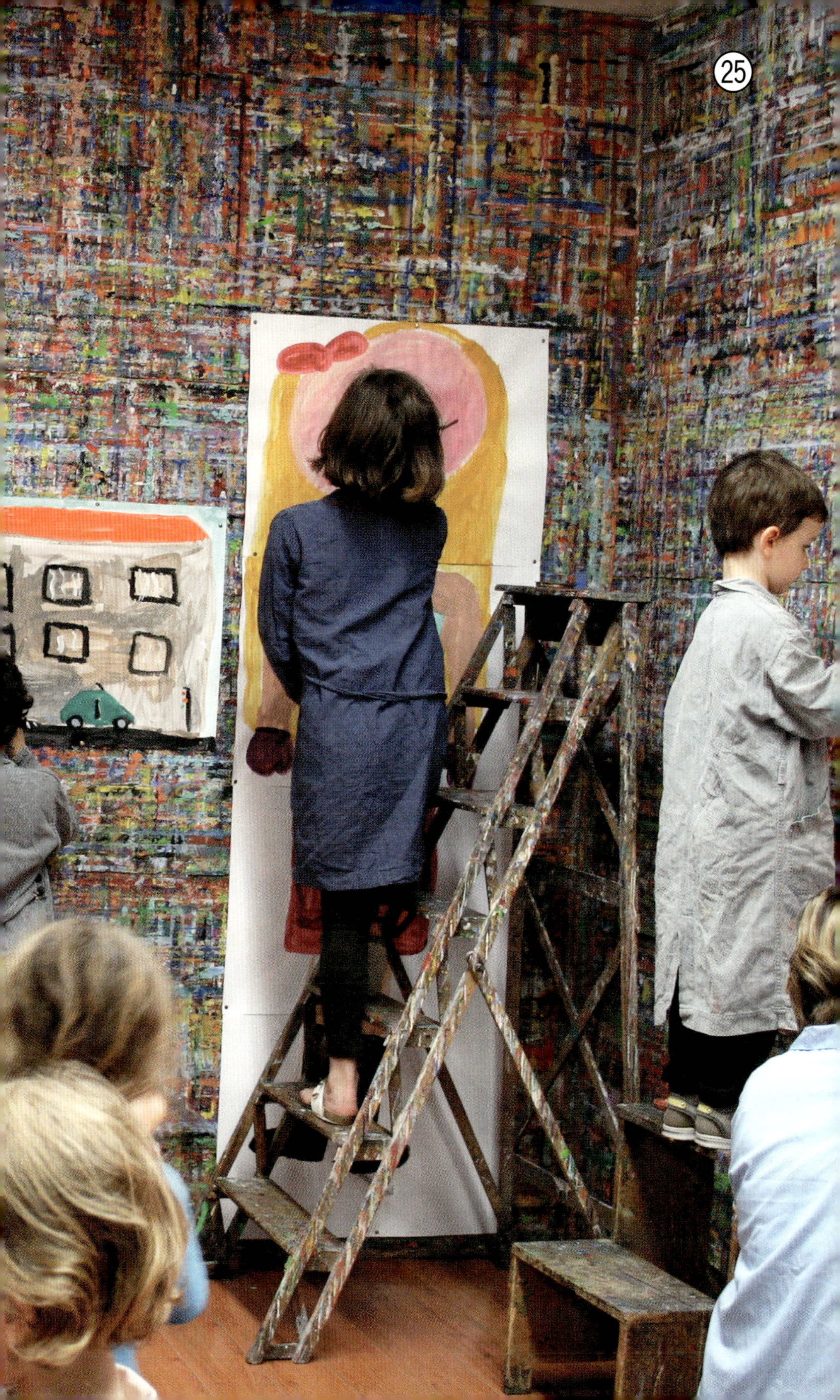

25

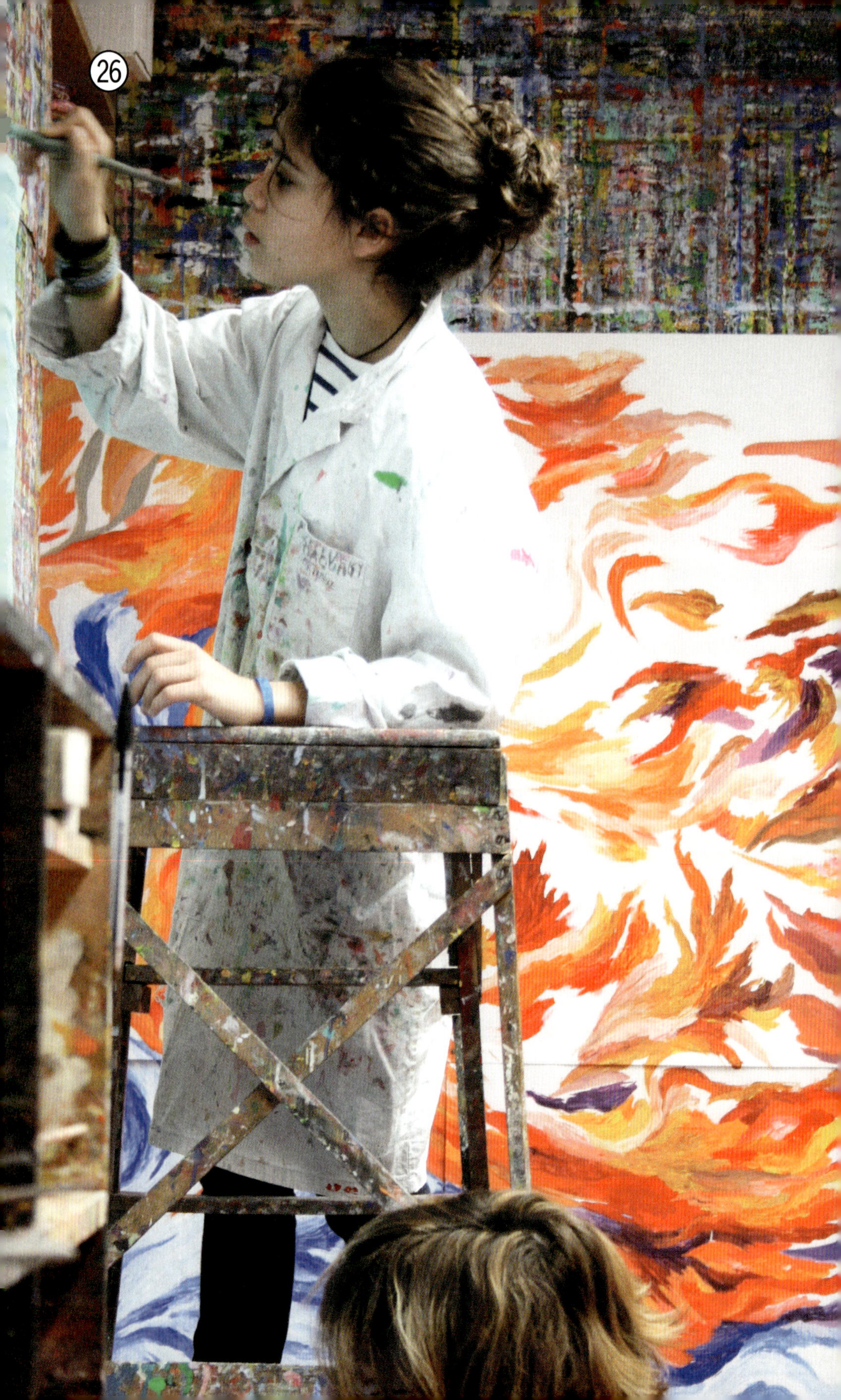
26

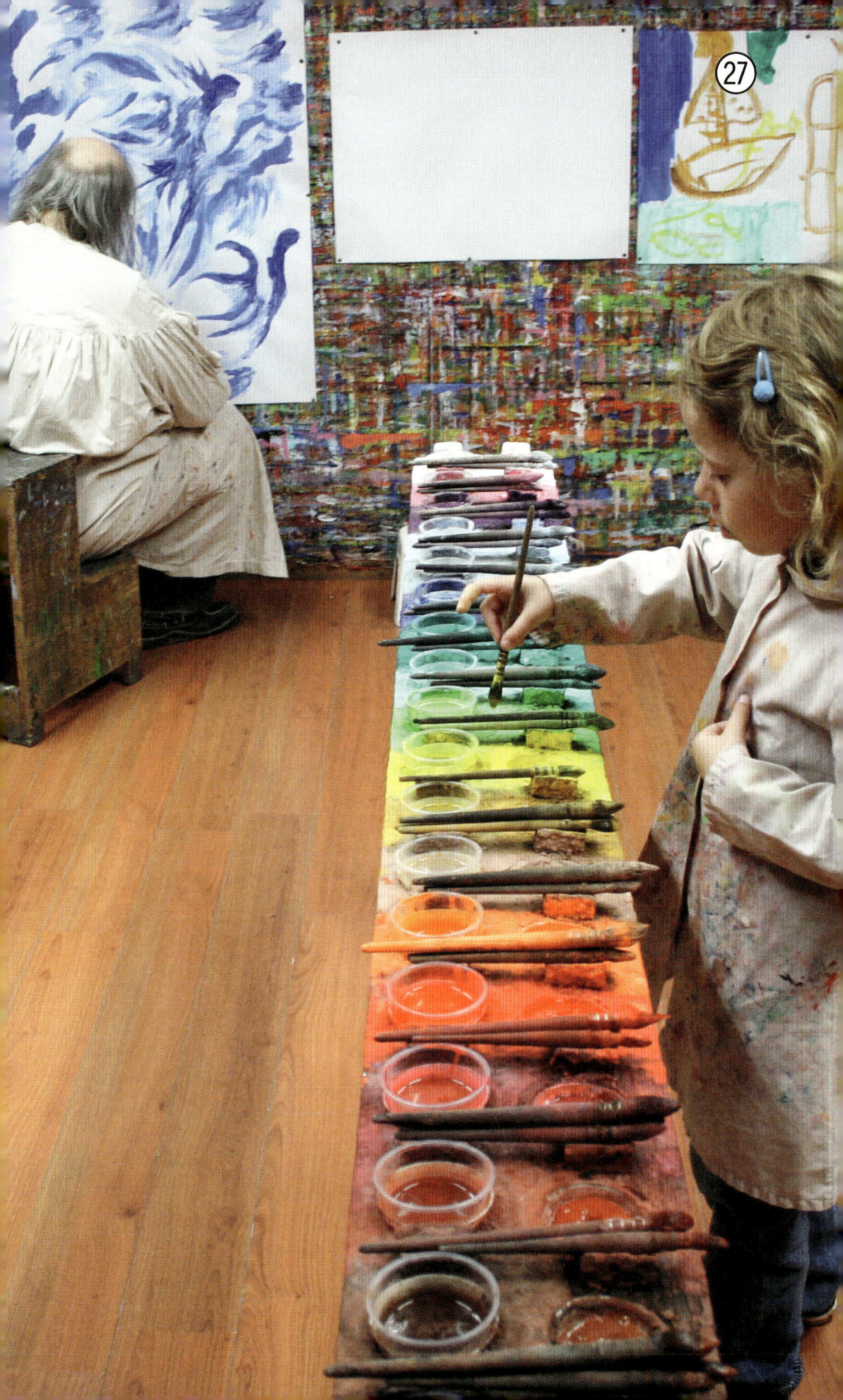

27

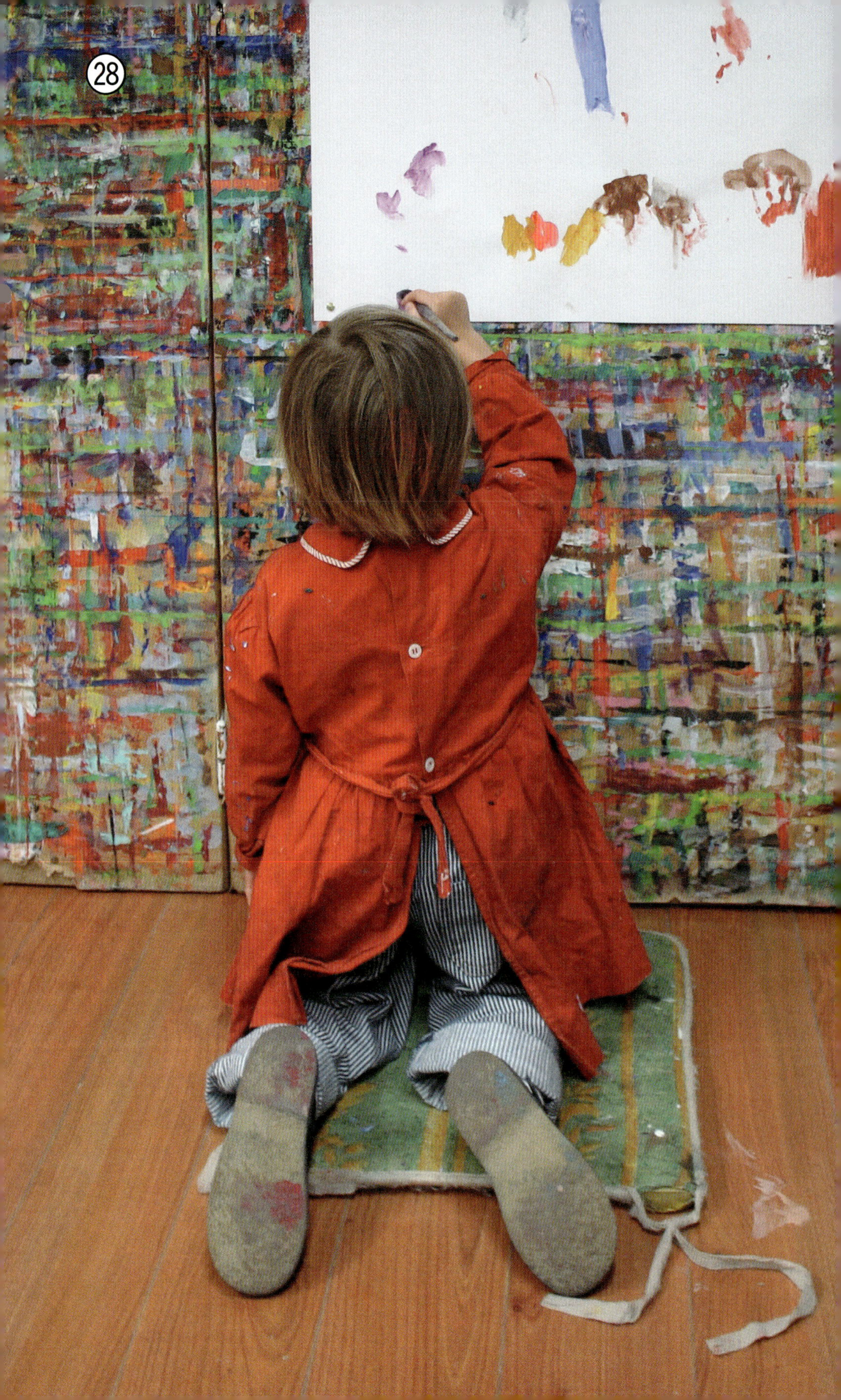

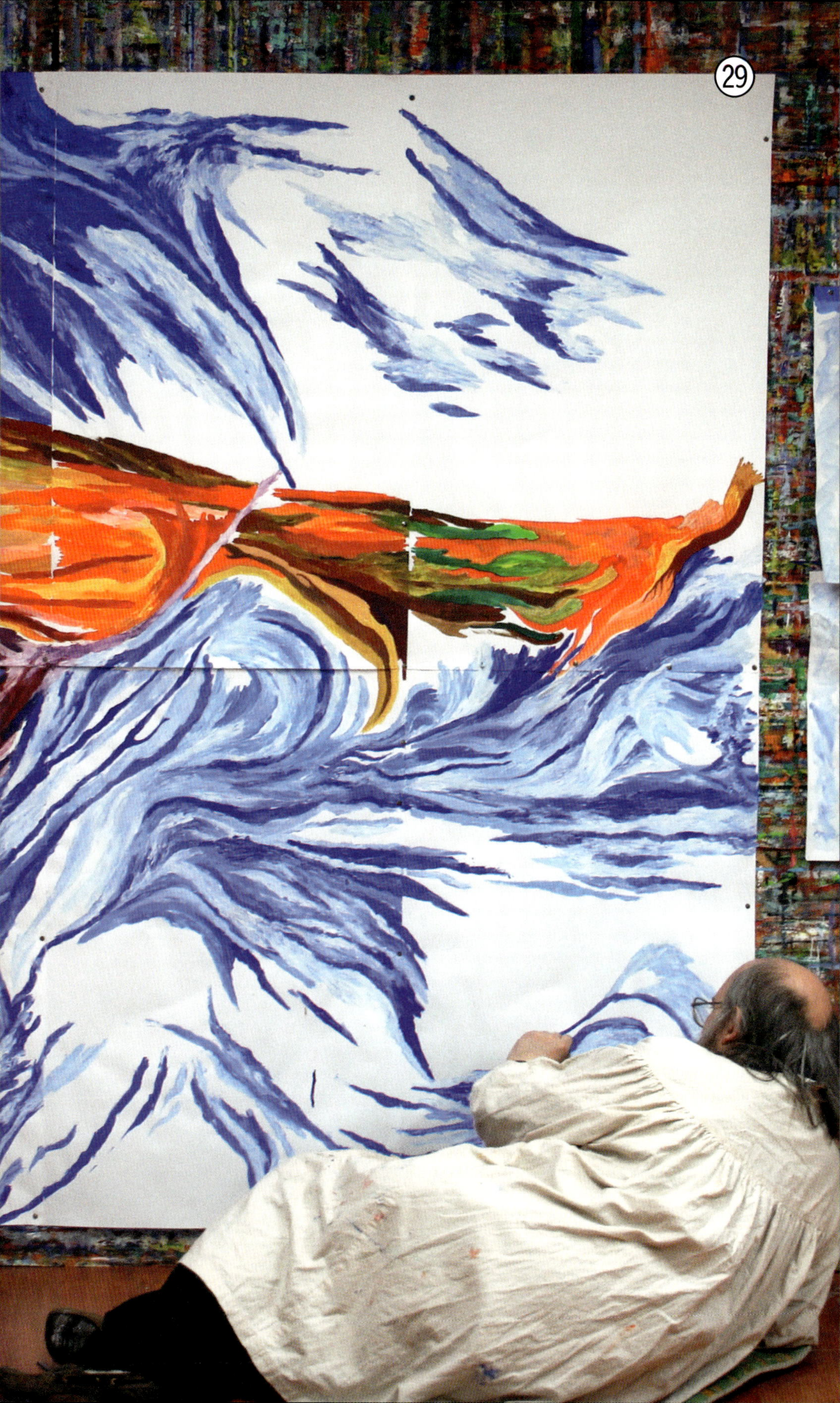
29

30

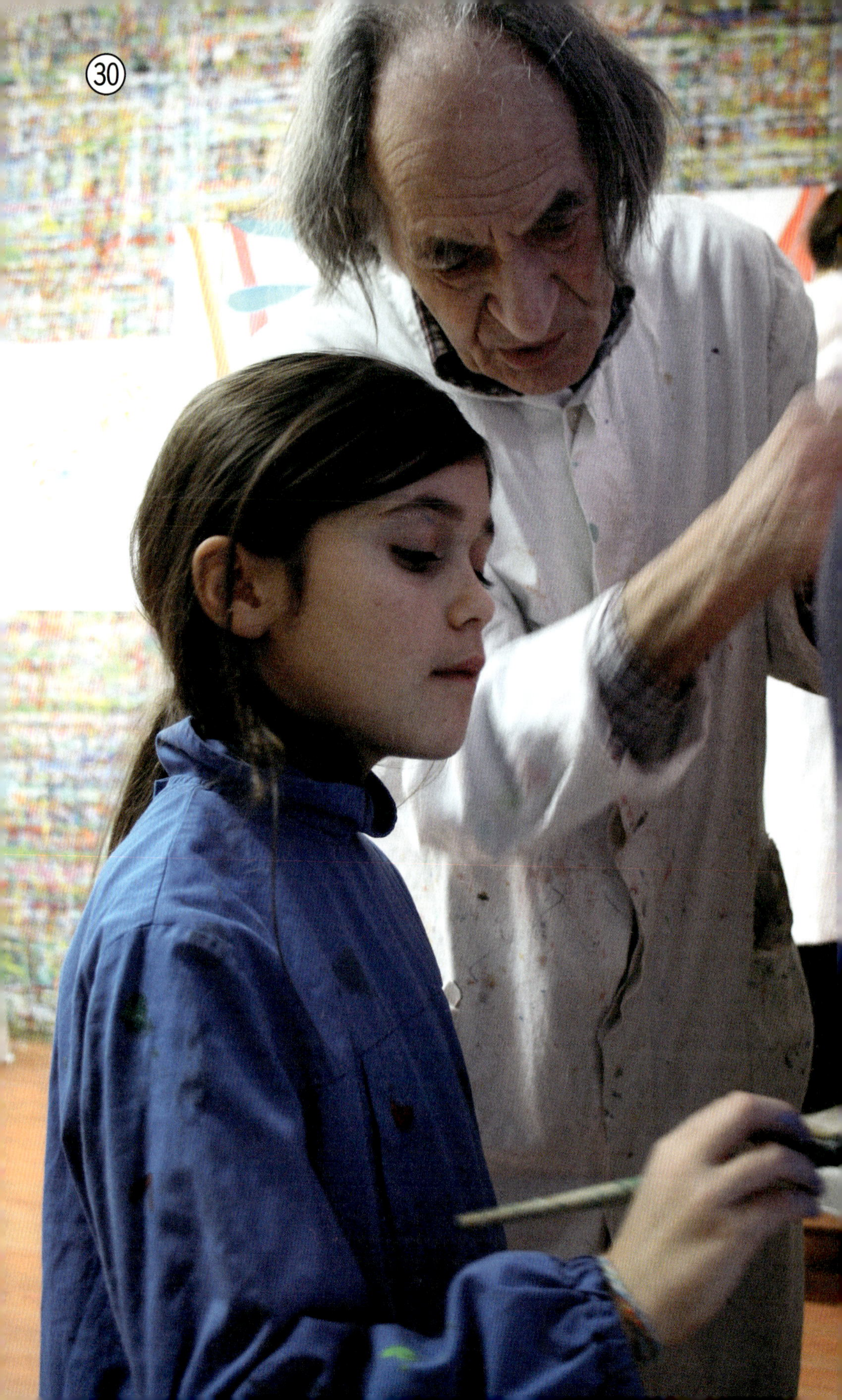

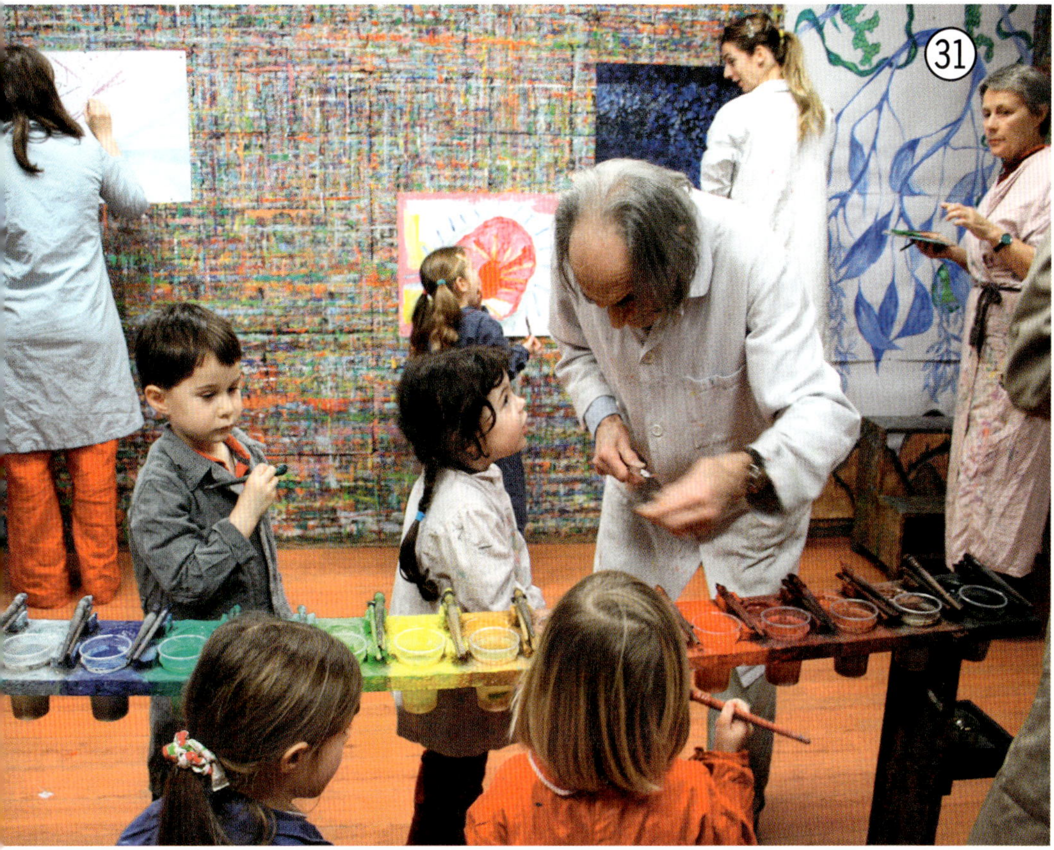
31

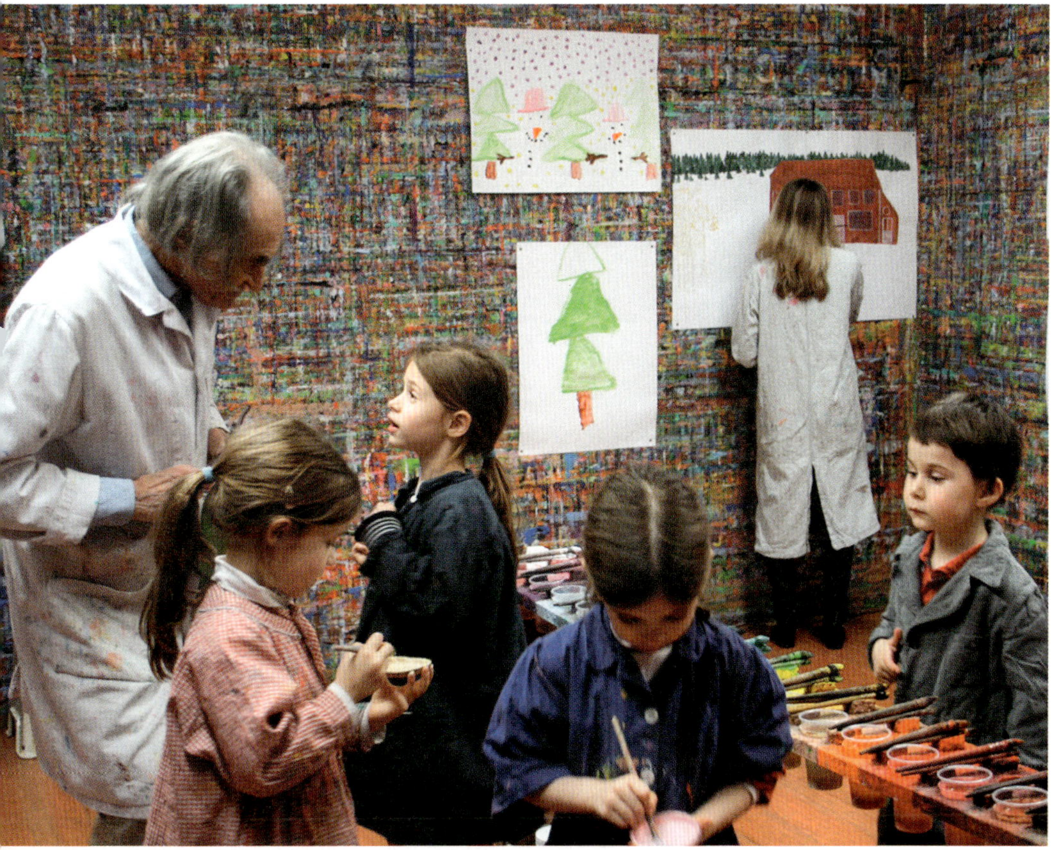

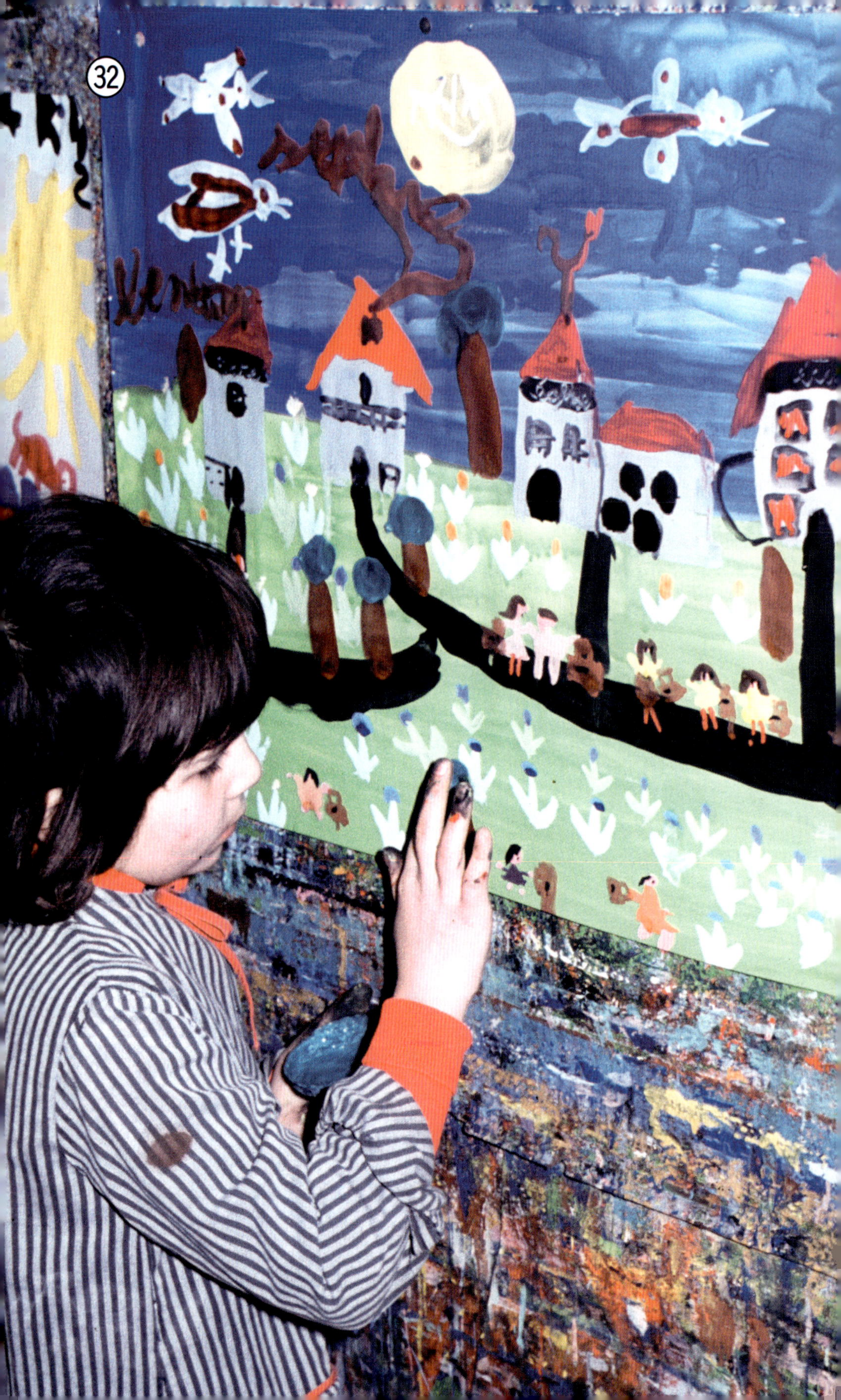

32

(33)

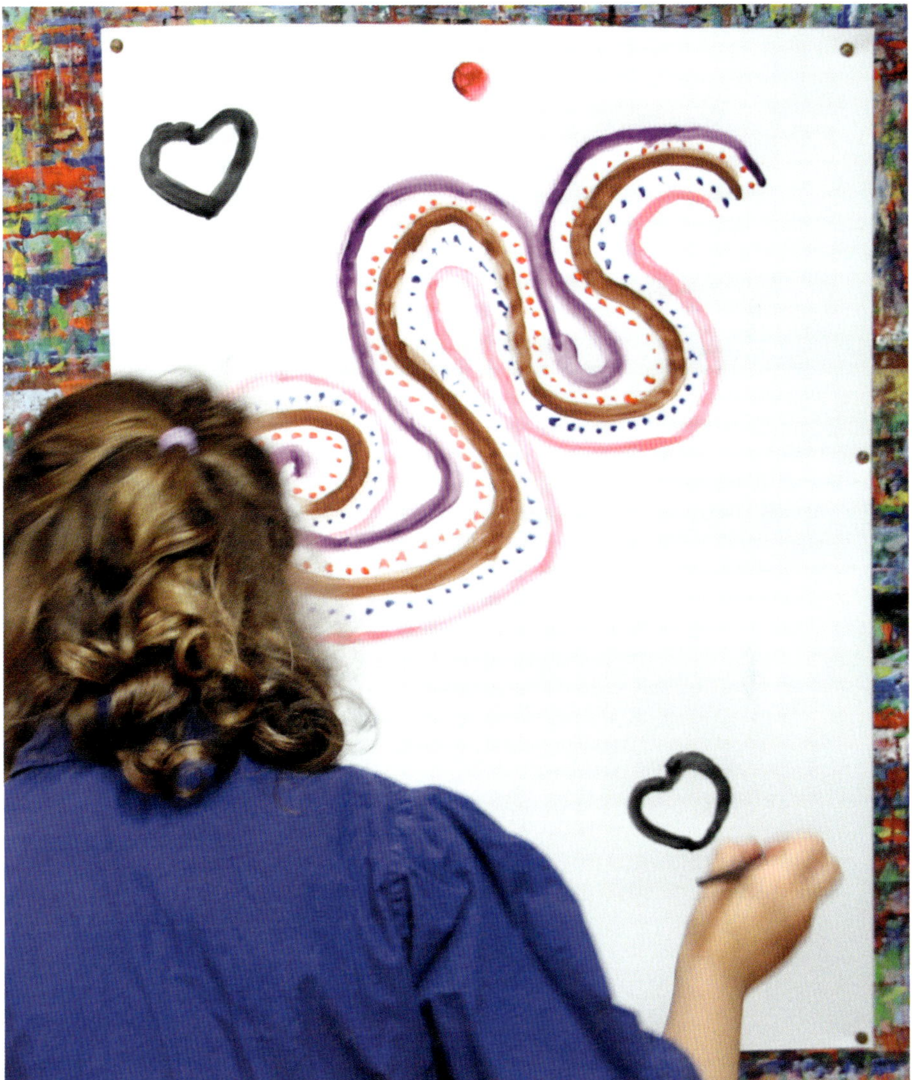

34

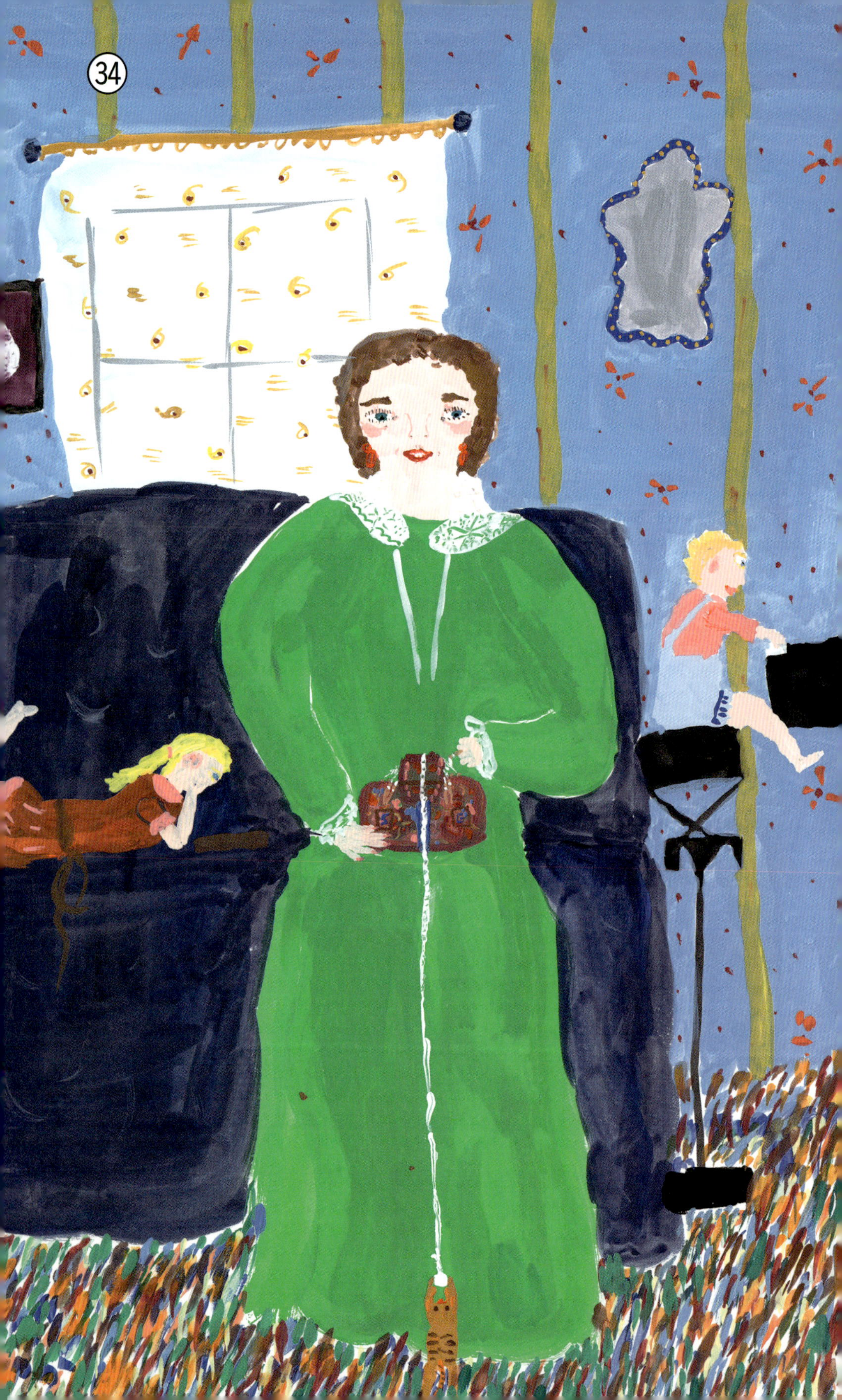

35

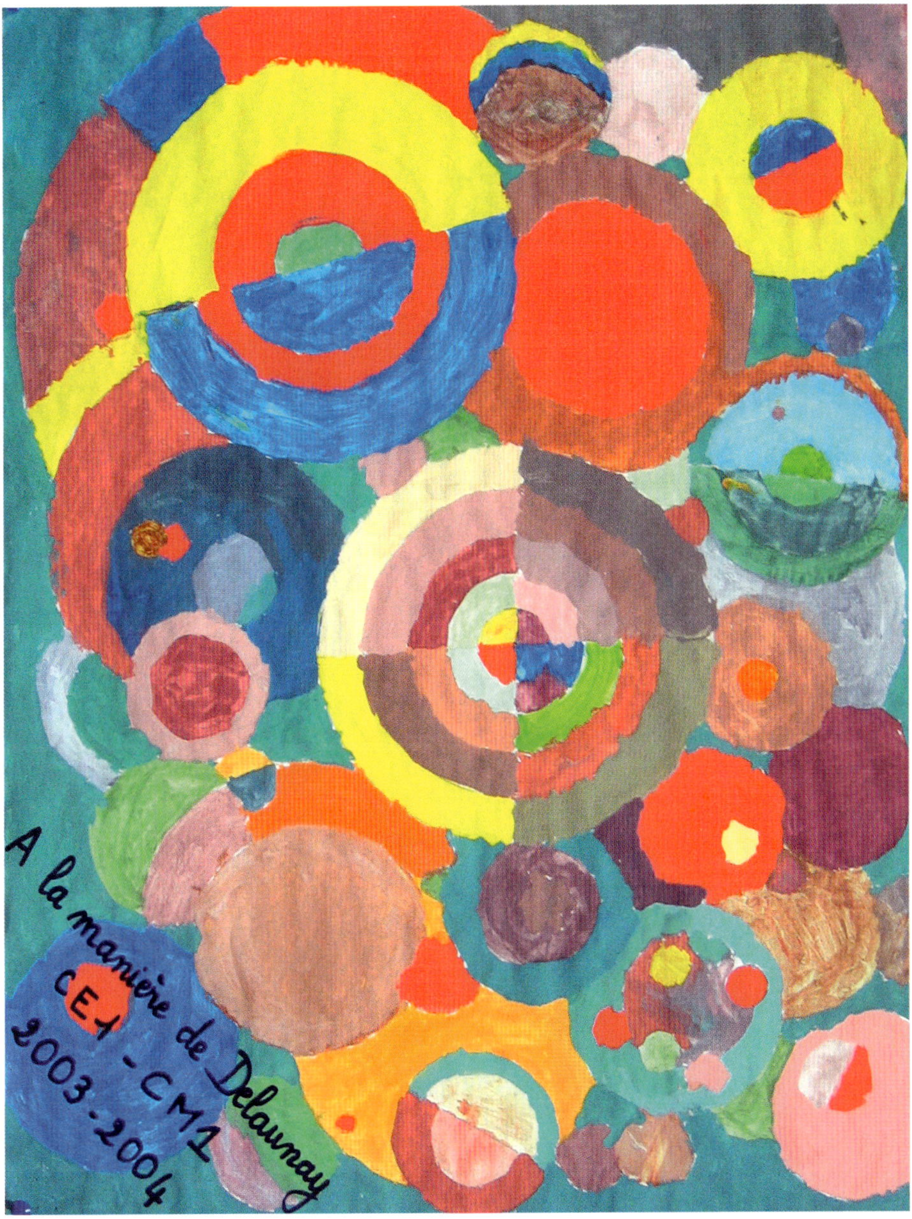

36

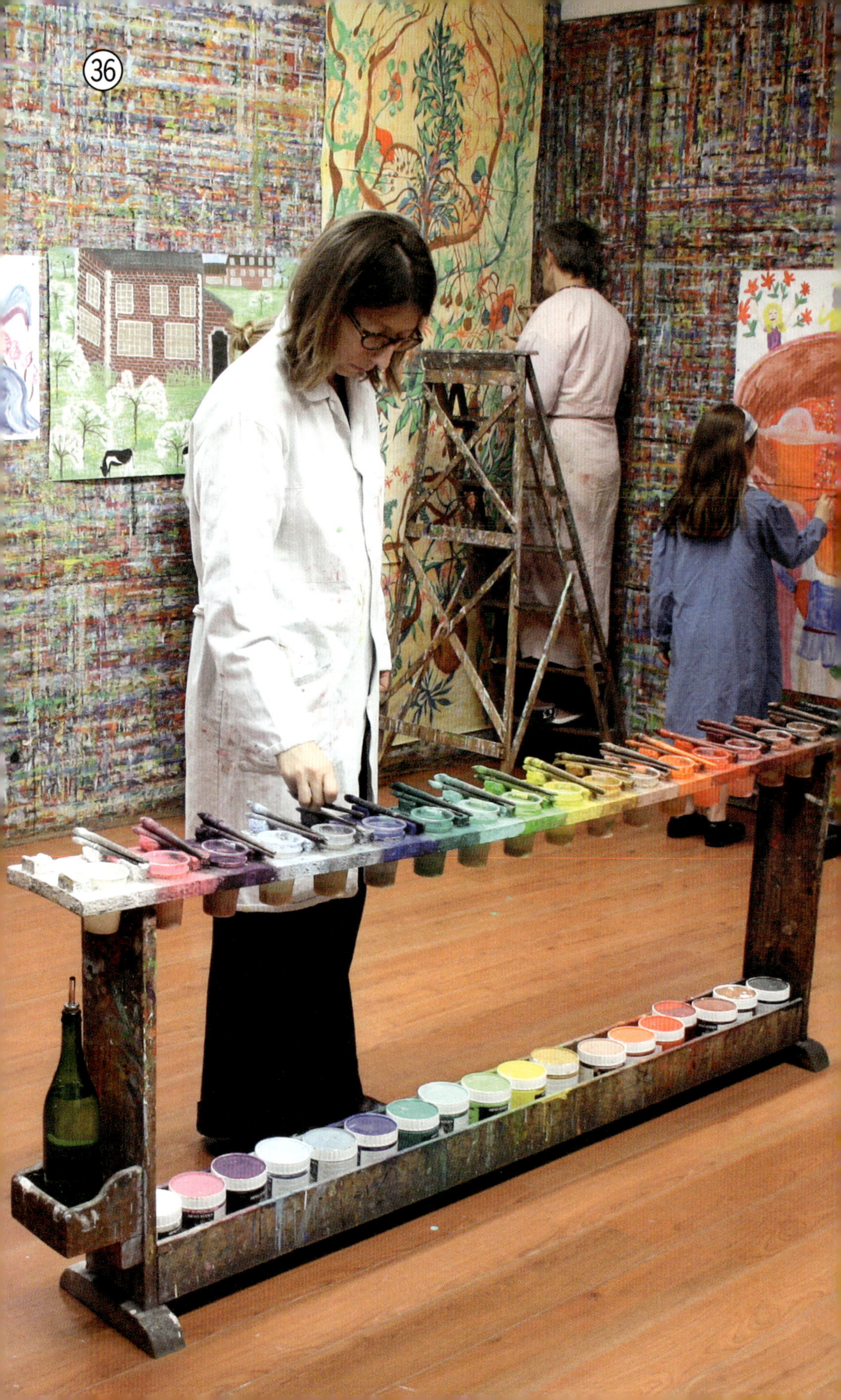

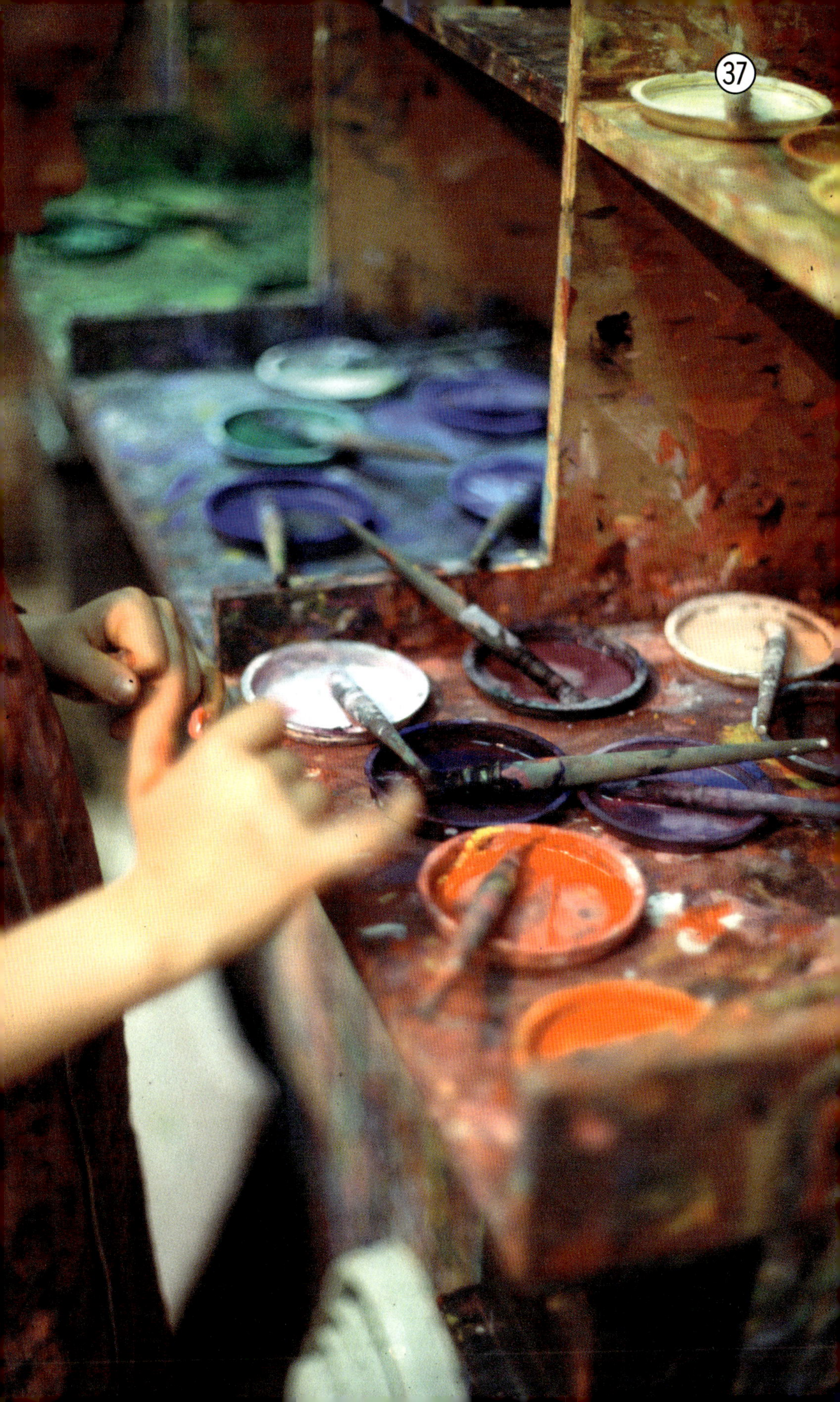

37

38

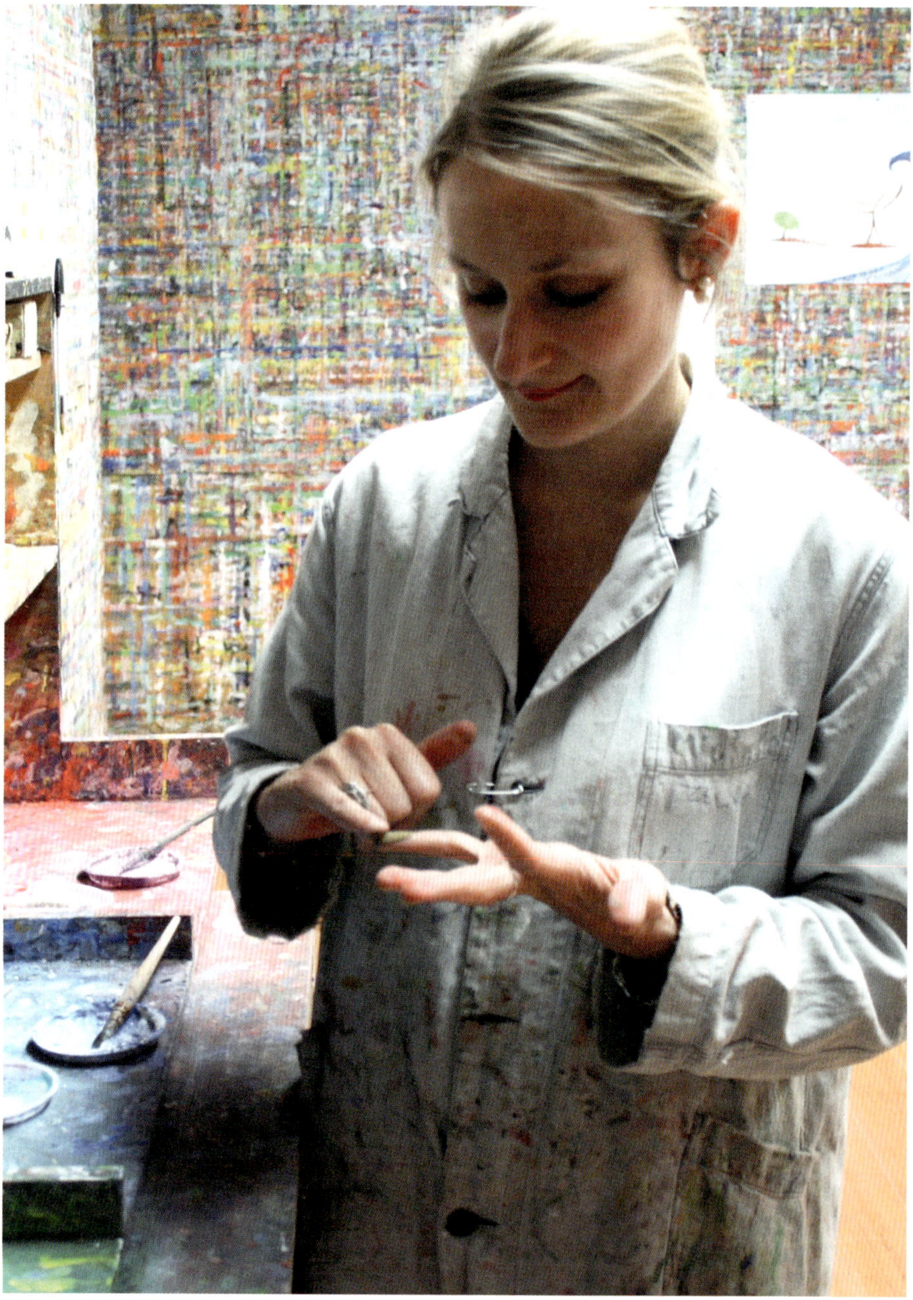

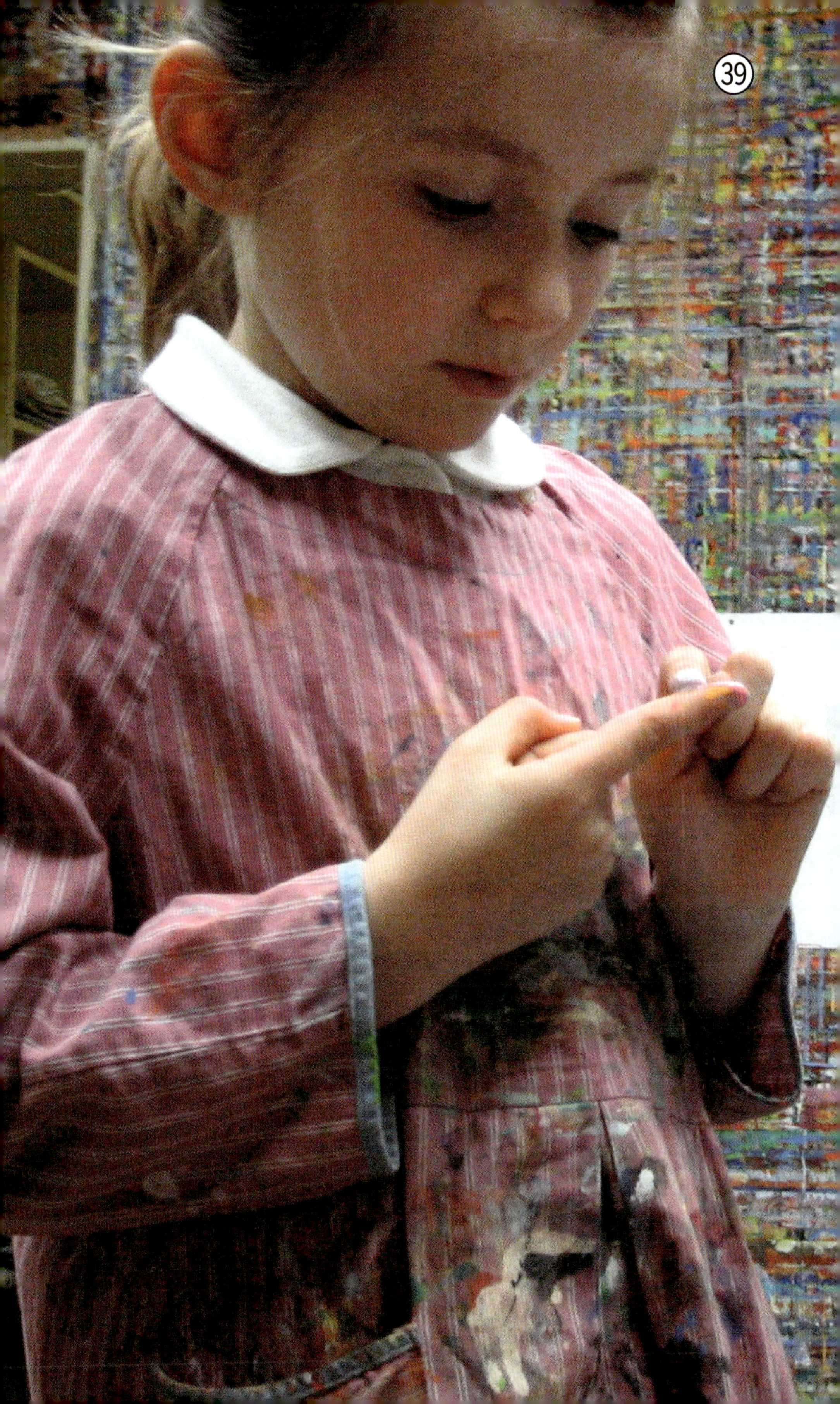

39

40

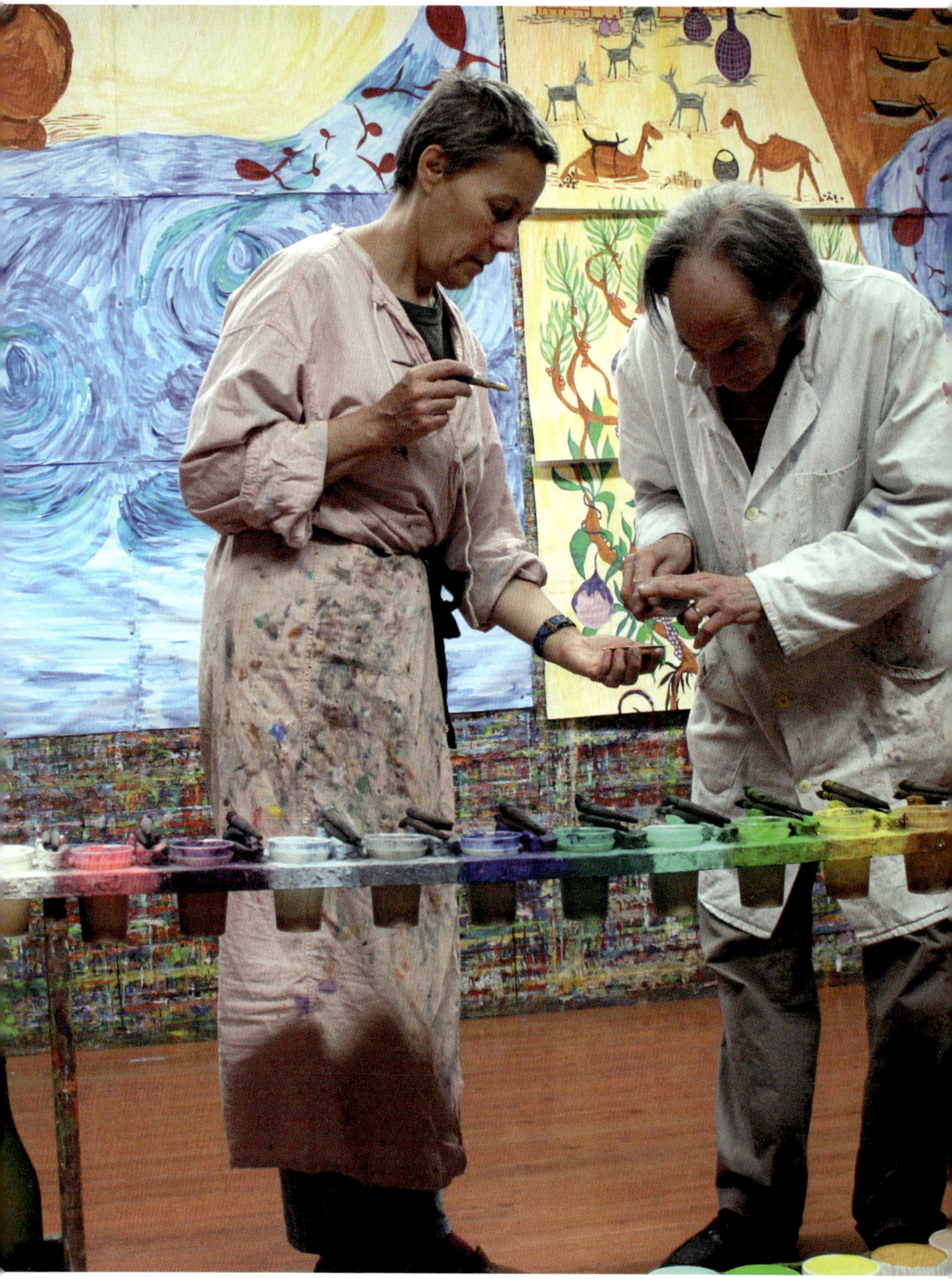

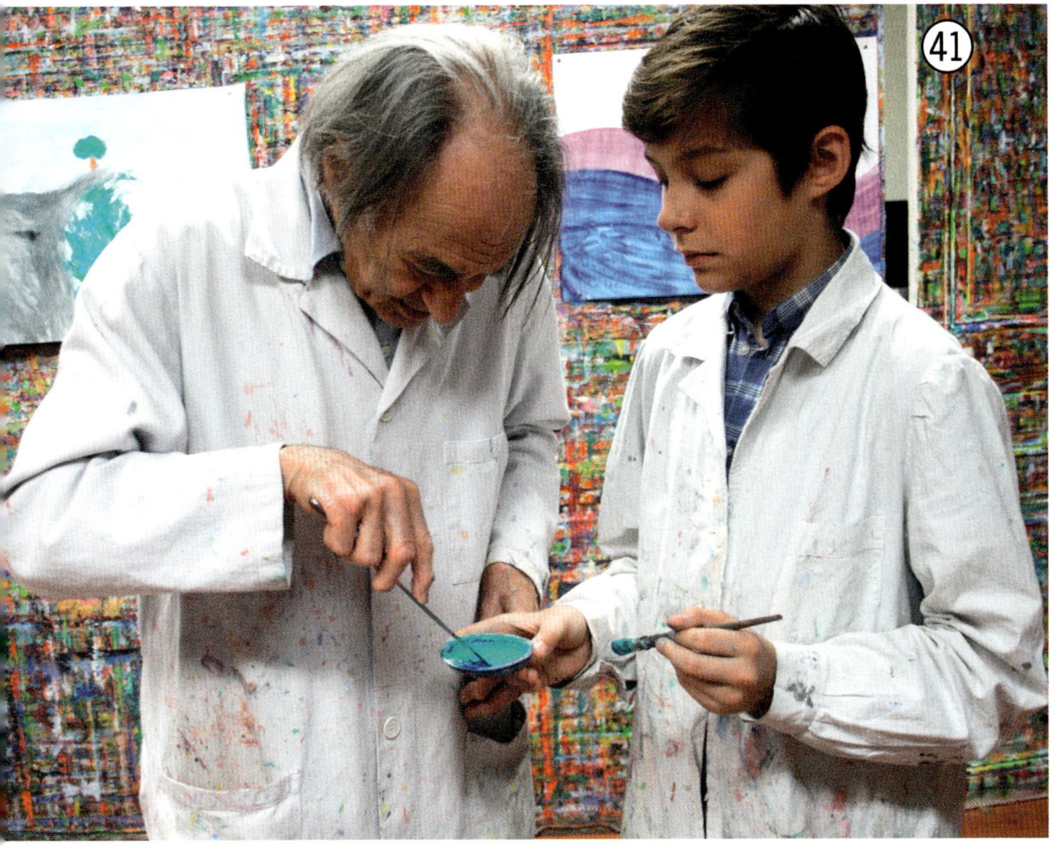

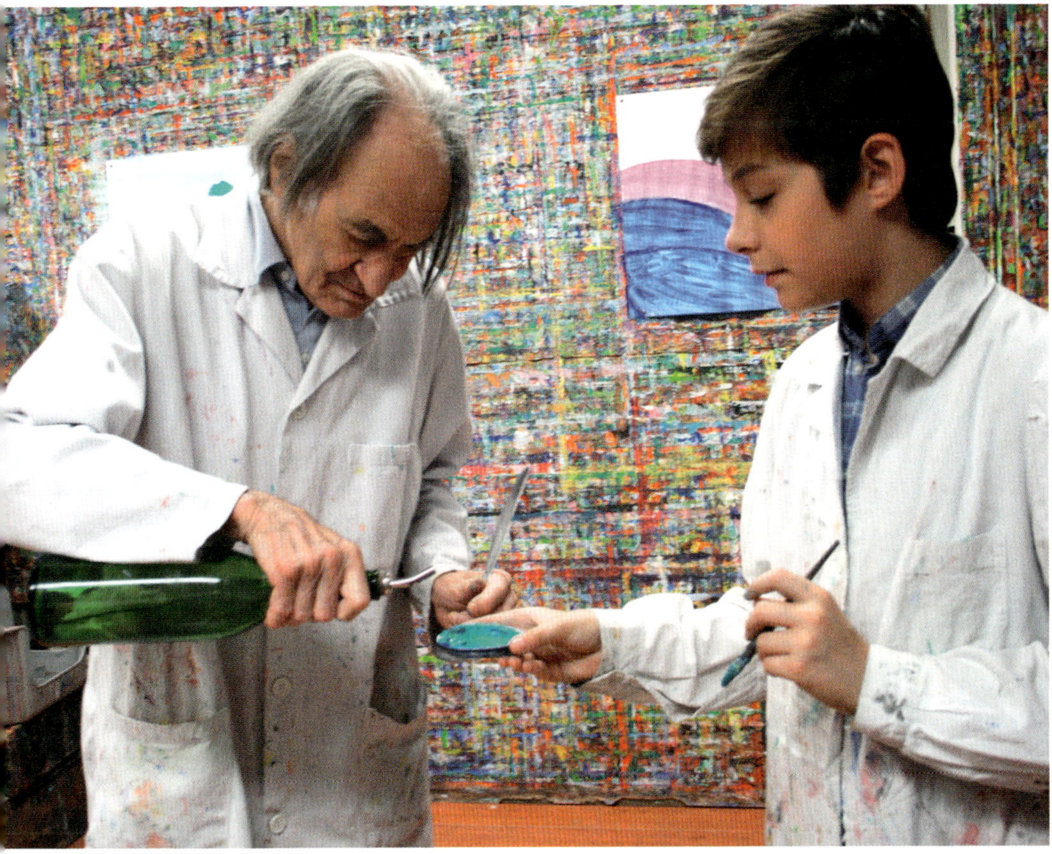

42

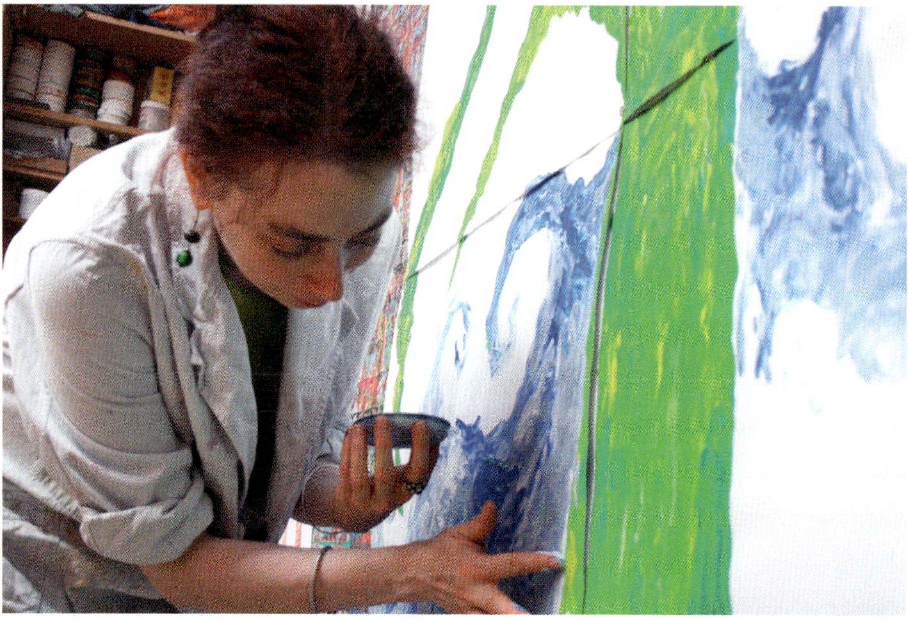

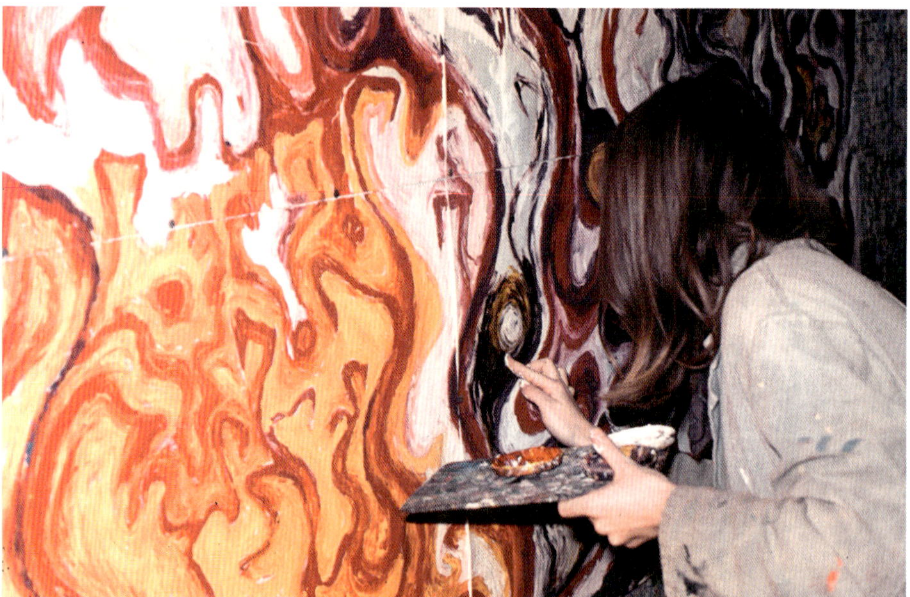

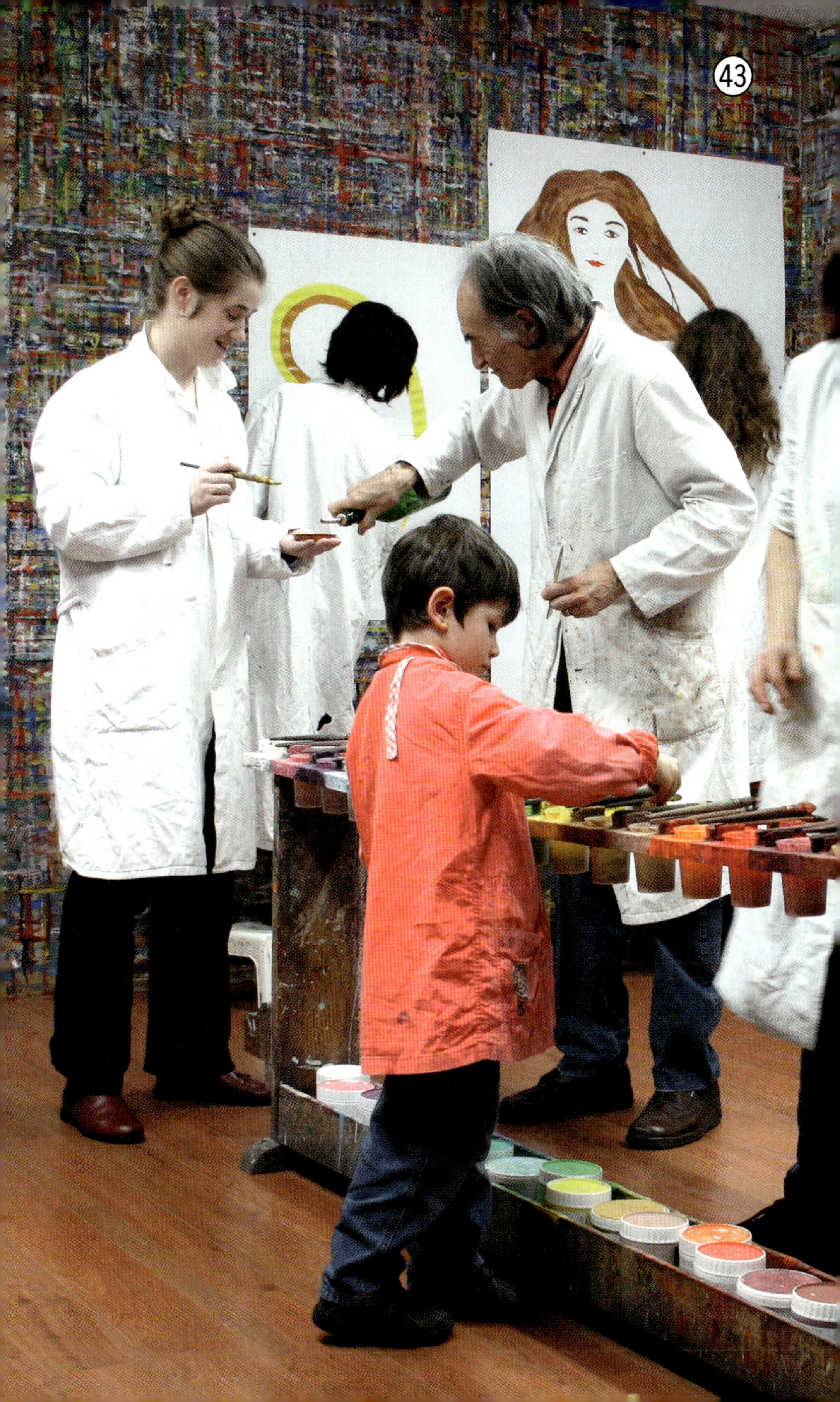

43

44

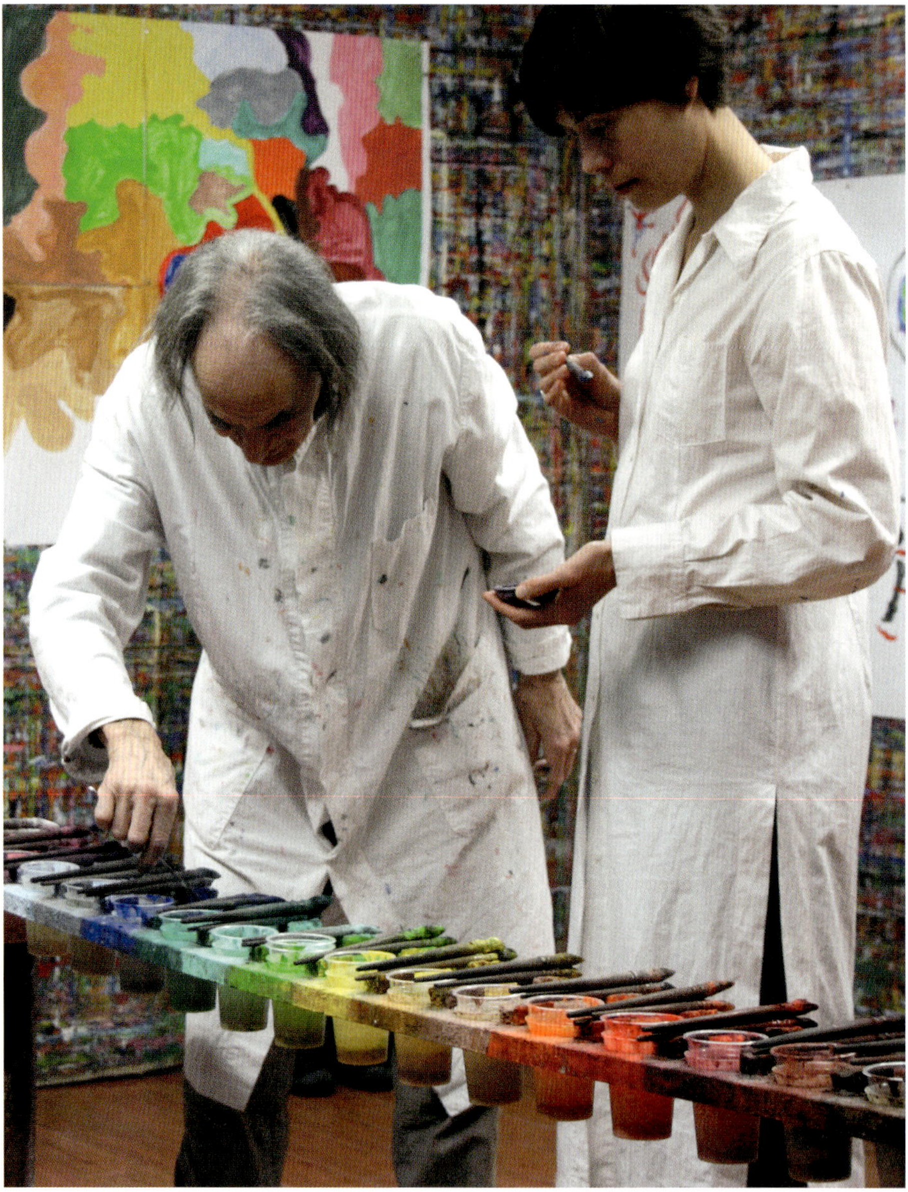

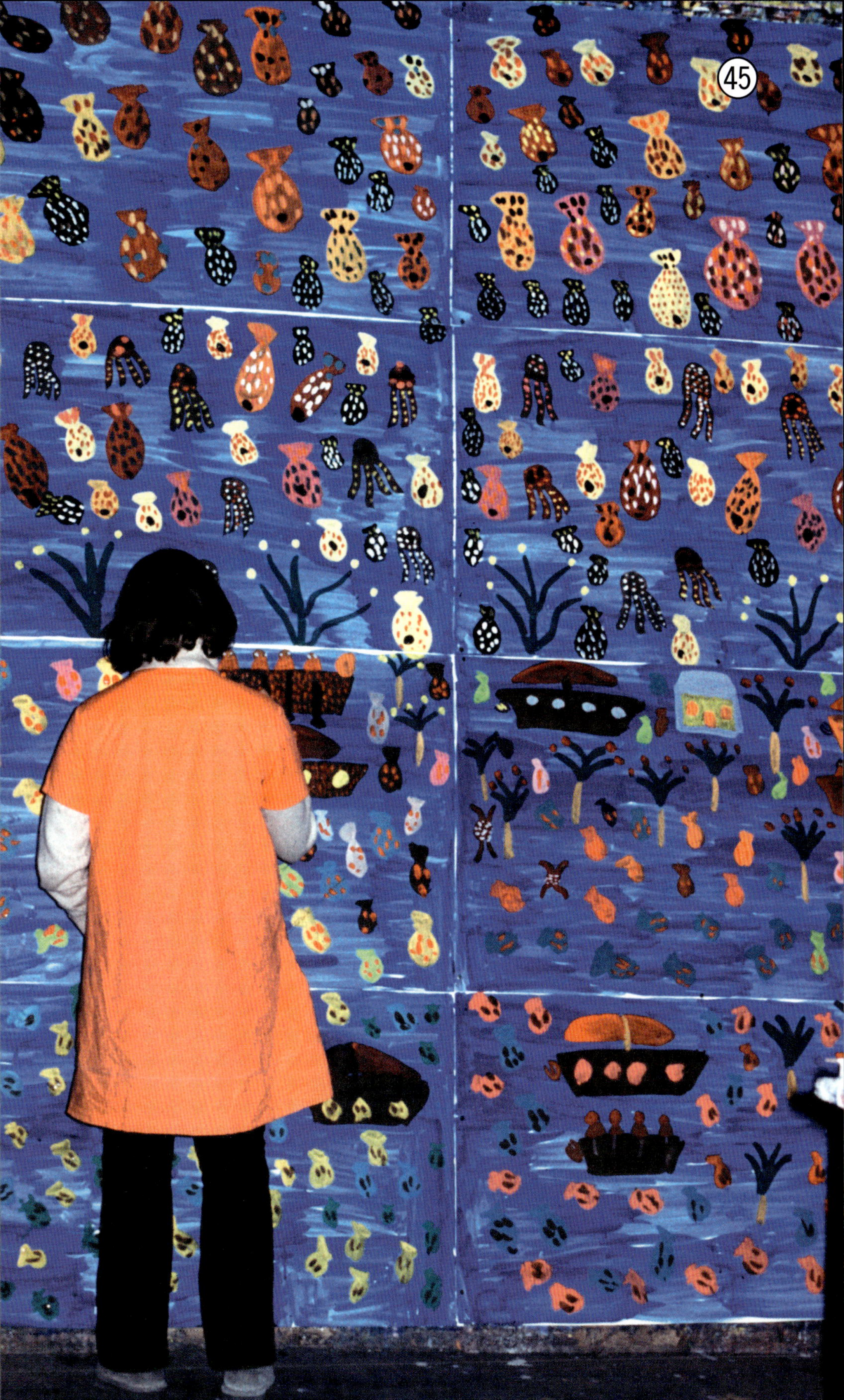

45

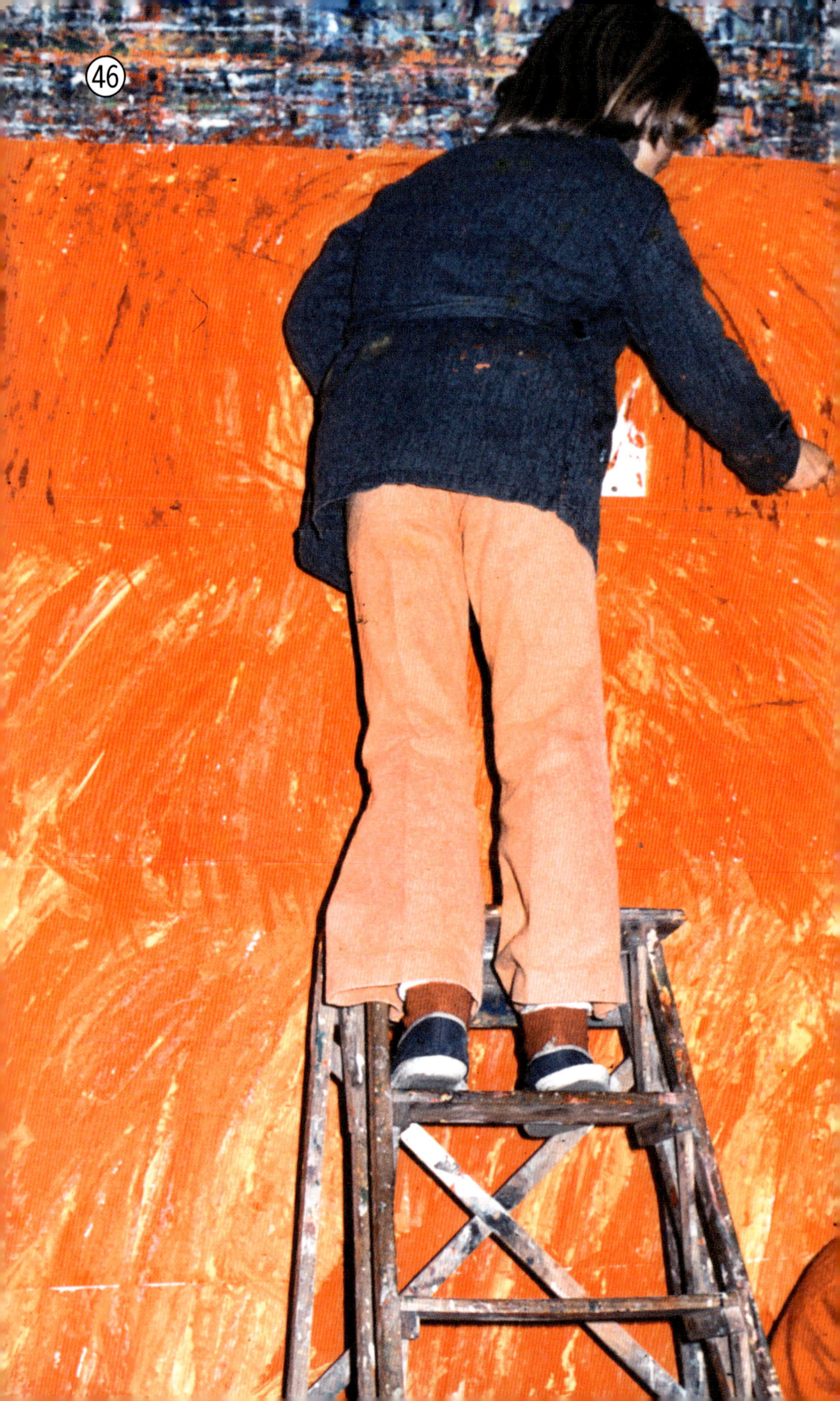
46

47

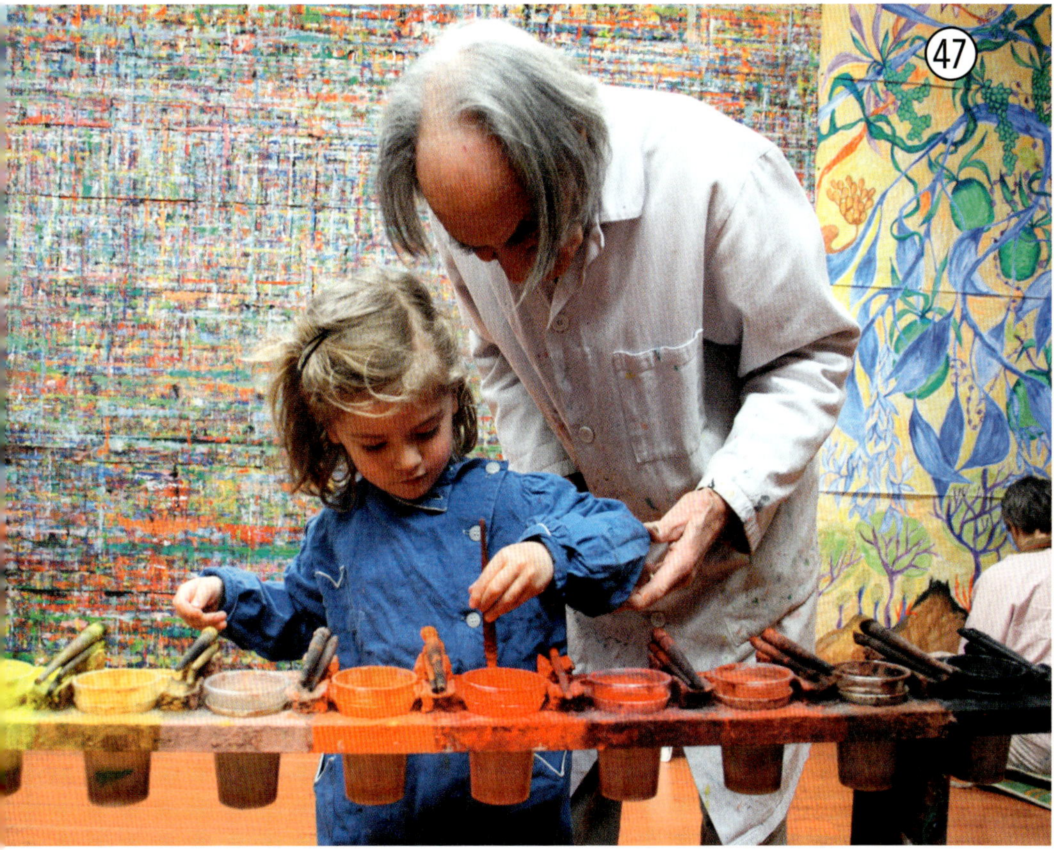

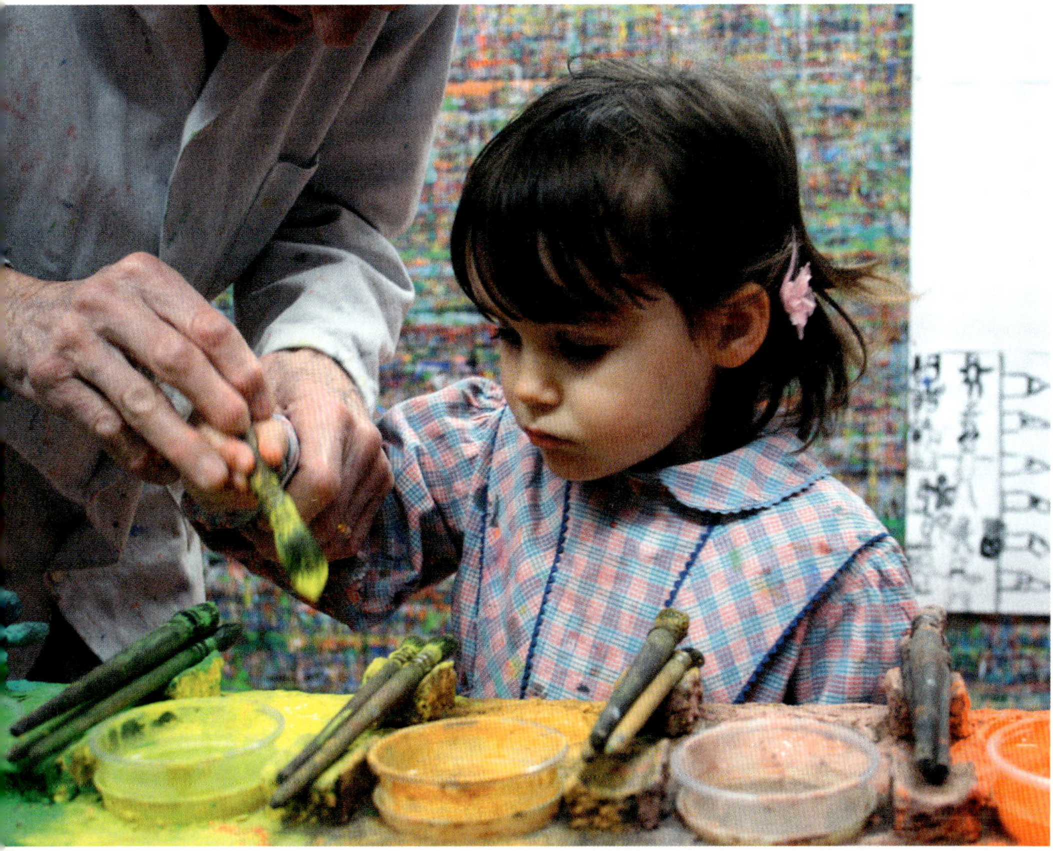

48

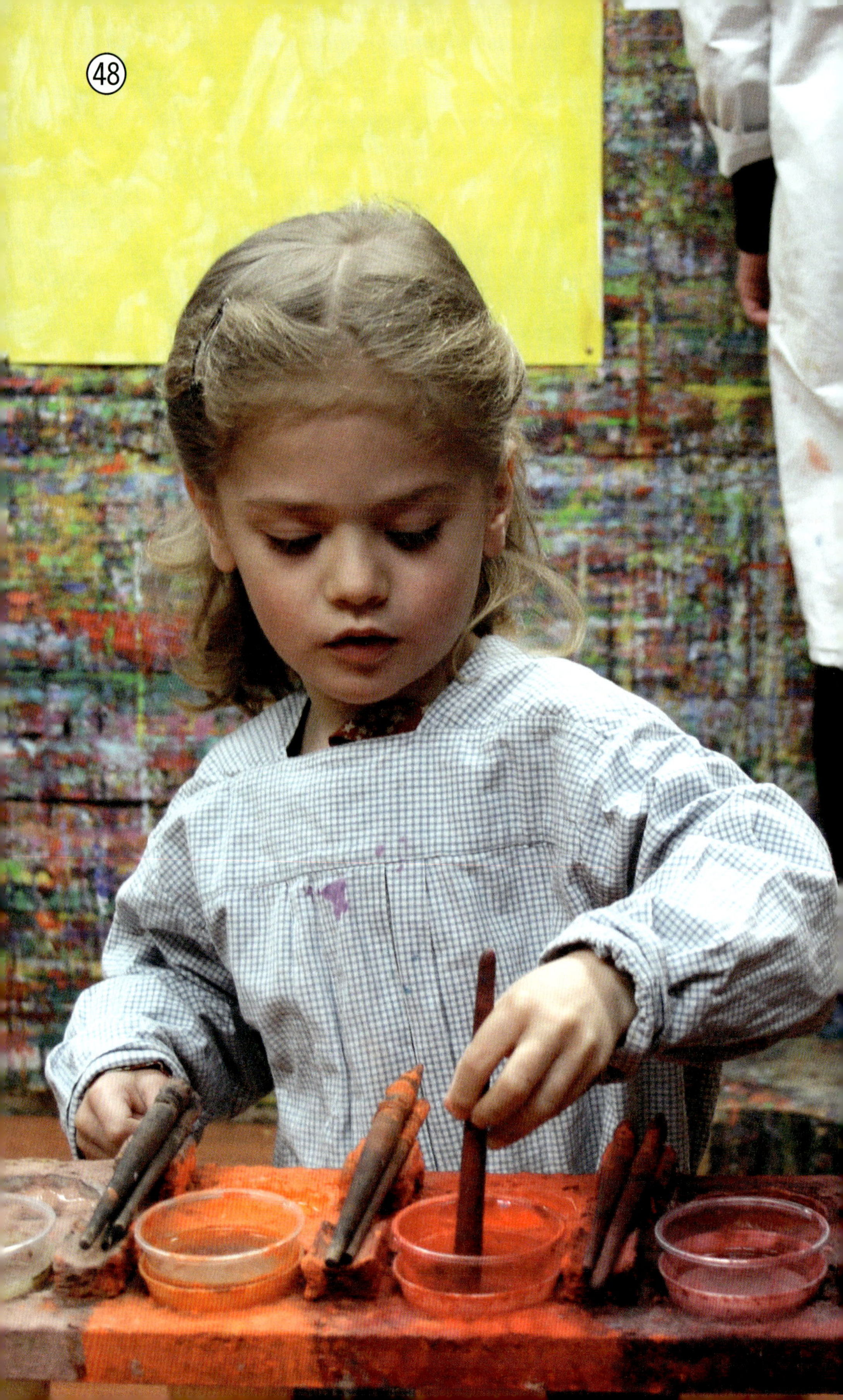

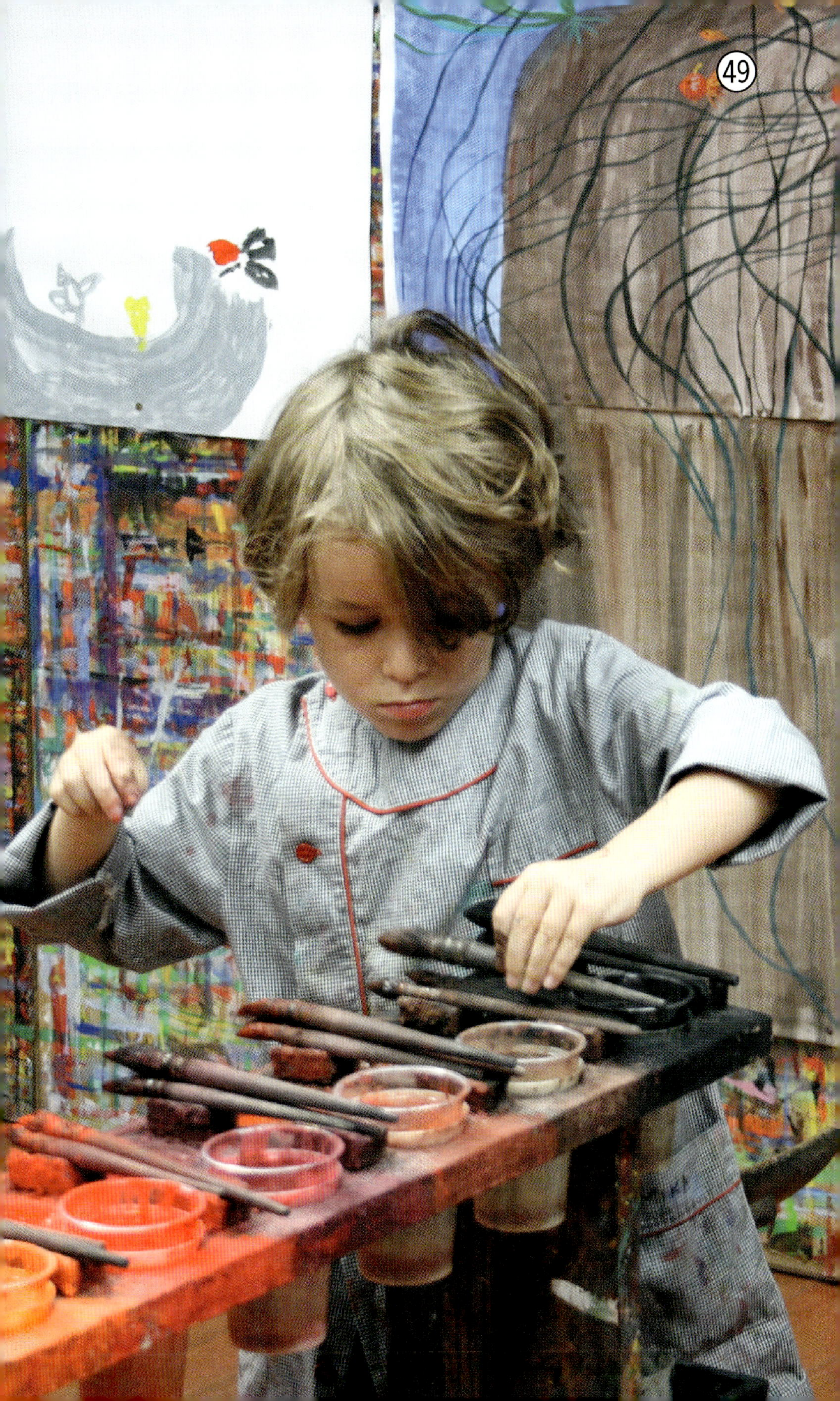

(50)

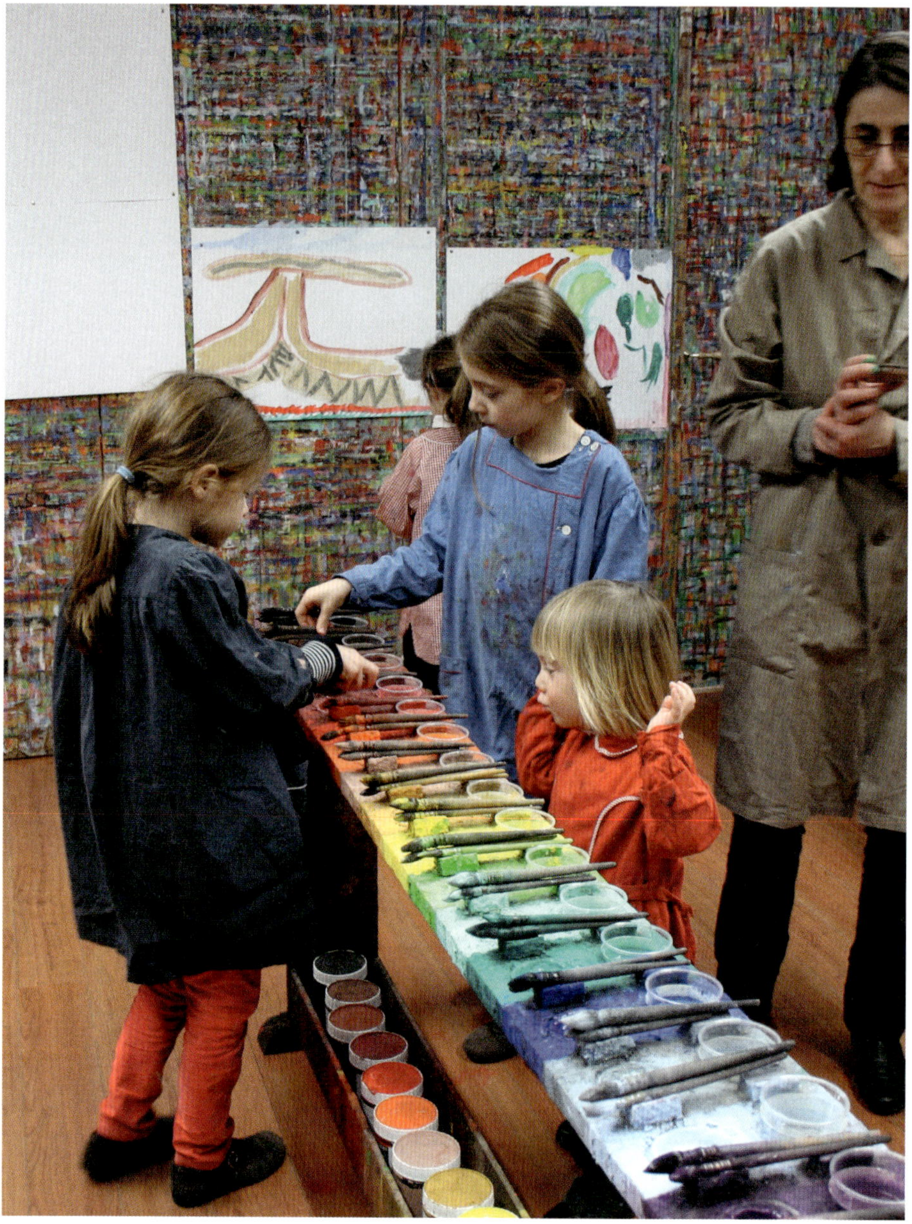

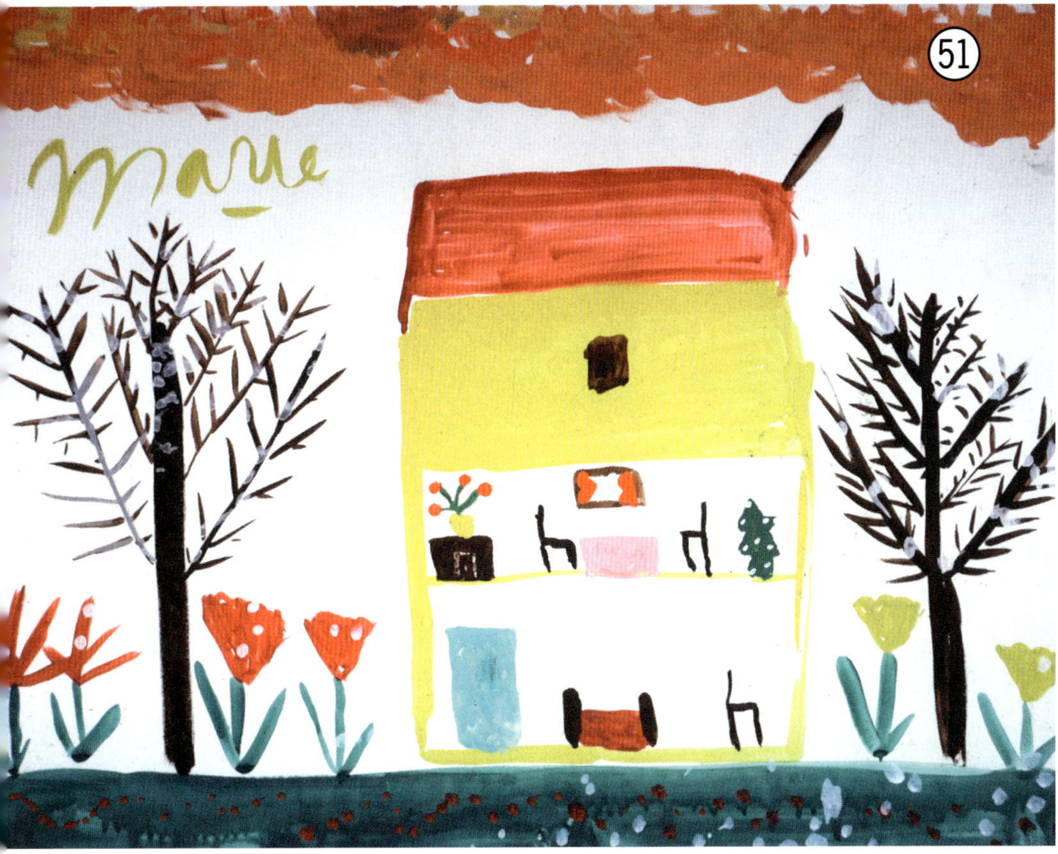
Marie

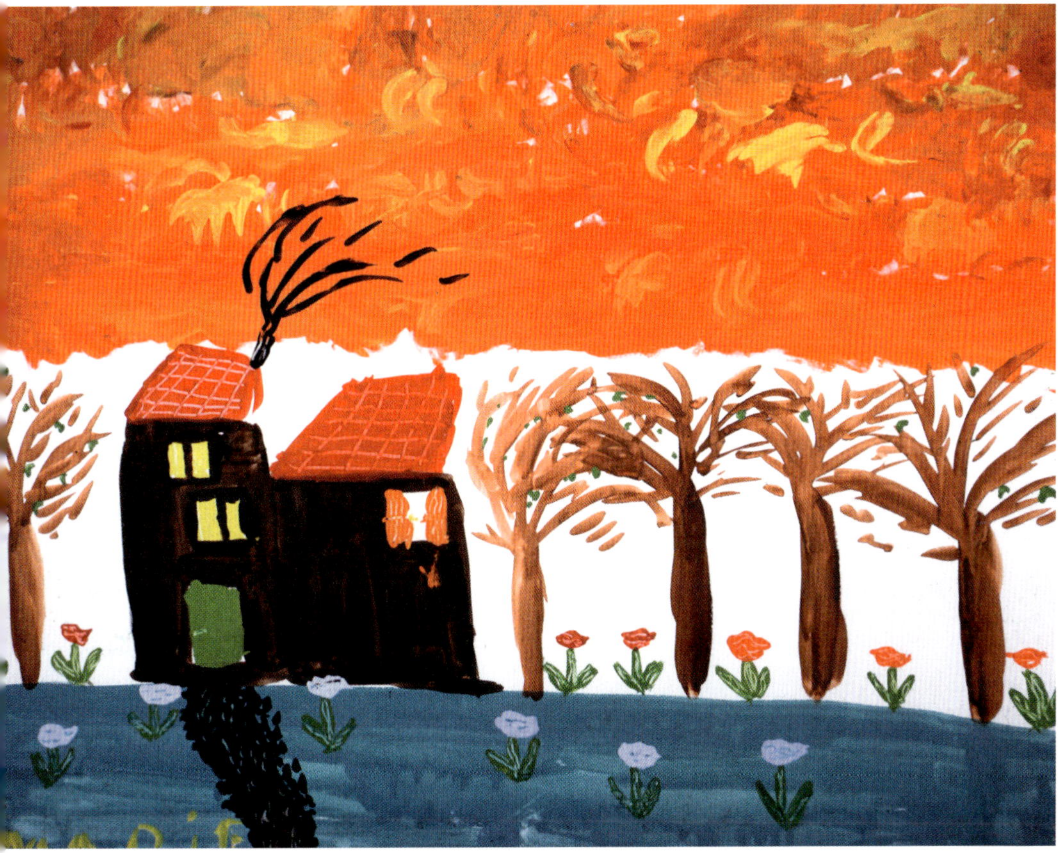

52

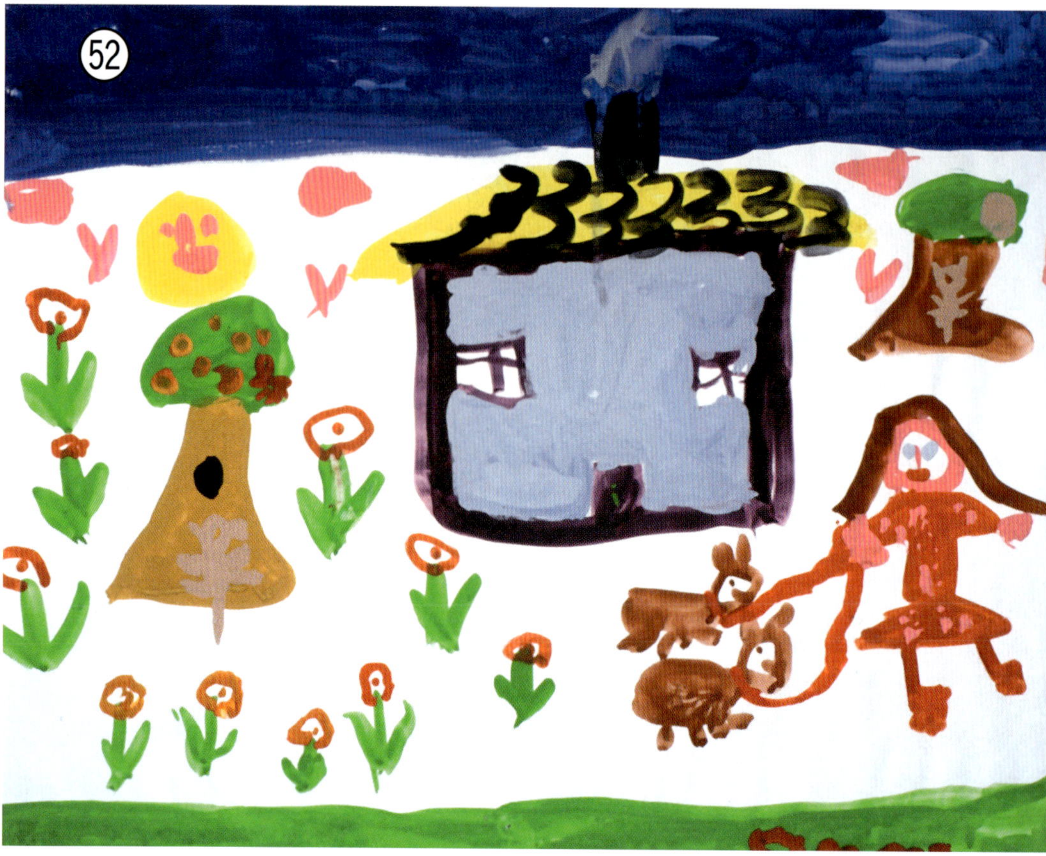

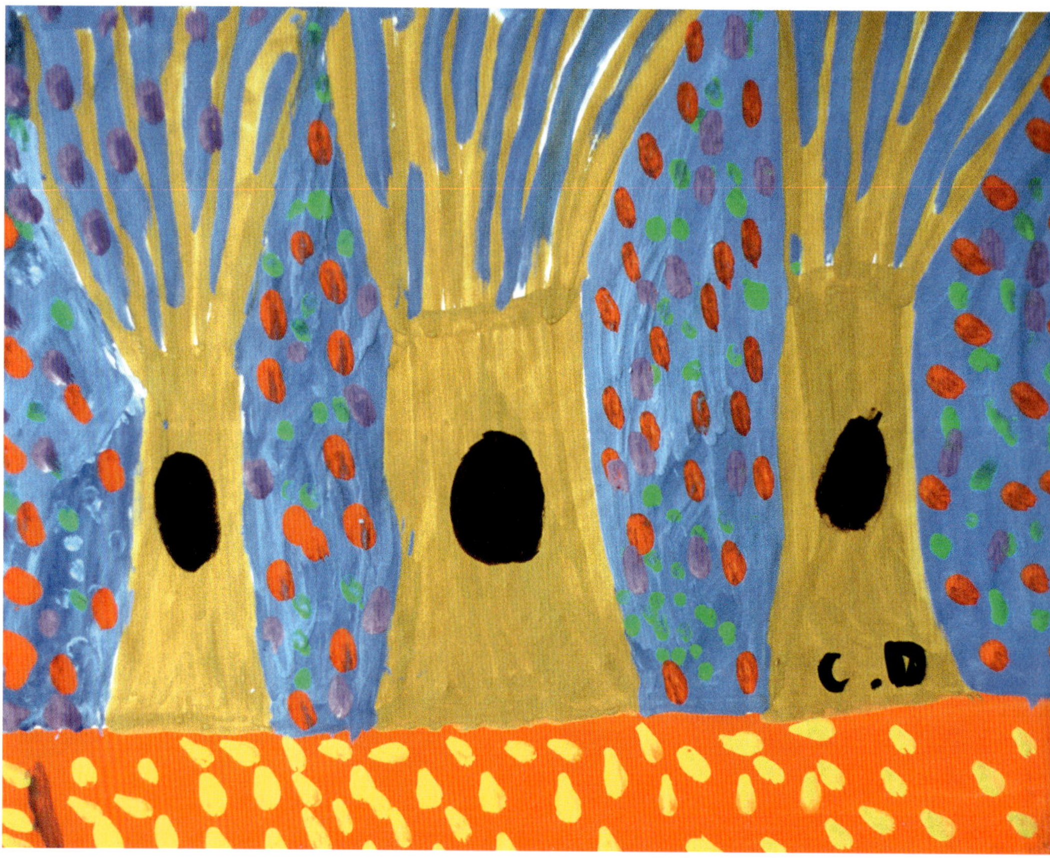

53

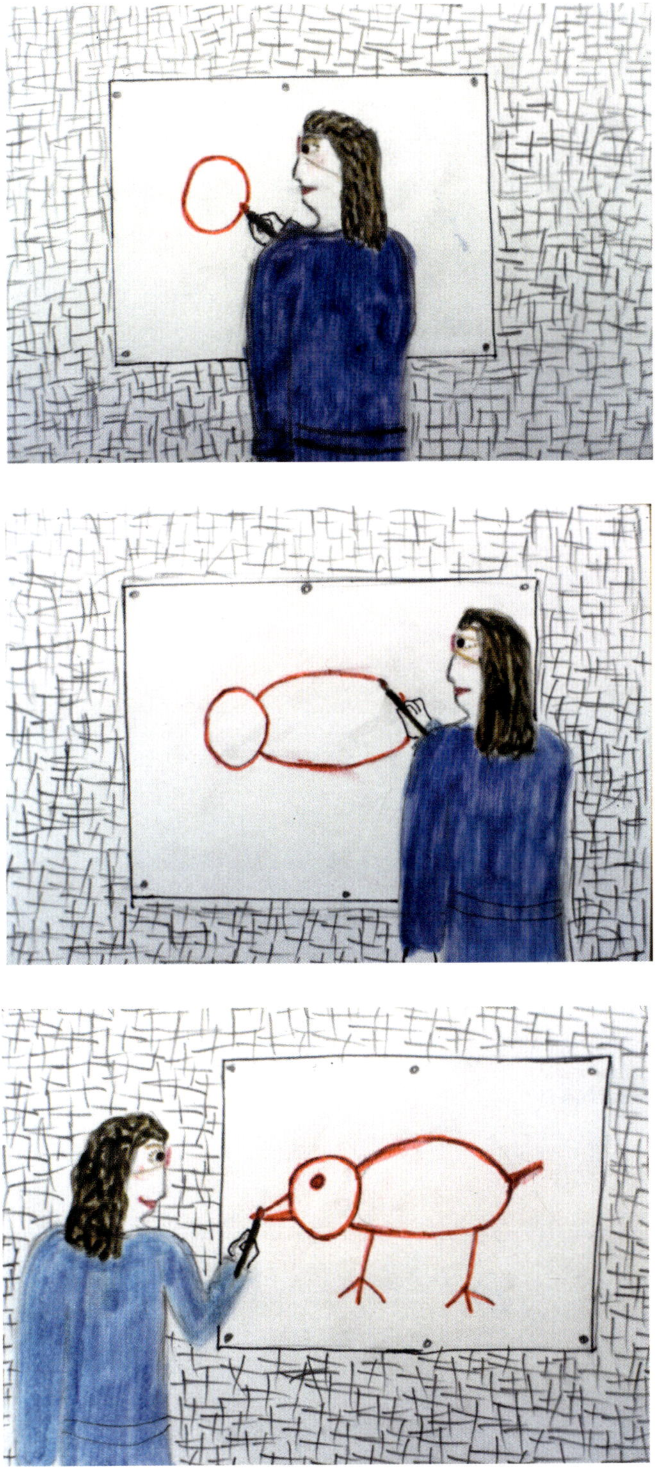

54

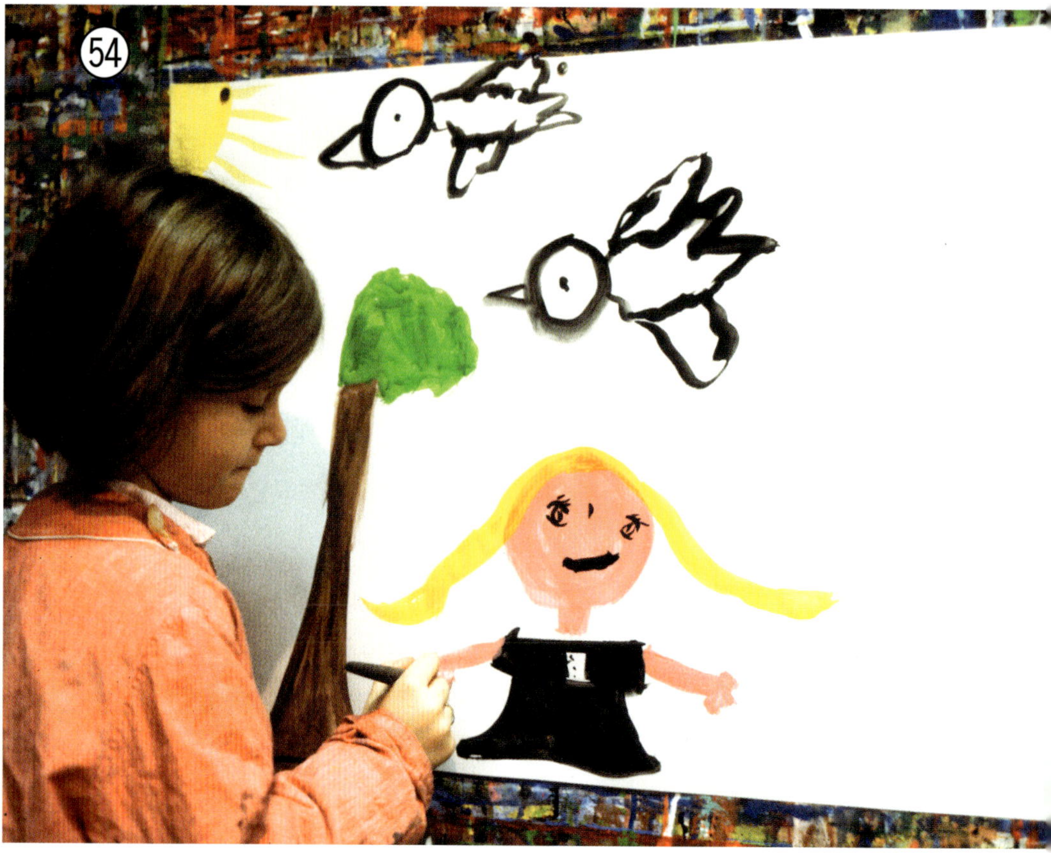

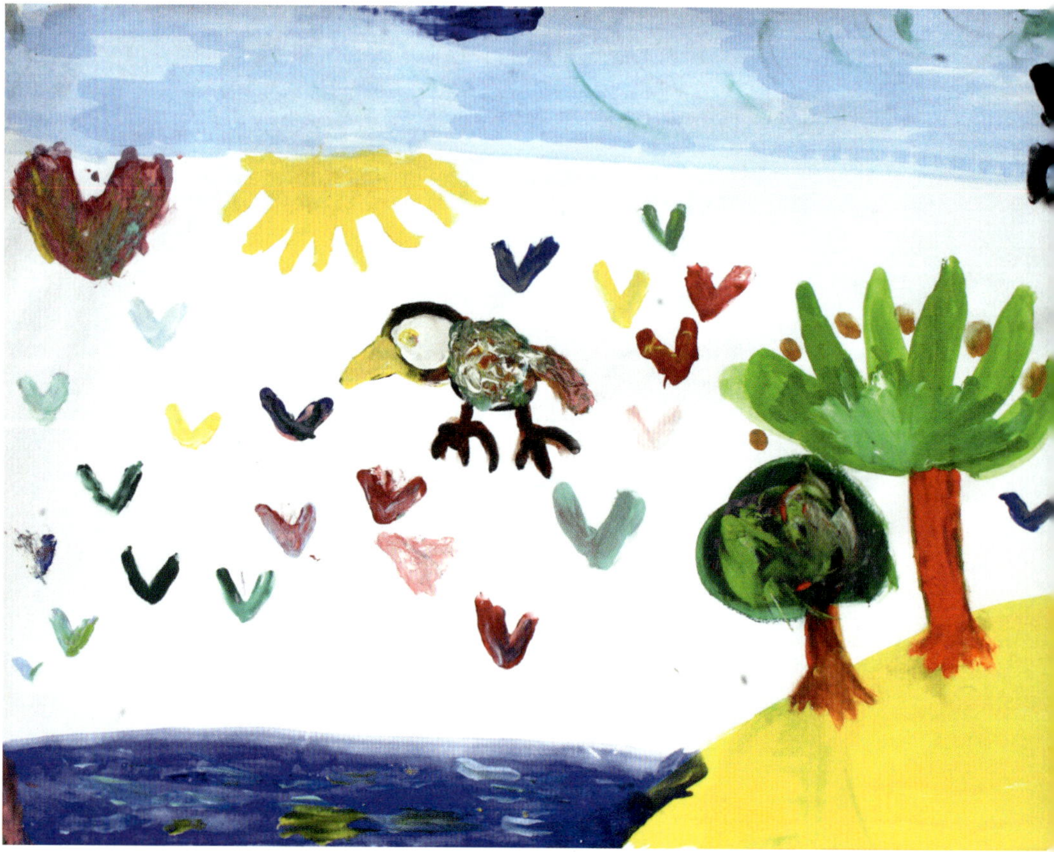

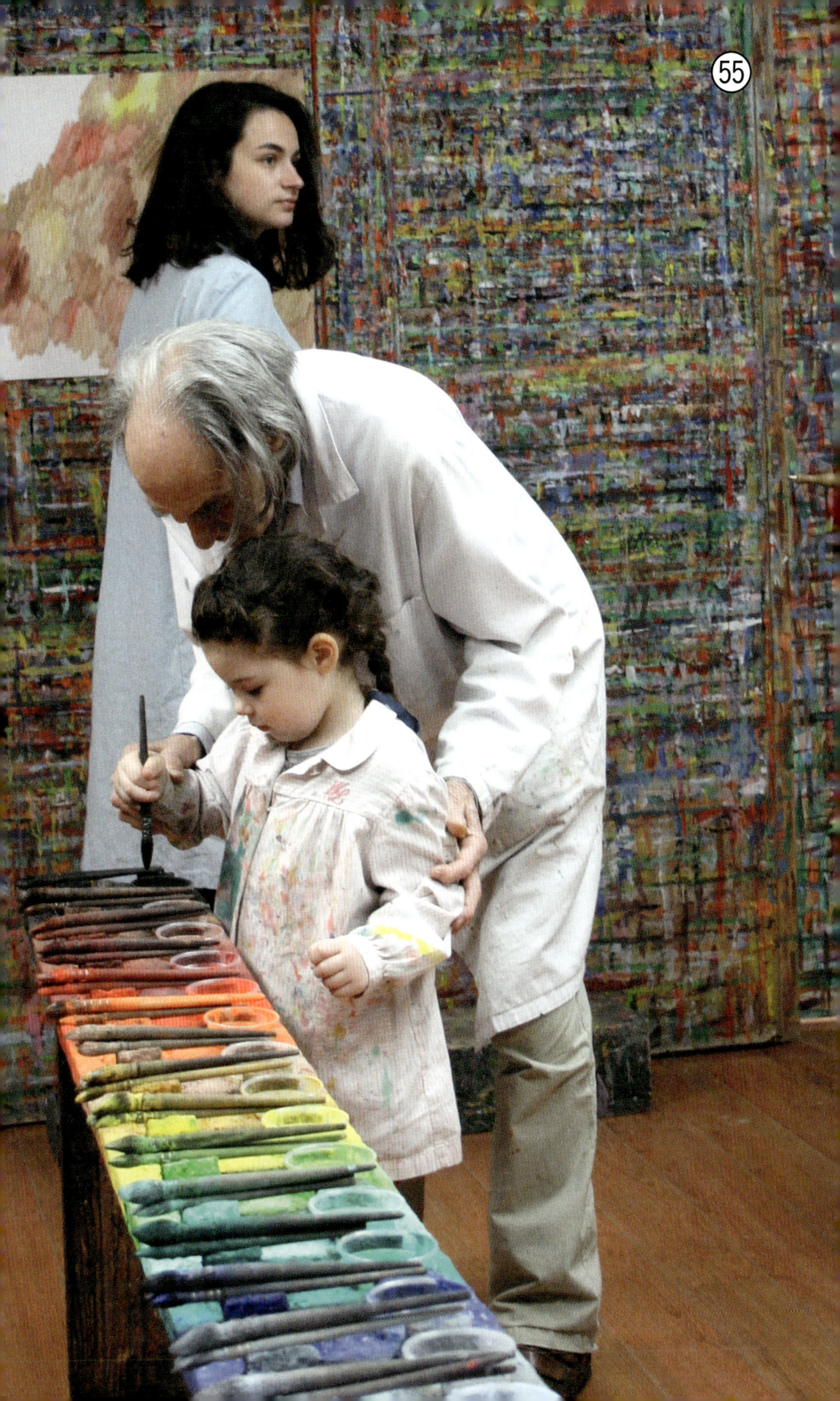

55

56

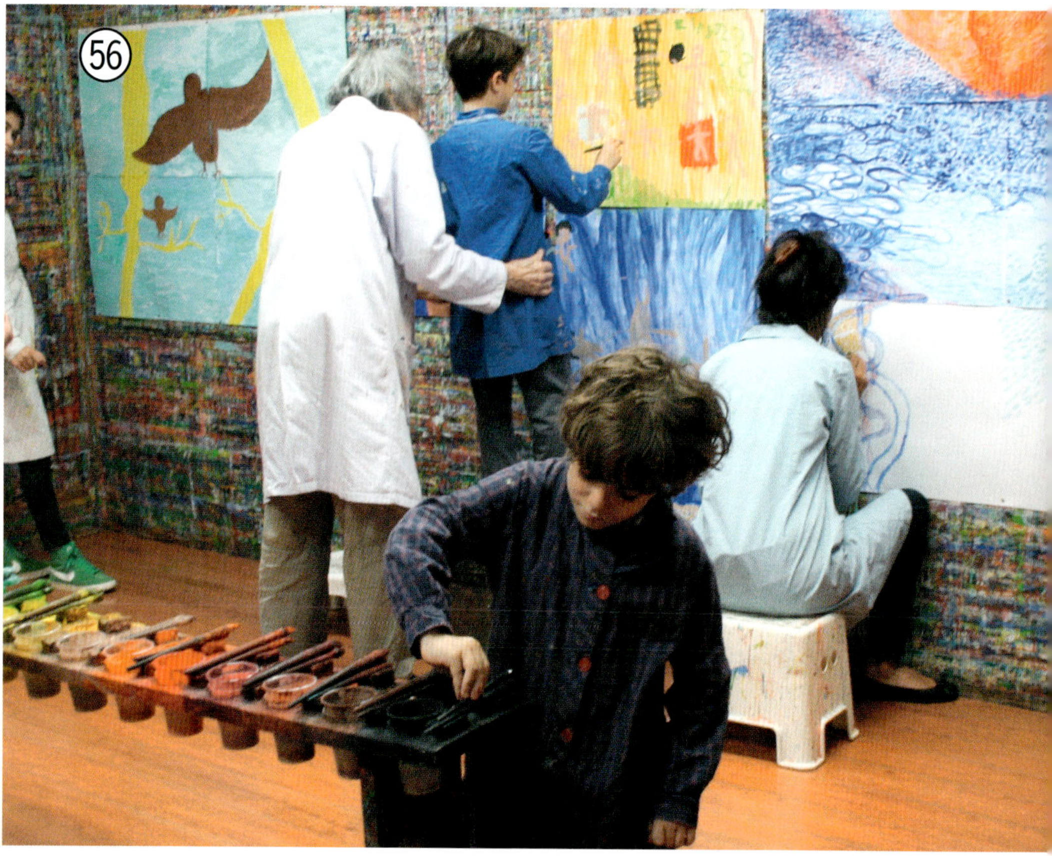

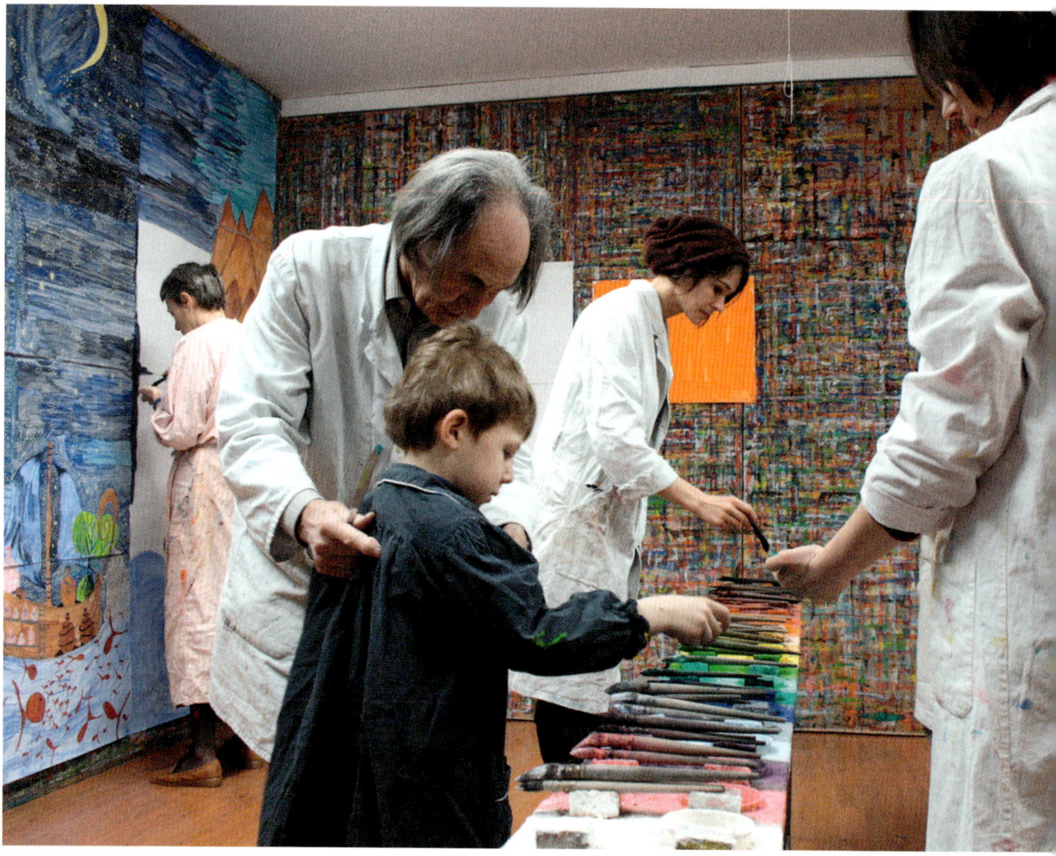

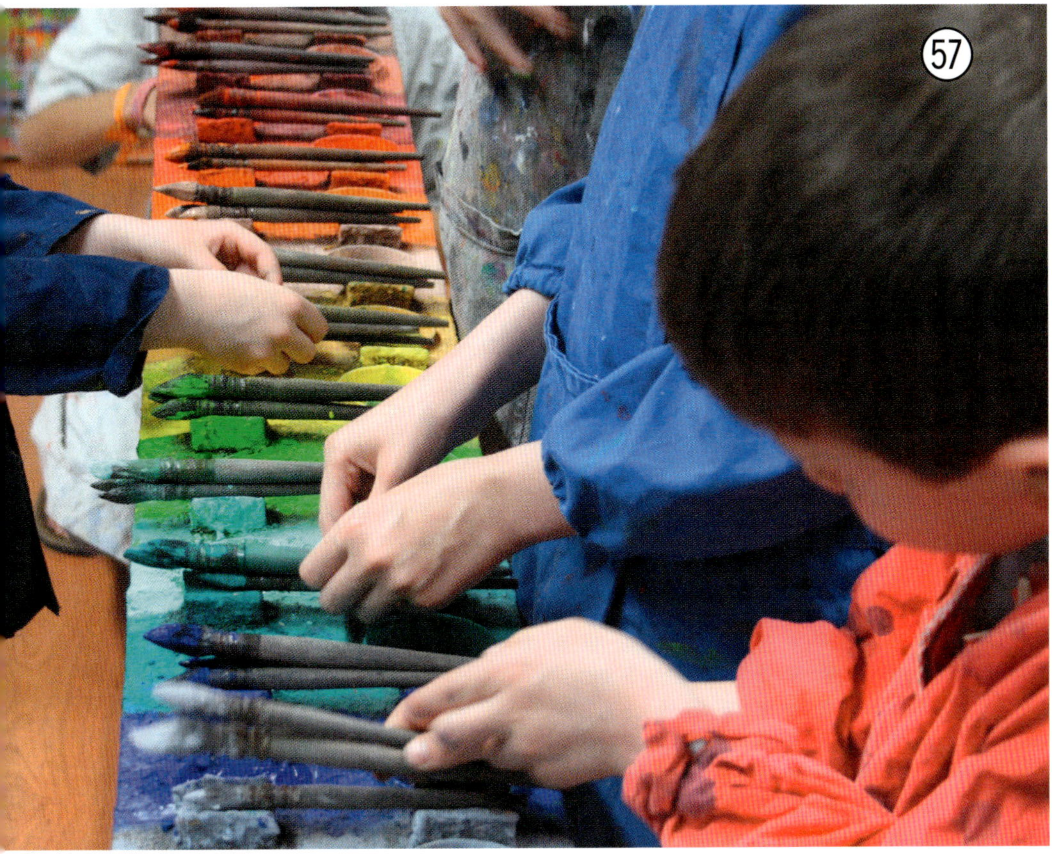

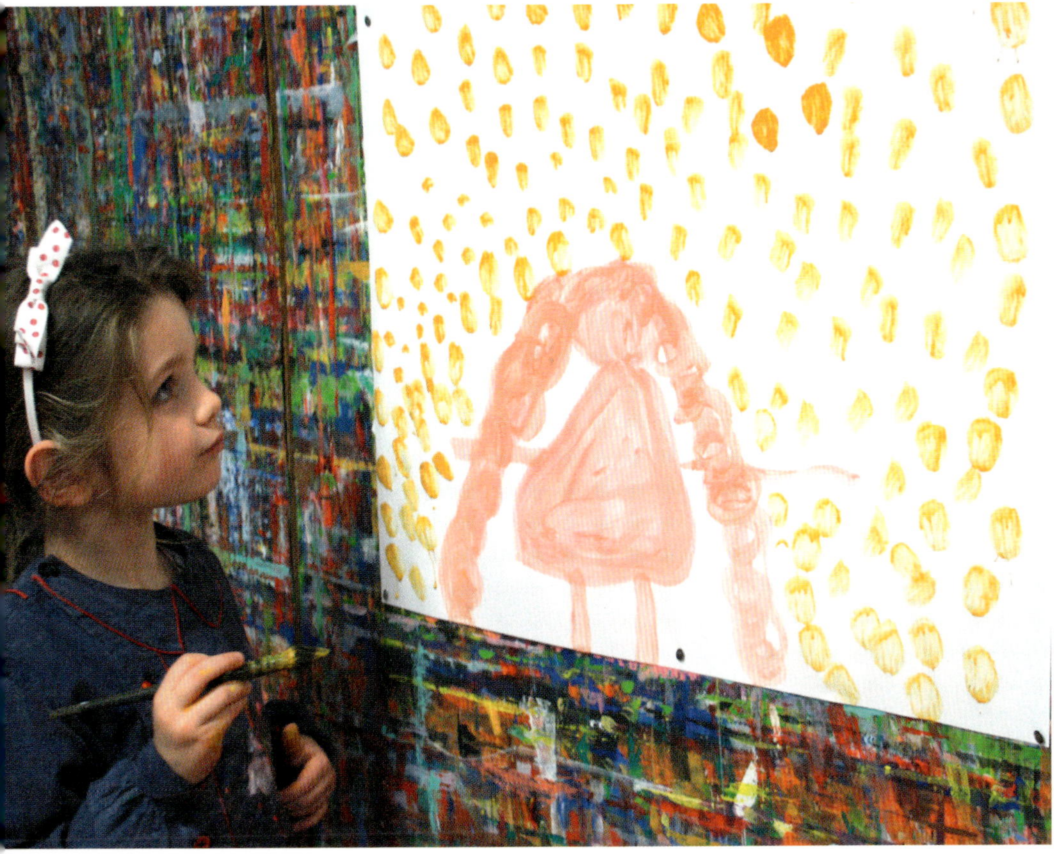

58

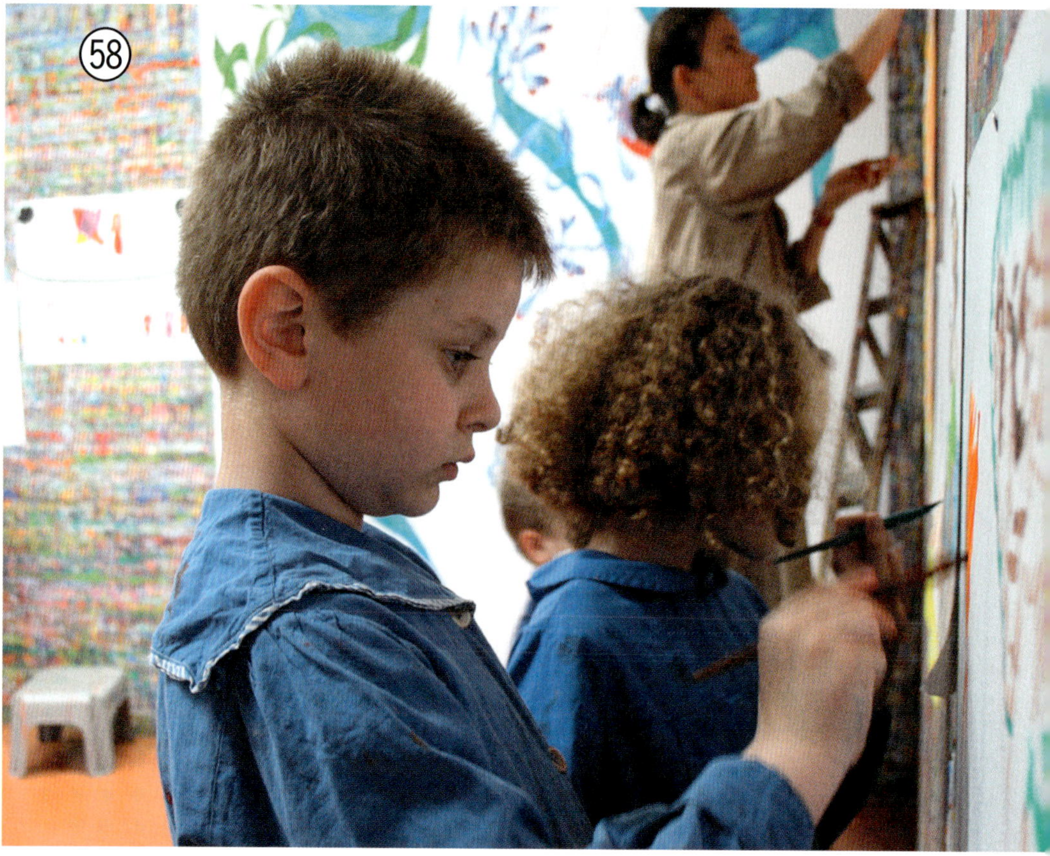

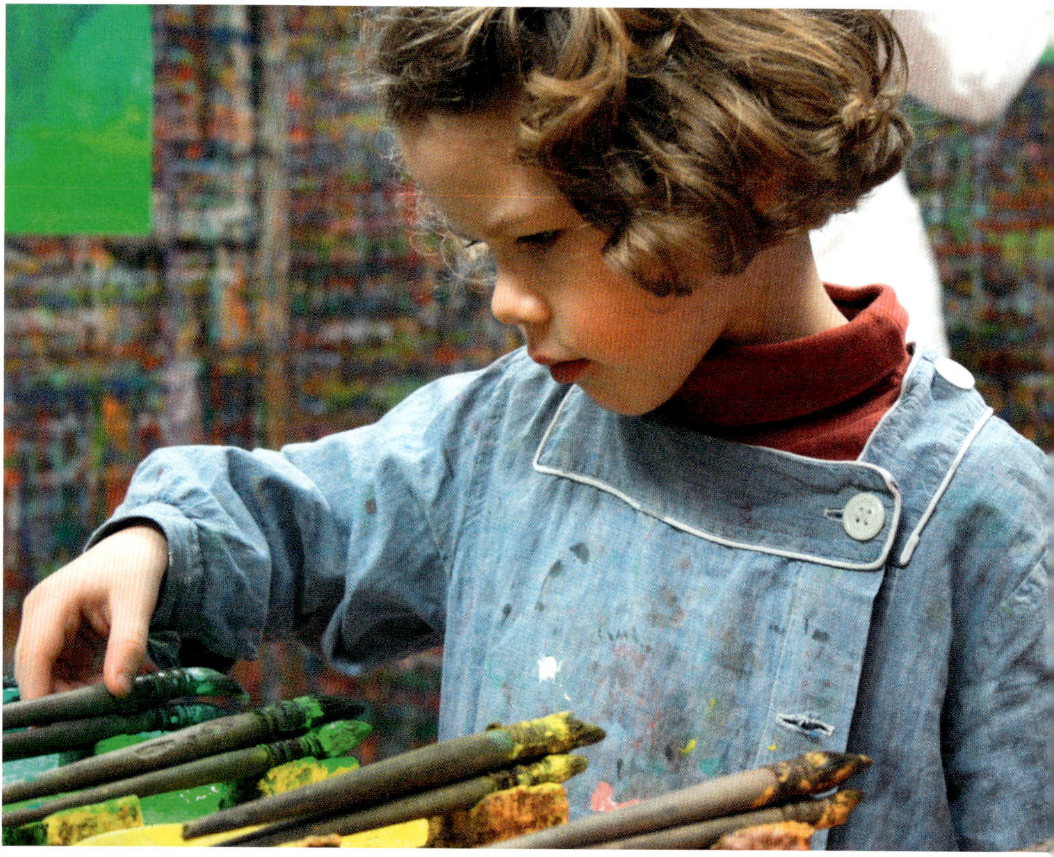

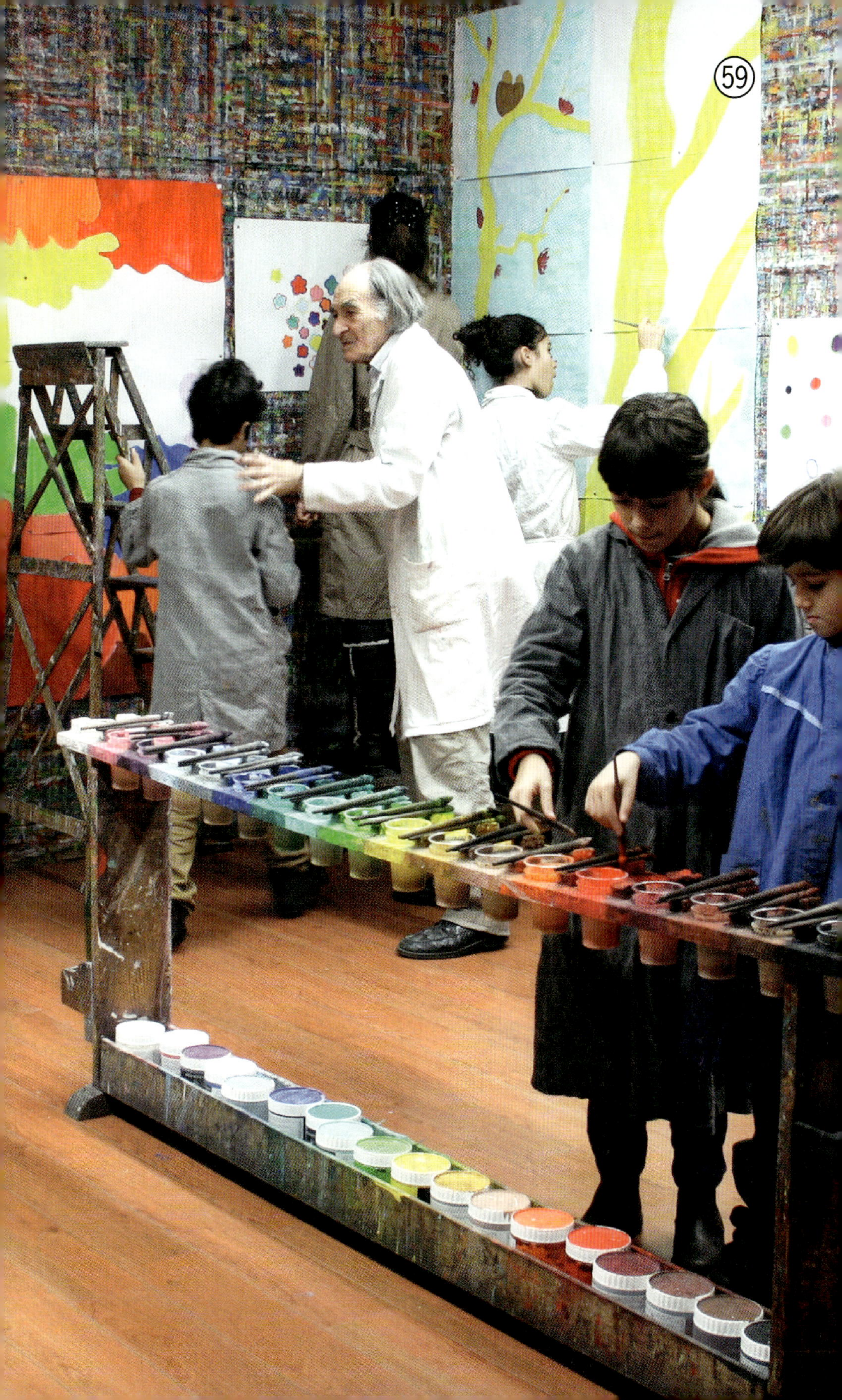

60

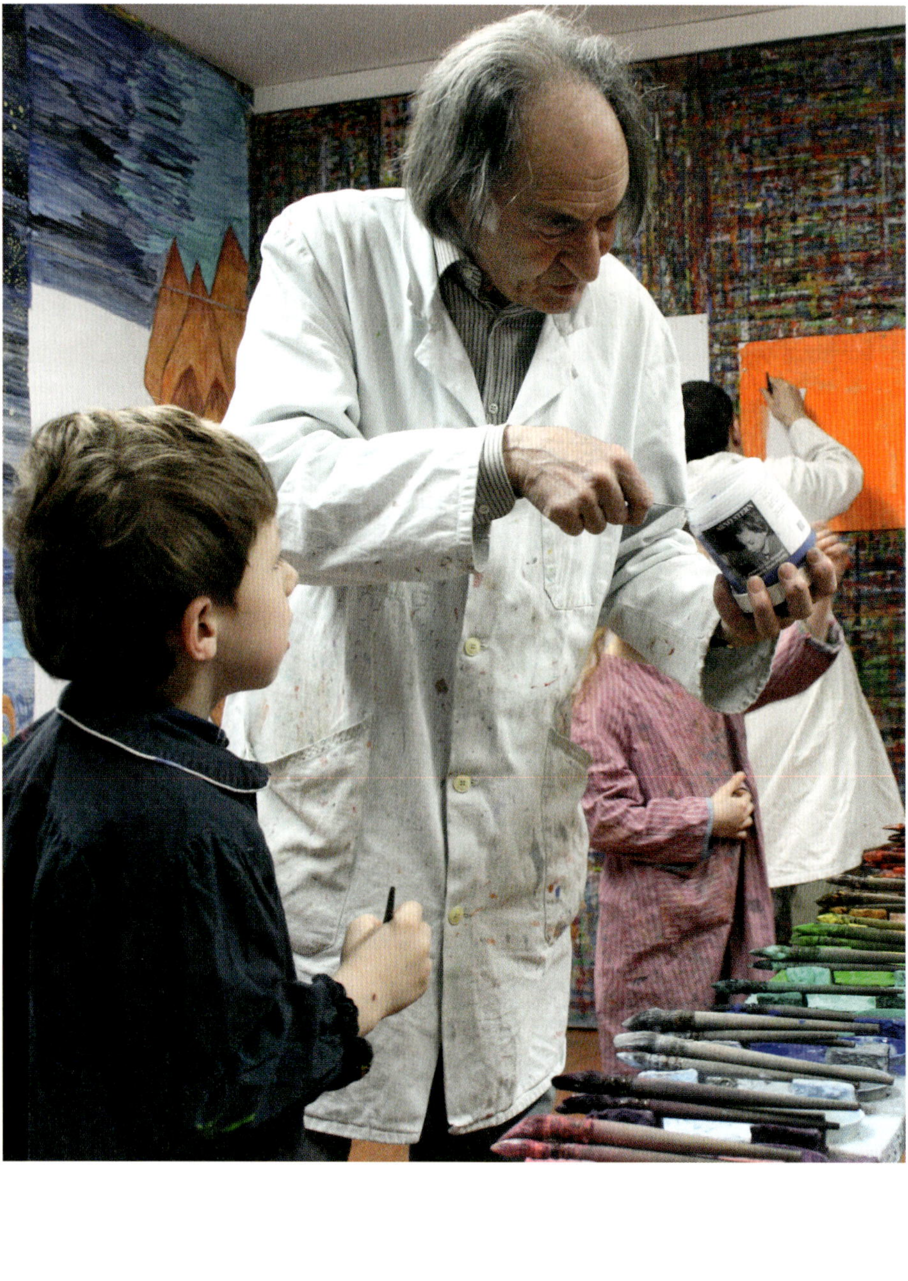

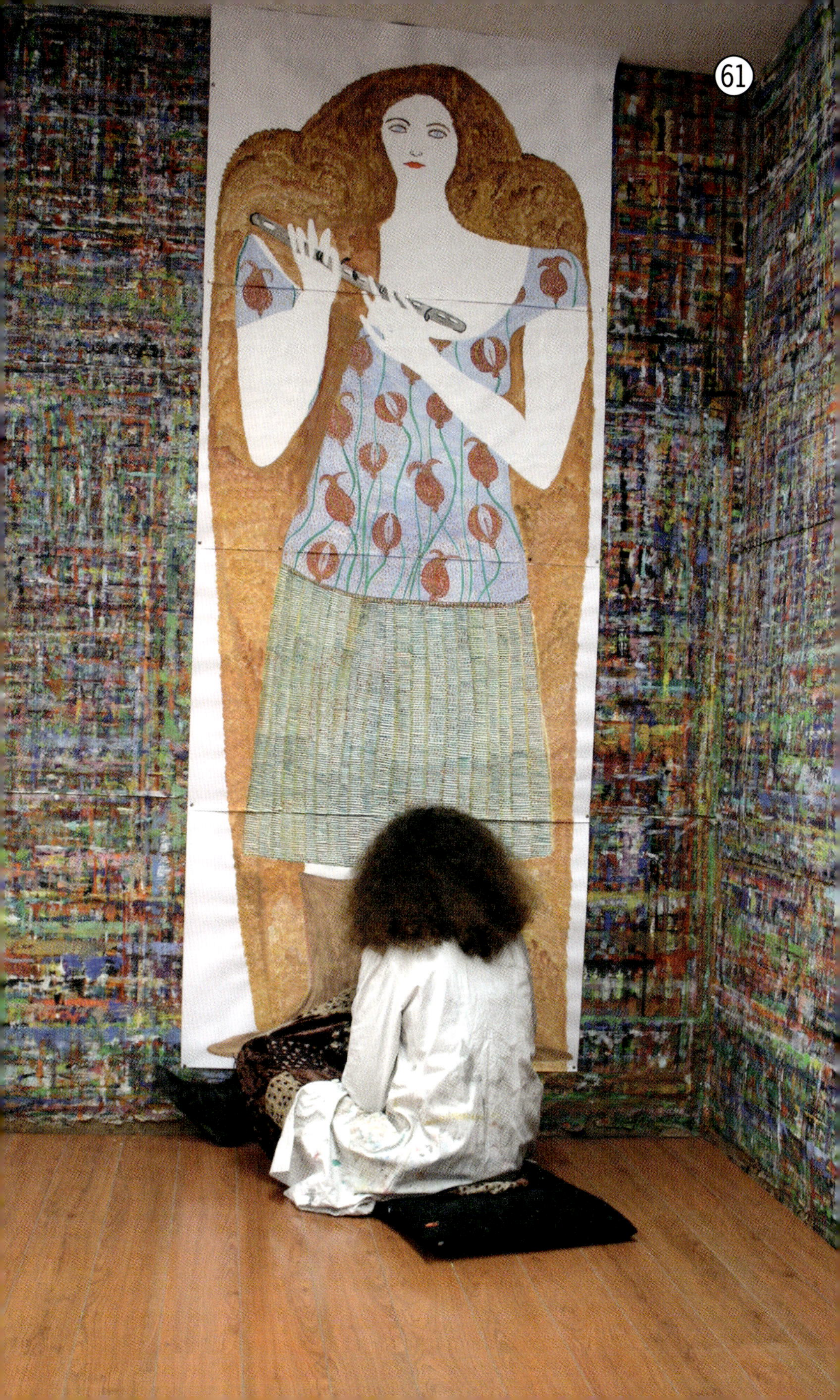

61

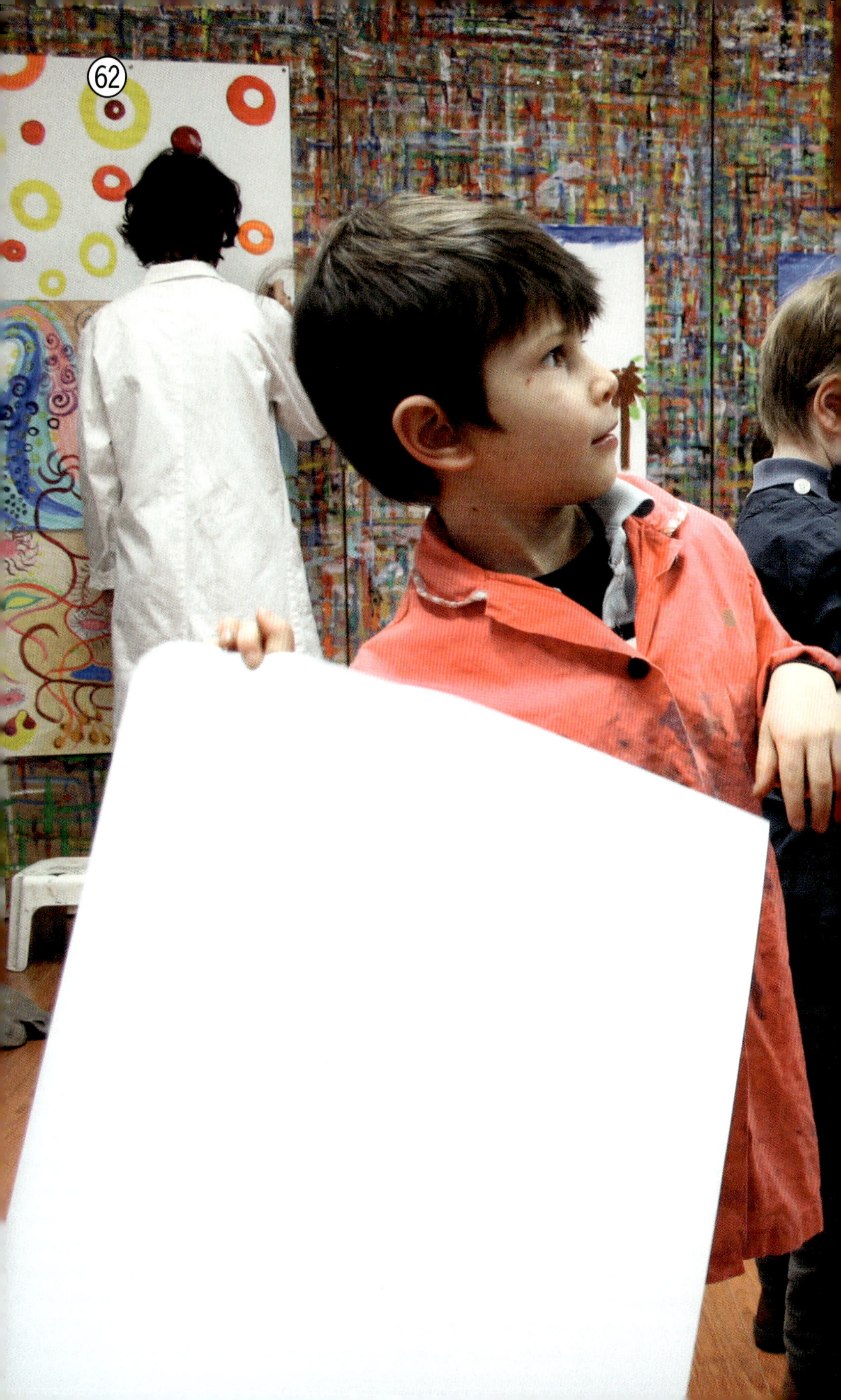
62

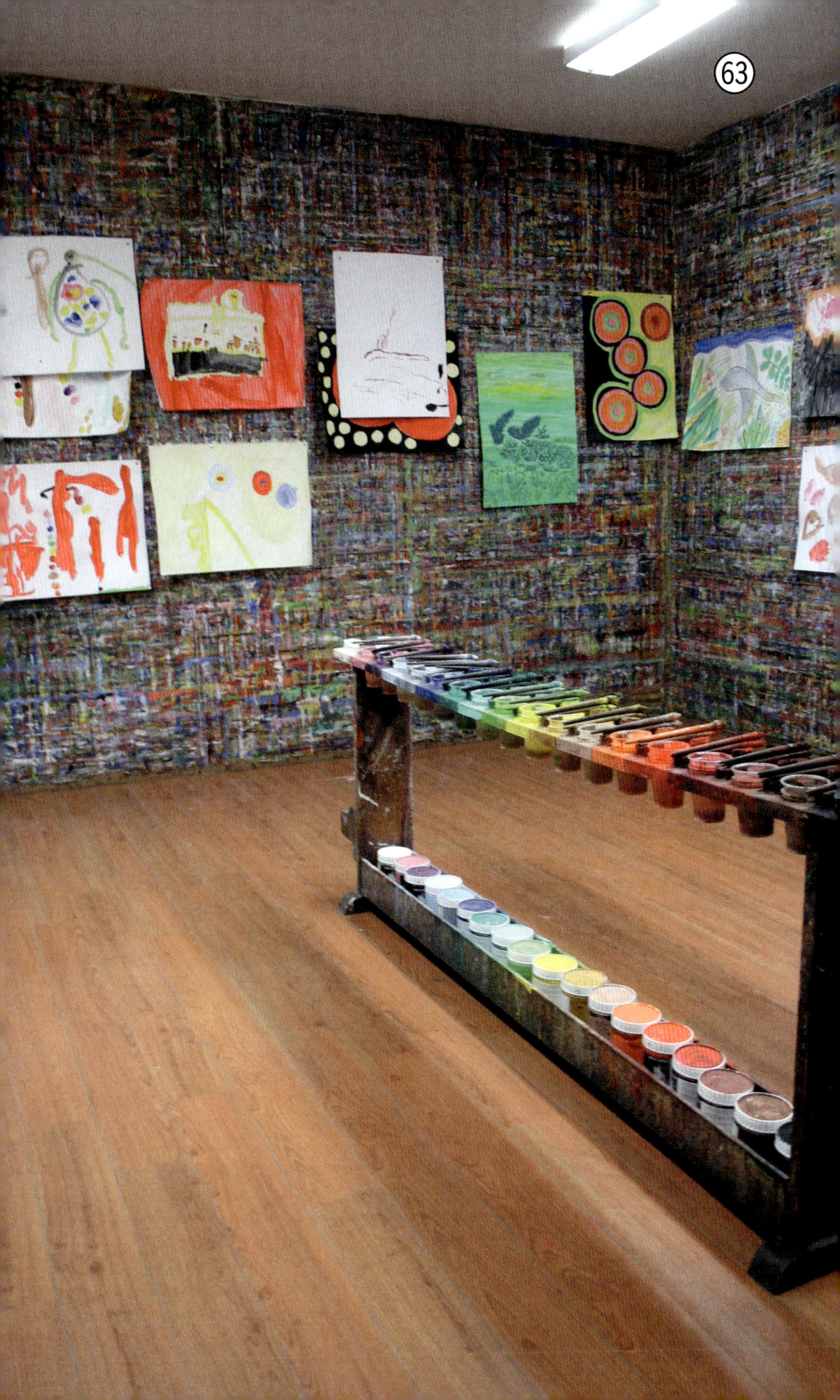

64

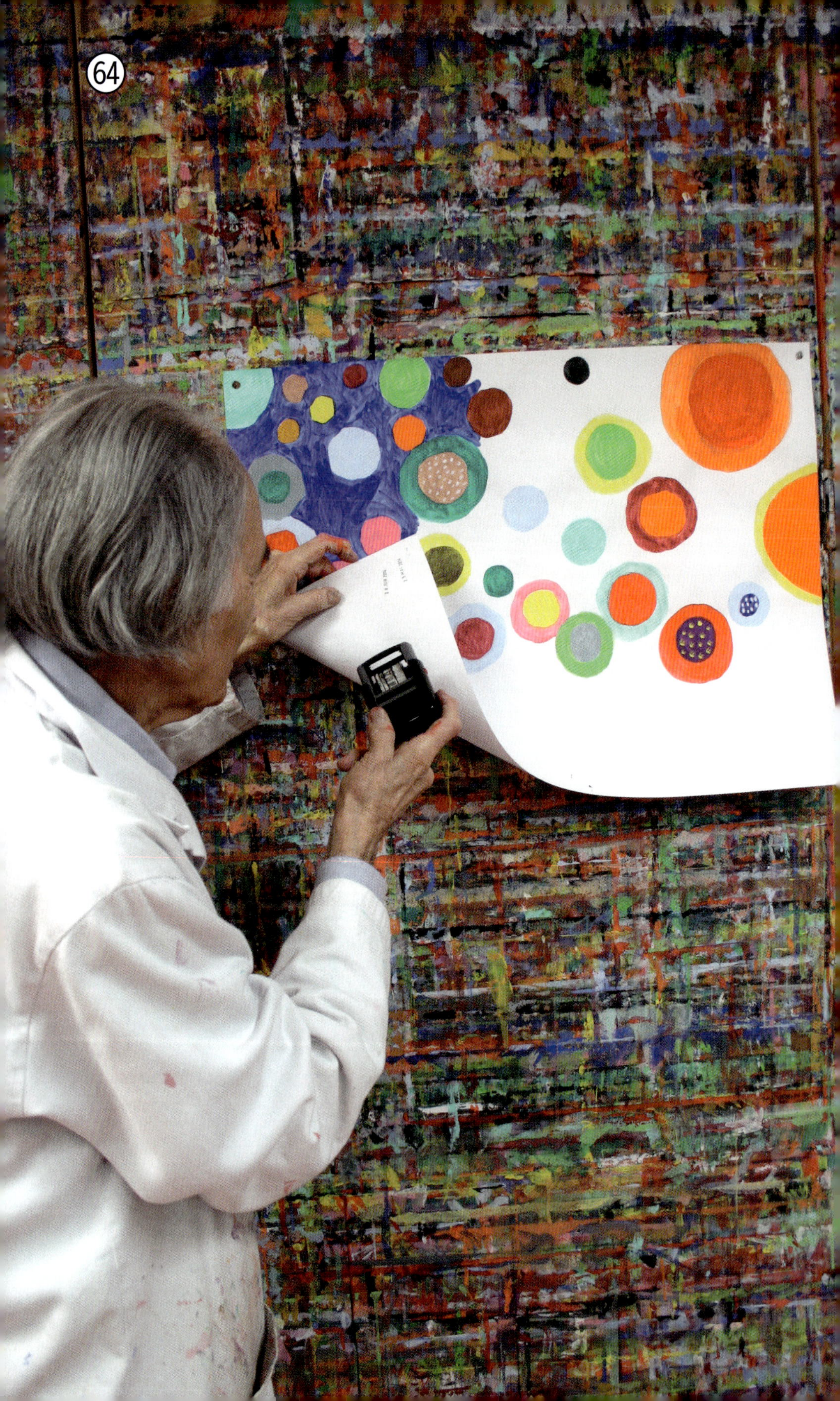

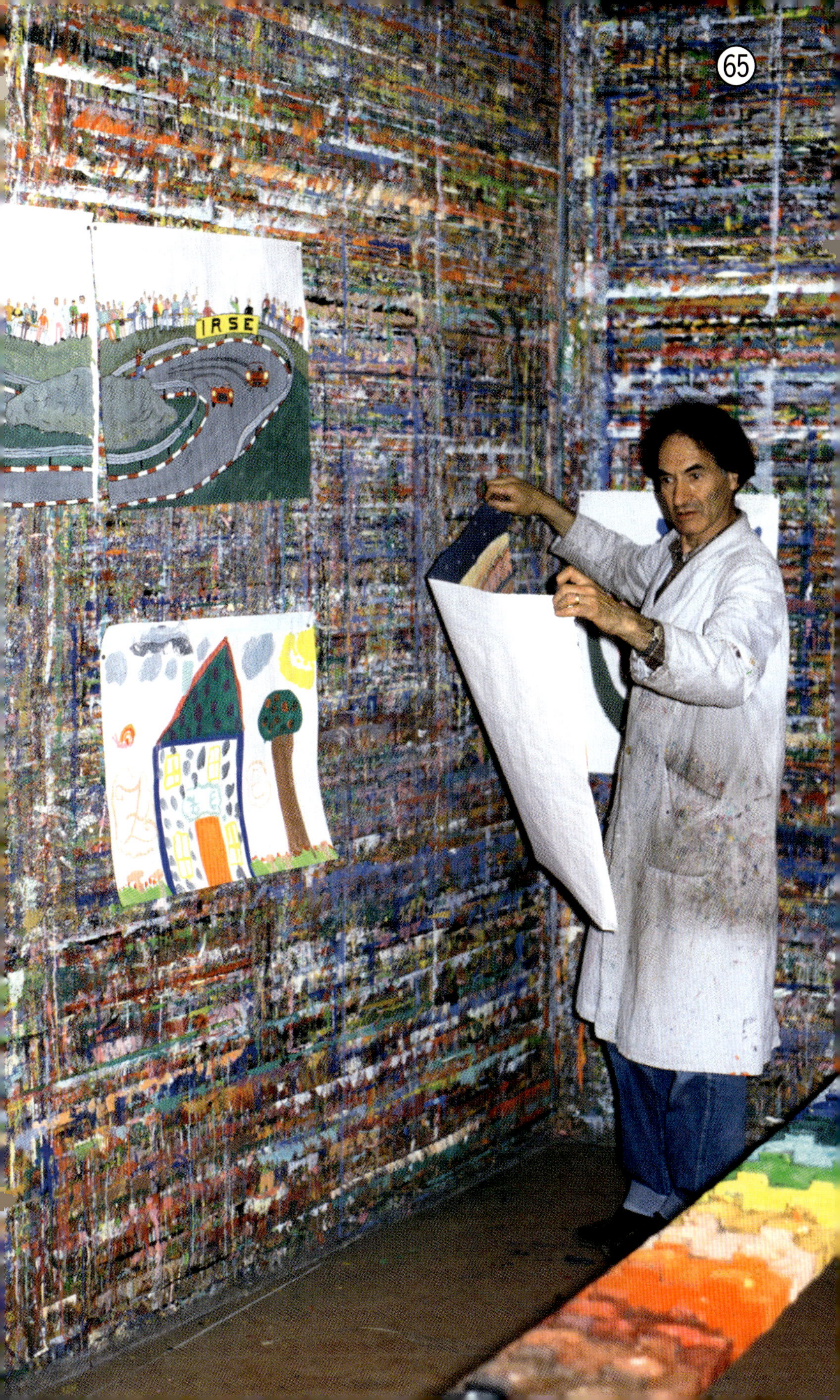

65

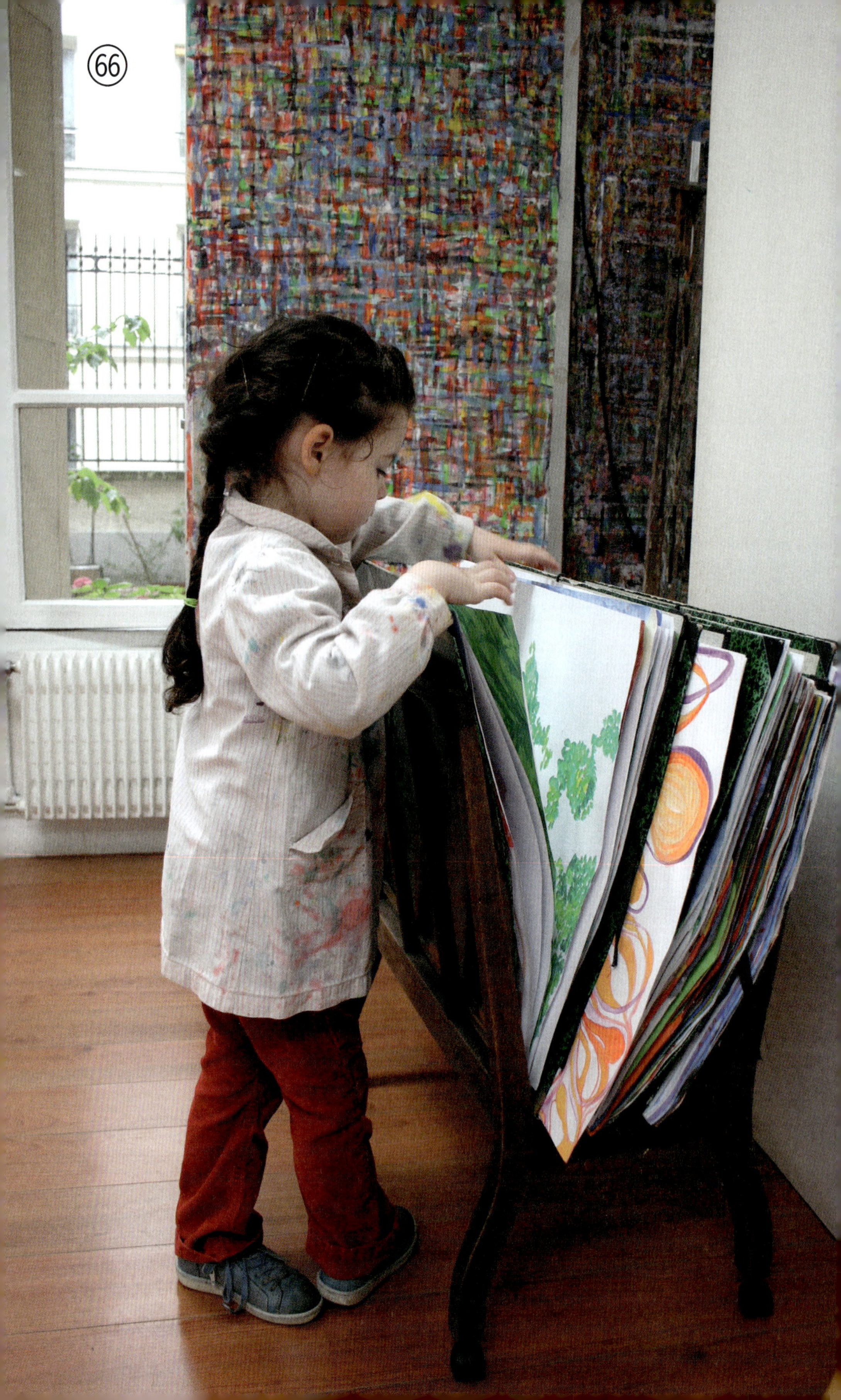

66

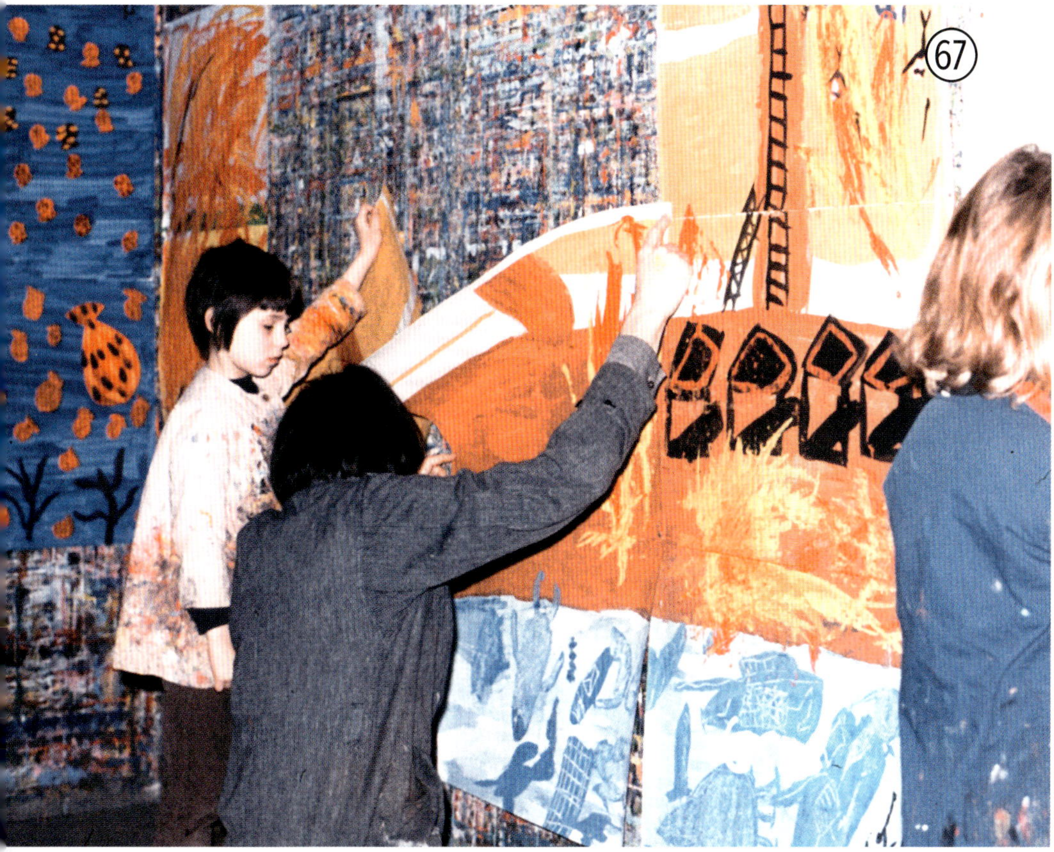
67

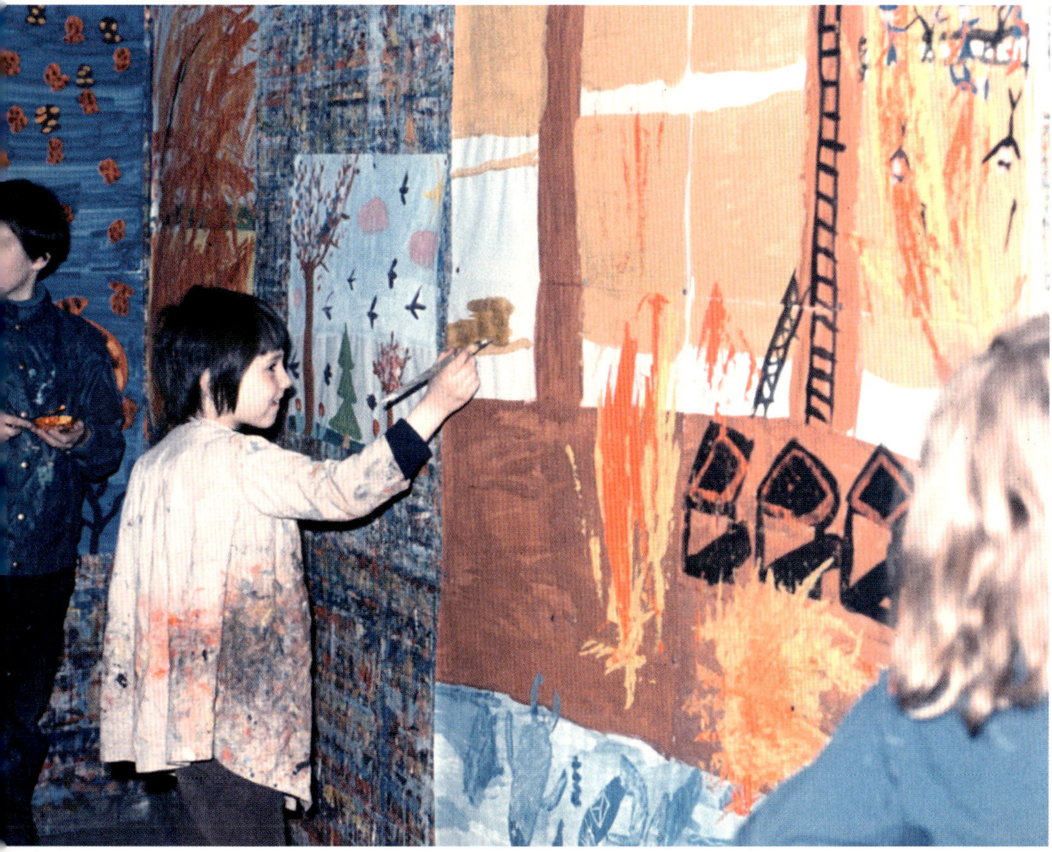

68

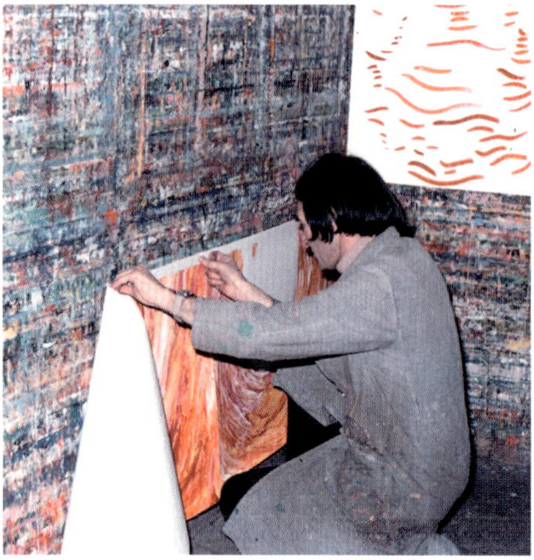

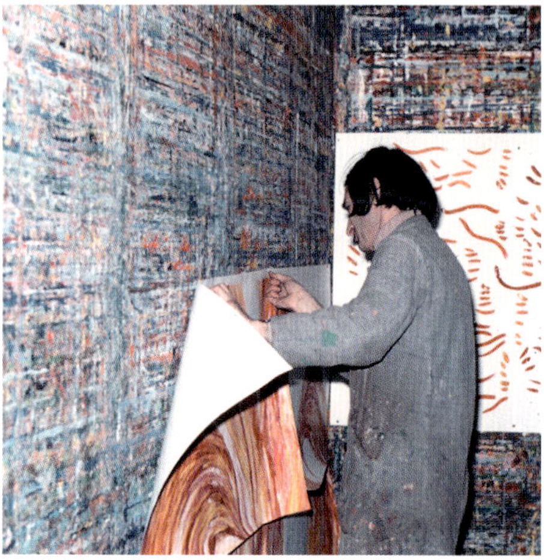

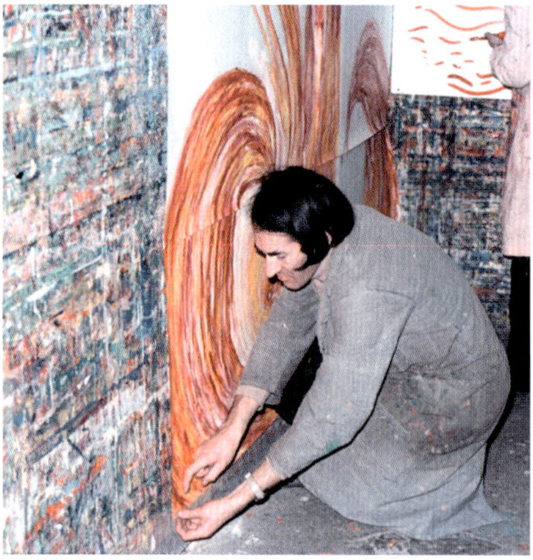

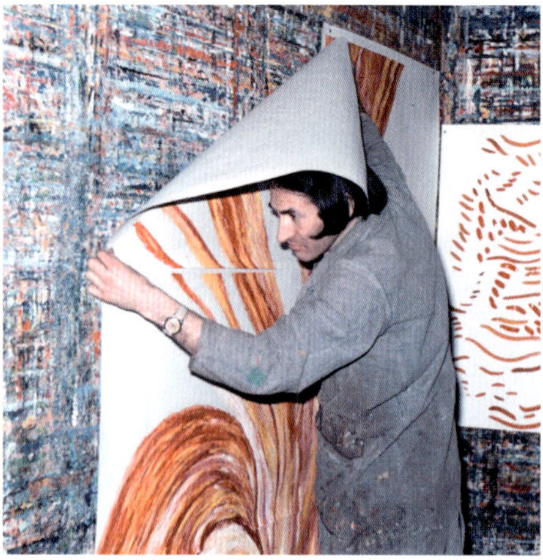

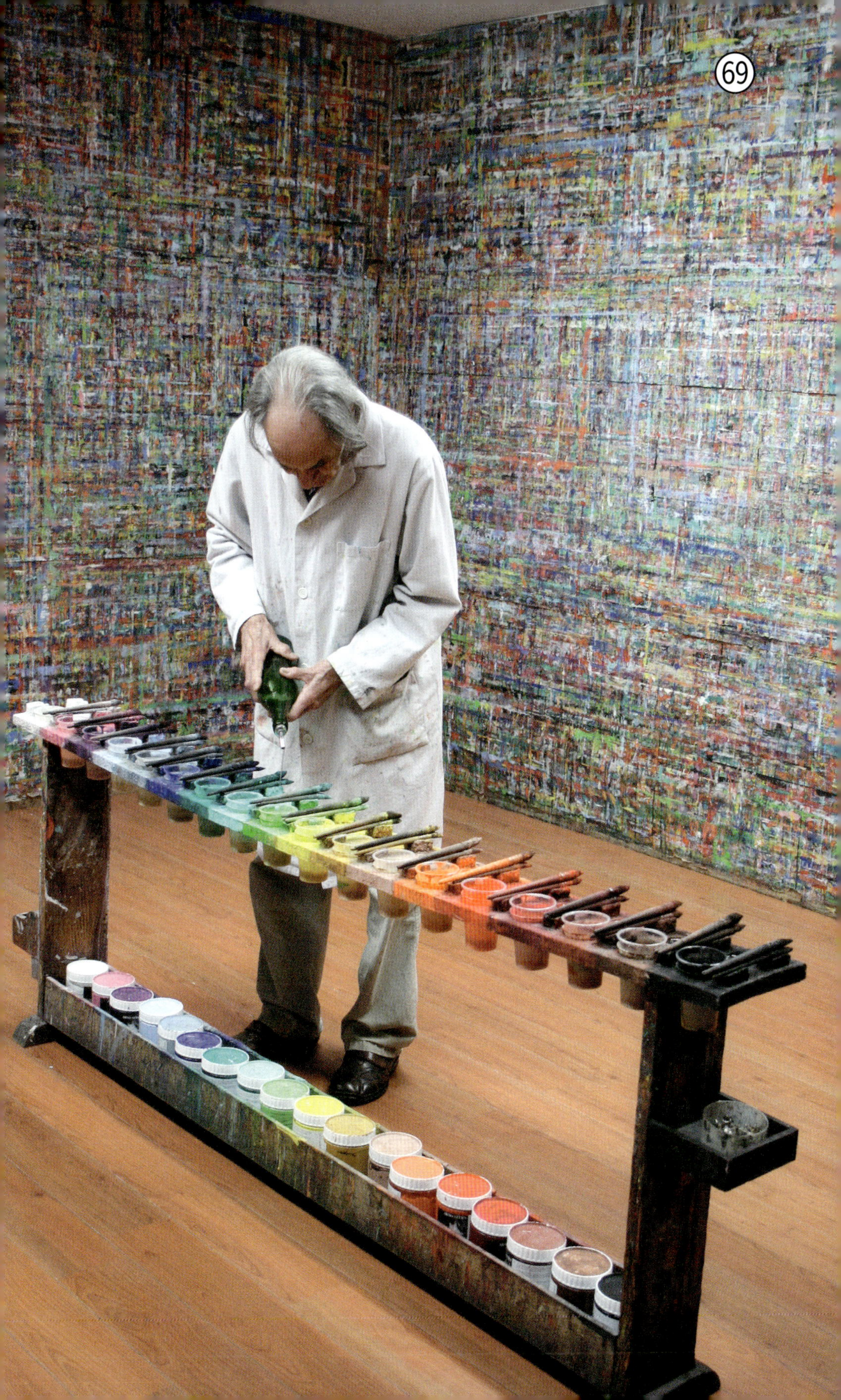

69

70

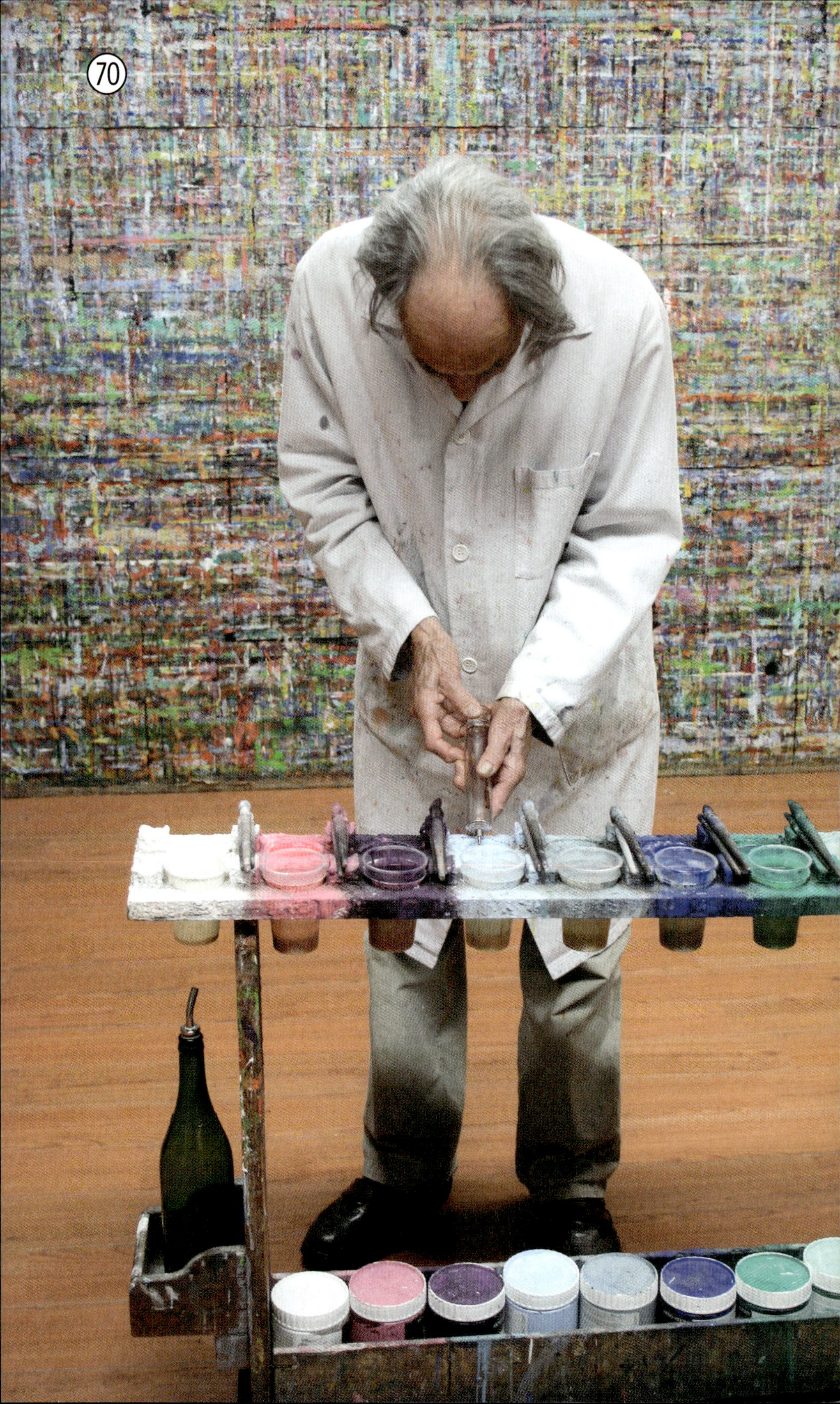

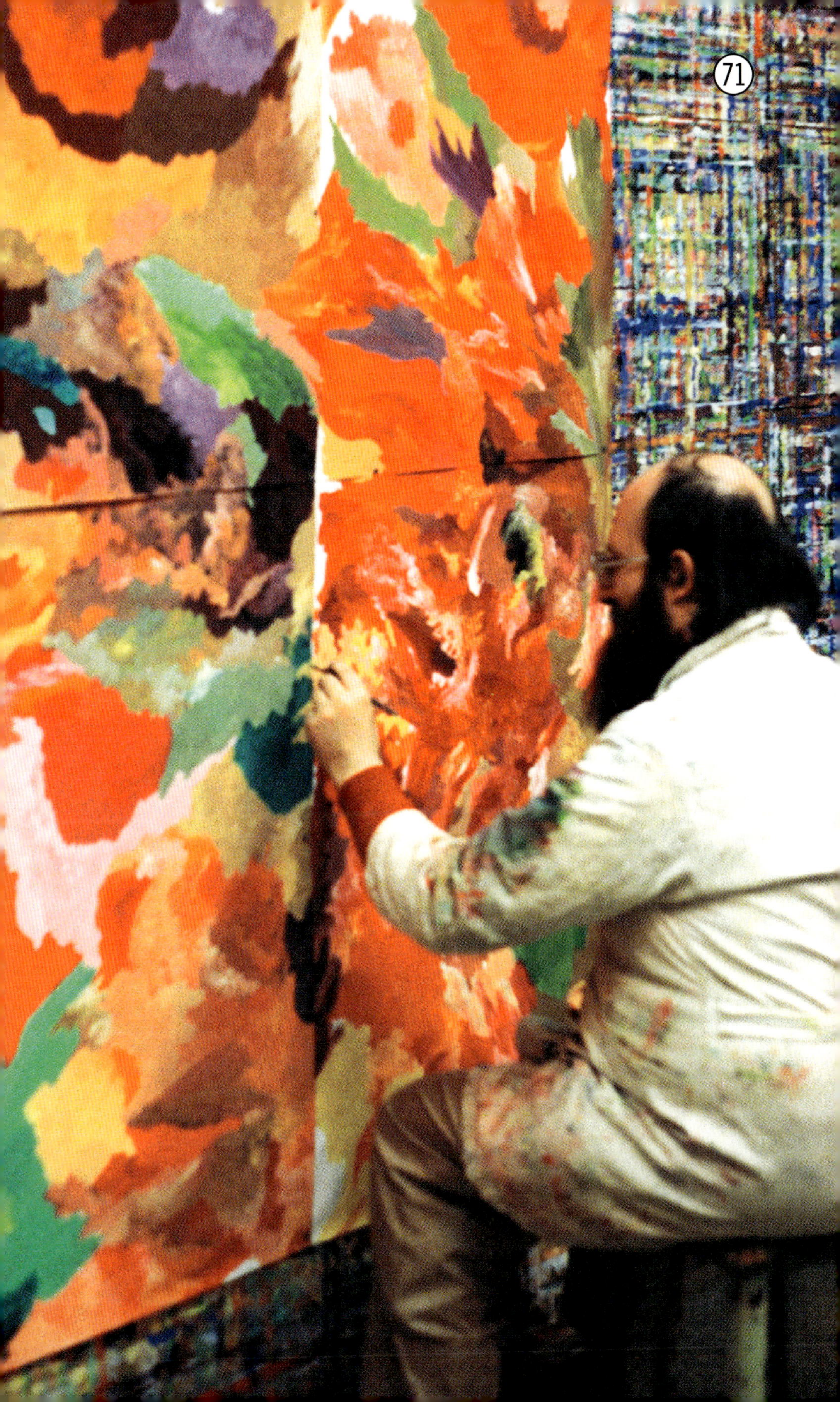
71

72

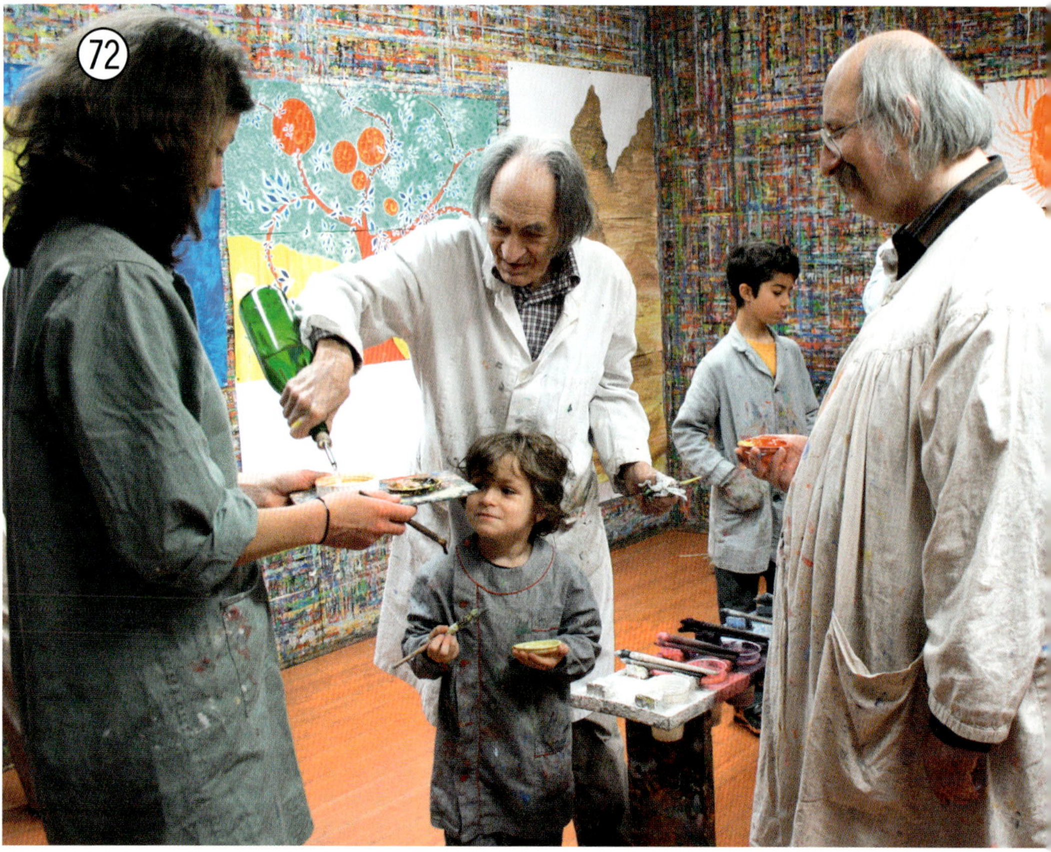

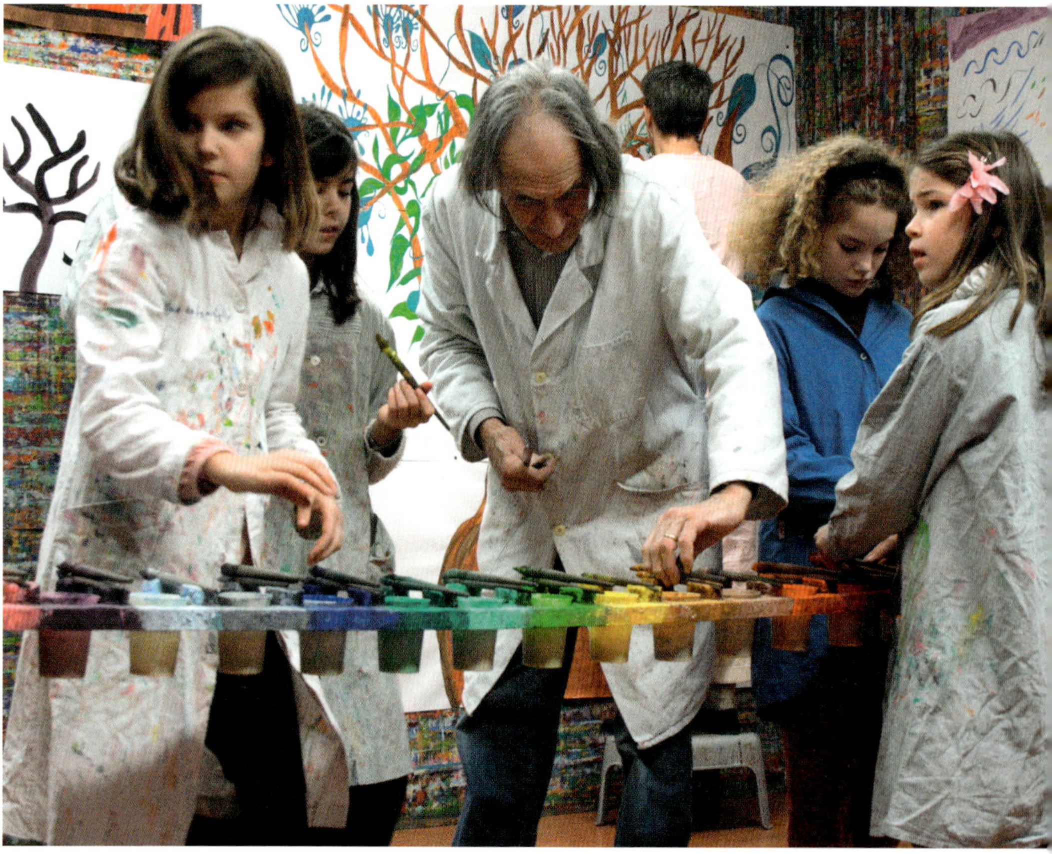

Teil 3

Die lieben und die bitteren Stunden

Wir hatten eine nette, obgleich für uns vier etwas enge Wohnung. Sie war über meinen Arbeitsräumen im ersten Stock des alten Hauses, besaß zwei Fenster an der Häuserfront über dem Doppelschaufenster der Donnerstag-Akademie, und auf der anderen Seite, mit Blick auf den schmalen, aber doch hellen Hof, waren im Wohnzimmer, in der Küche und im daran angeschlossenen Badezimmer etwas schmalere Fenster mit dem gleichen schmiedeeisernen Gitter, aber ohne Fensterläden. Die zusammenfaltbaren inneren Fensterläden aus dem 18. Jahrhundert auf der Straßenseite waren hingegen noch in gutem Zustand.

Nach unserer Heirat haben wir die alte Wohnung, die ich aus erster Ehe und einer früheren Instandsetzung mitbrachte, von Grund auf renoviert, was uns ein Jahrzehnt größter Sorgen verursachte, denn die böswillige Hausbesitzerin verklagte uns wegen unerlaubter Umbauarbeiten, und wir lebten bis zur Beendigung des Gerichtsverfahrens, das zu unserem Vorteil ausfiel, in der Ungewissheit, alles Investierte zu verlieren.

Unser Architekt konnte mühelos seinen Kollegen von der Gegenpartei überzeugen, indem er aufzeigte, dass wir nicht nur das Haus gar nicht gefährdet, sondern durch unser Eingreifen die schwachen Stützmauern sogar noch verstärkt hatten. Und unser Rechtsanwalt hatte geniale Argumente, die die Richter für unsere Sache gewannen: Bereitwillig der Hausbesitzerin ergeben, hatten Nachbarn in einem Schreiben von unseren groß angelegten Umbauarbeiten berichtet. Unser Rechtsanwalt drehte den Spieß um, und sagte, wir hätten nichts Unerlaubtes getan, sondern seien der im Mietsvertrag geforderten Bedingung nachgekommen, die Wohnung zu renovieren. Wir hatten das bei offener Tür getan. Die Nachbarn bestätigten es doch schriftlich! Ich habe viel dabei gelernt. Wir gewannen den Prozess und wohnten noch weitere zwanzig Jahre in der Wohnung.

Sie war der Lebensraum unserer Kinder. Sie wuchsen in diesem Stadtviertel auf, zwischen der Seine, dem Jardin du Luxembourg, dem Warenhaus Bon Marché, den Ministerien, Klöstern und Patrizierhäusern des Faubourg Saint Germain und den

Caféhäusern um Saint-Germain-des-Près. Hier waren sie als Kinder zu Hause; in diesen völlig weißen Räumen spielten sie, lernten viele interessante Menschen kennen, begegneten vielem, der Musik, der Poesie, den Künsten. Delphine und Emilie, ihre Cousinen, hatten teil daran. Hier wurde über vieles nachgedacht, von jedem nach seinen Leidenschaften und gemeinsam über das, was uns allen nahestand.

Nachdem Küche und Bad eingerichtet und die Wände um die siebzig Quadratmeter weiß belegter Bodenfläche ebenfalls weiß gestrichen waren, zogen wir ein: Michèle, der anderthalbjährige André und ich. Es mangelte an vielem, das erst später hinzukam: Ein runder Tisch mit Mittelfuß und Marmorplatte und den dazu passenden Stühlen ersetzte bald das Brett auf Holzböcken mit den Hockern aus Michèles ursprünglichem Hausrat. Ihre Wollmatratze lag zunächst auf dem weichen Fußboden. Später fertigte uns ein Schreiner Schränke, Regale für Bücher und Platten, ein Podest als Erhöhung für die Matratze und Wandschränke in verschiedenen Nischen, die ehemals Kamine waren. Anfangs stand auch der Plattenspieler auf einem Hocker, bevor ihm der Schreiner ein würdigeres Gehäuse herstellte. Dem Wenigen der ersten Jahre folgten später alle möglichen Anschaffungen. Immer mehr Dinge mussten untergebracht werden. Die Bücherregale mussten erweitert werden. Ich zimmerte vielerlei, doch es genügte nicht, denn es kamen viele Langspielplatten zu uns nach Hause, Brahms, Dvořák, Schubert, Beethoven und Mendelssohn waren unsere Stammgäste.

Meine Sekretärin kam jeden Tag um vierzehn Uhr. Sie hatte viele Rechnungen und Briefe zu schreiben, machte die damals noch einfache Buchhaltung, nahm Anrufe entgegen. Es war ein ruhiger Betrieb. Ich hatte das bescheiden gewollte Unternehmen auf eine einfache Weise eingerichtet und es funktionierte reibungslos.

Ich verfügte über die Vormittage, die ich in der Wohnung oder außer Haus verbrachte. Oft gingen wir gemeinsam irgendwohin, machten Einkäufe, besuchten Ausstellungen, schlenderten durch die Straßen, ziellos, oder mit einer Erwartung verbunden – der gleichen, die uns später zu allen Flohmärkten und Antiquitätenmessen trieb.

Da der Malort dem Schuljahr angepasst war, hatten wir eine beträchtliche Anzahl kurzer und längerer Urlaube. Wir verbrachten sie zum Teil bei den Schwiegereltern in Südfrankreich, aber auch in Ferienwohnungen in den Schweizer Bergen und manchmal an anderen geliebten Orten, zu denen Venedig gehörte, als es noch nicht, wie einige Jahre danach, vom Tourismus überlaufen war. Einmal fuhren wir mit dem dreijährigen André nach Kopenhagen, einige Male nach Holland und nach Österreich.

Konnten wir uns das leisten? Das Leben war damals noch einfach. Es kamen zwar nicht mehr so viele Kinder in die Donnerstag-Akademie wie in den Jahren zwischen 1950 und 1970. In den Medien war nur noch selten von mir die Rede. Zum Ausfüllen der schulfreien Stunden hatten sich alle möglichen schmeichelhaften Angebote vermehrt. Aber meine Einkünfte reichten für unser letztlich genügsames Leben.

War es genügsam? Wir gaben unser Geld nicht so wie andere aus. Alles unterschied uns von unseren Mitmenschen. Mein Wunsch war, sorgenfrei zu leben. So war es einige Jahre lang.

Kam die Veränderung schlagartig? schlich sie langsam heran? Es gab später eine bittere Zeit. Ich werde sie schildern. Aber bei der beglückenden möchte ich noch ein wenig verweilen. Sie war paradiesisch für einen jeden von uns. Ich empfand sie wie eine Belohnung für meinen Eifer, meine Geduld und Redlichkeit. Es war ein etwas verspätet eintretendes Glück in meinem Leben. Aber auch das ist kaum erstaunlich, denn alles ist spät in mein Leben gekommen.

Trotz mancher bedrängender Sorge blieb das Leben lange so. Unsere Welt war leuchtend, wie ein Garten, mit vertrauten Pfaden, leuchtenden Blumen, erfüllt vom Duft der Akazienblüten, der Rosen, des Flieders. Alles war noch da, aus der Jugendzeit, mit den Bekannten, den Verwandten, Freunden, Nachbarn, mit den Läden, wo man wusste, was sie beschafften, das Alltägliche und das Außergewöhnliche: Die Heimat, der man angehörte, in der man sich auskannte und sich nie verlief.

Wir waren jung, endlos frisch. Die Sorgen waren wie graue Wolken, aber sie verdeckten nicht das Begeisternde, das unserem Alltag angehörte.

Wie vieles gehörte unserem Leben an! Wie viel Musik drang in unsere Ohren ein, wie viele kleine kostbaren Dinge kamen zu uns, viele Bücher, und gelegentlich Kleider, die den jugendlichen Glanz betonten. Alles war doch so einfach. Ich hatte meinen Verleger, ich hatte die Malspielenden, wir wohnten – zwar eng – im schönsten Viertel von Paris. Wir reisten in ferne Länder und fuhren zu den Eltern in den leuchtenden Süden. Die Kinder waren endlos beglückt. Alles war herrlich in ihrem Leben. Nichts bedrängte ihr Gemüt, nichts schränkte ihre Spiellust ein. Jeder Tag war ihnen ein Segen.

So war es, jahrelang. Wie viele Jahre sind es gewesen? Eine lange andauernde Zeit, voller Liebe und Beseeltheit. Und zuerst unmerklich, dann immer bedrängender, zerbröckelte diese Welt. Was ist von ihr geblieben? Wir sind da, Überlebende in einer kahlen Welt; Fremde, wo uns zuvor alles vertraut gewesen ist. Viele unserer Freunde und Bekannten sind verschwunden. Es kommt vor, dass ich an jemanden denke, der zu meinen Korrespondenten gehörte. Über die Jahre versuche ich den Kontakt wieder herzustellen. Aber das ist nur ein flüchtiger Gedanke. In meinem Gedächtnis ist es eine junge, bestenfalls reife Person. Wie ist sie heute? Der Zeitstrom fließt, fließt unaufhaltsam davon.

In der Zeit unserer guten Jahre, als wir mit allen Antiquitäten-Händlern nicht nur in unserem Stadtviertel, wo sie zahlreich waren, sondern auch in anderen Bezirken und Städten, befreundet waren, verkehrten wir auch mit einem Buchhändler. Sein kleiner Lagerraum war in einer Seitenstraße der Rue de Grenelle, und wir waren jahrelang daran vorübergegangen, ohne Neugierde für die angehäuften Kisten und daneben aufgestapelten alten Bücher.

Als wir uns für Schmuck und Stickereien interessierten, suchten wir auch Bücher zu diesen Themen. Wir fanden solche, die genauso unbeachtet in den Regalen der Buchhändler standen, wie diese von uns gesammelten Dinge selbst bei den Trödlern. So kamen wir auch in Verbindung mit diesem Nachbarn, einem launischen, mürrischen Menschen, der als Bücherexperte mit Notaren zusammenarbeitete, wenn sie einen Nachlass einzuschätzen hatten. So kam manche Bibliothek eines verstorbenen gebildeten Menschen in seinen Raum, und er verkaufte das billigst Erworbene an spezialisierte Buchhändler weiter. So also gehörte auch ich zu seiner Kundschaft und brachte für unsagbar wenig Geld manch schönes Buch nach Hause; nicht nur Bücher, auch alte illustrierte Versteigerungskataloge, die niemanden interessierten, und in denen für meine Arbeit oft wertvolle Abbildungen enthalten waren; und auch Reproduktionen von prachtvollen alten Bucheinbänden aus adeligen Bibliotheken, die in London zerstreut worden waren. Oft erinnerten ihre goldenen Ranken an Spitzen aus dem 17. und 18. Jahrhundert, so wie auch schmiedeeiserne Gitter Klöppelarbeiten ähneln. Aus diesem Grund waren sie uns kostbar.

Als wir, der Verzweiflung nahe, von Sorgen gequält, nicht mehr wussten, wie wir weiter leben sollten, weil wir fast keine Anmeldungen mehr für das Malspiel hatten, keine Bestellungen oder andere Einnahmen, überlegte ich Tag und Nacht, was tun. Trotzdem trieb es mich eines Morgens zu dem Nachbarn in das Bücherlager. Ich stieß auf eine Reihe von Büchern, die Michèle Freude machen würden. Ich erwarb sie für ein paar Francs, und zu Hause angekommen, schlug ich einen Band auf, und es fielen darin versteckte Banknoten heraus. Es war kein Vermögen. Aber es war wie eine wundersame Liebesgabe zum sofortigen Gebrauch.

Die eigentliche Rettung kam etwas später: Jemand schlug mir vor, einen Ausbildungskurs zu organisieren. Ich sollte dazu sechs Mal zwei Tage lang meine Diavorträge halten. So fuhr ich jedes zweite Wochenende mit dem Zug im Schlafwagen und sprach jeweils zu achtzig interessierten Personen. Sie waren begeistert von dem, was ich ihnen beibrachte. Manche beschlossen, sofort das Erfahrene in die Praxis umzusetzen und bestellten Material für ihre Einrichtung. Alles war anders geworden: Es ging aufwärts. Der Strom wurde unaufhaltsam. Unsere Konten füllten sich. Wir stiegen wieder ins Leben ein.

Damals, als wir in der so schlimmen Lage waren, sagte ich: Ich habe keine Lust mehr, weiterzumachen. Ich möchte die schwere Bürde ablegen. Vielleicht findet sich irgendwo ein kleines Häuschen – irgendwo auf dem Land, weit entfernt von den Sorgen und der endlosen Mühe. Ich möchte mich an einen kleinen Tisch setzen, die Beine darunter ausstrecken, lesen oder schreiben, nicht mehr kämpfen, nicht mehr von Sorgen erdrückt sein. Und da ging ich zu meinem Nachbarn, meinem Verleger, mit dem ich seit vielen Jahren eng verbunden war. Er hatte die beiden kleinen Geschäftsräume, die zwischen unseren Betrieben lagen, übernommen, weil seine ehemalige Einrichtung nicht mehr ausreichte. Der Gedanke war nahliegend, er könne sich weiter ausdehnen und die Räume der Donnerstag-Akademie übernehmen.

»Wie lustig!«, sagte er, »Stellen Sie sich vor, ich habe gerade meine Geschäftsräume abgetreten und bekomme dafür über eine Million als Abfindung! – Wie ist das möglich? – Unsere Straße ist eben sehr begehrt. Alle Mode-Vertreter wollen sich hier niederlassen.« Der Immobilienhändler kam zu mir, schätze meine Räume ein, sprach von 600 000 bis 800 000 Francs. Aber ich brauchte die Einwilligung der Hausbesitzerin. Ich kämpfte darum, benützte listige Argumente. Es dauerte über ein Jahr. Die verfügbaren Ladenräume wurden unterdessen knapper, und die Preise nahmen dementsprechend zu.

Jemand war sehr an meinen Räumen interessiert. Wir waren uns über den Preis einig, von dem nicht nur ich, als Mieter, sondern auch die Hausbesitzerin ihren Teil bekommen sollte. Sie schmunzelte im Geheimen, versuchte aber, es nicht zu zeigen. Im letzten Moment jedoch zog sich der Kunde zurück, weil ihm der Bankkredit nicht gewährt wurde. Merkwürdigerweise war ich nicht traurig darüber.

Täglich kamen Leute und wollten wissen, ob ich ihnen meine Räume abtrete. Aber weiter ging es nie. Und dann folgte ein plötzlicher Stillstand. Was war wohl geschehen? War niemand mehr an den drei letzten Geschäftsräumen in der Rue de Grenelle interessiert?

Eine Journalistin kam uns zu Hilfe. Sie veröffentlichte in der Textilzeitschrift einen Artikel, in dem von der Absicht der zwei größten Modefirmen die Rede war, sich in unserer Straße niederzulassen. Die Folge blieb nicht aus:

Es war an einem Samstagnachmittag. Ich war nach der Malspielstunde allein im Empfangsraum, Michèle und die Kinder waren in den Jardin du Luxembourg gegangen. Auf der Straße sah ich zwei Männer mit zwei Frauen sich meinen Schaufenstern nähern. Sie überquerten die Fahrbahn, traten entschlossen durch meine Eingangstür, und mit einem etwas südlichen Tonfall und ohne weitere Begrüßung sagte der eine der Männer: »Verkaufen Sie Ihren Laden?... Zu welchem Preis?« Ich weiß nicht, was mich anregte, ich gab einen sehr hohen Preis an, und er war damit sofort einverstanden. Wir machten einen Termin für die Unterzeichnung des Vertrages ab. Es musste schnell gehen.

Alles klappte wunderbar. Die Hausbesitzerin hatte den Mietvertrag für meinen Nachfolger aufsetzen lassen. Wir kamen alle zusammen; da unternahm sie plötzlich noch den Versuch, mehr zu erzielen. Ich spielte den Beleidigten und sagte: »Dann machen wir alles rückgängig!« und verließ den Raum. Aber kurz danach wurde ich hineingerufen, alles sei in Ordnung. Wir trennten uns. Mein Nachfolger war glücklich, die Besitzerin war glücklich. Ich glaubte, es sei ein Wunder geschehen. Aber ich erfuhr erst eine Woche später, dass es wirklich so war; denn die Alte starb wenige Tage danach, und ihre beiden Söhne stritten monatelang um die Erbschaft; das hätte alles zunichte gemacht, was mir an diesem Tag geschenkt wurde.

Aber sofort darauf begann eine neue Zeit der Unsicherheit. Wir waren gewissermaßen obdachlos geworden. Unsere Hauptbeschäftigung galt jetzt der Suche nach einem Haus irgendwo auf dem Land und einer Wohnstätte in der Stadt. Es dauerte unglaublich lange, bis wir in einem gut gelegenen Stadtviertel im ersten Stock eines alten Hauses eine geräumige Wohnung fanden. Der Malort belegte einen Teil davon und lebte wieder auf. Mein Bestreben war seit je, Berufsleben und Privatleben räumlich nahe zu halten. Mir wäre zuwider gewesen, so wie die Mehrzahl der Menschen in unserer Gesellschaft am Morgen zur Arbeit zu fahren und am Abend der Schar der nach Hause flutenden Angestellten anzugehören.

Die neuen Räume waren großzügig, mussten aber von Grund auf renoviert werden. Unsere groß gewordenen Kinder hatten hier ihre eigenen Zimmer. Im Wohnzimmer war ein großer Kamin aus schwarzem Marmor mit einem mächtigen, goldgerahmten Spiegel, der an die Decke stieß. Auch zwei Seitentüren waren statt mit den gewöhnlichen Glasscheiben mit Spiegeln versehen. Denen gaben wir, wie allem anderen auch, geduldig ihren alten Glanz zurück.

Wir bemühten uns, den einstigen Glanz der Wohnung zu bewahren, und mit den Anforderungen einer zeitgenössischen Lebensweise in Einklang zu bringen. Sie war angenehm. Aber das Viertel war widerlich: In jedem Stockwerk, hinter unzähligen Fenstern – wo einst Familien lebten, mit Kindern, deren Eltern in den im Erdgeschoss und in den Höfen eingerichteten Werkstätten beschäftigt waren –, in allen diesen ehemaligen Wohnungen waren jetzt Büroräume, tagsüber von Angestellten besetzt und nach Büroschluss leblos, wie erstarrt. Früher hatte es, in unserer Straße wie in allen anderen dieses belebten Viertels, vielerlei Geschäfte gegeben.

Fast alle noch bestehenden Läden hatten sich nun auf Schnellabfütterung umgestellt, und in der kurzen Mittagszeit eilten die Angestellten mit ihrem wenig anmutenden belegten Baguette-Stück durch die Straßen, zu den nahegelegenen großen Warenhäusern, ganz besonders an den Ausverkaufstagen.

Wir kannten kaum jemanden in unserer Nachbarschaft, noch nicht einmal die Mitbewohner in den höheren Stockwerken unseres Hauses, wo sie ja nur tagsüber arbeiteten.

Neunzehn Jahre verbrachten wir hier, im achten Arrondissement von Paris. Als wir es schließlich verließen, schien es uns wie ein Auszug aus der Fremde.

Trotz der Ausgaben für die Instandsetzung dieser Wohnung blieb noch genügend auf unserem Konto, und wir hofften, dass irgendwo ein gutes Haus auf uns warte. Viele wurden uns angeboten, aber keines entsprach unseren Erwartungen und Ansprüchen. Wieder einmal schien es uns, wir seien zum Träumen verurteilt und würden nie irgendwo wohnen. Und doch geschah auch hier ein Wunder:

Jahre später fanden wir, zwar weit von Paris entfernt gelegen, aber mit der Schnellbahn gut erreichbar, *das* Haus.

Sein Aussehen war trügerisch. Es musste alles daran erneuert werden, von der Grundmauer bis zum Dach. Ohne unsere Hingabe wäre es heute wie viele ähnliche

Gebäude, nur noch ein hoher Haufen eingestürzter Steine. Wir haben dem Haus aus dem 18. Jahrhundert sein ursprüngliches Aussehen wiedergegeben, haben für seine Instandsetzung nur edle Materialien verwendet. So arbeiteten drei Handwerker viele Jahre für uns, während Michèle sich dafür einsetzte, die Umgebung wieder zu beleben, denn es ist ja nicht bloß ein Haus; es war einst ein wohl bestelltes Landgut: Gehöft mit Herrschaftshaus, Scheune, Ställen und Nebengebäuden – verwaiste, rettungsbedürftige Überreste einstigen Lebens.

Als der Notar aus der kleinen Nachbarstadt uns das Anwesen zeigte, war mir, als spreche aus dem Haus eine Stimme: »Nimm mich, ich habe auf dich gewartet!« und was uns überzeugte, war auch das Land: Wiesen, Felder, Wälder rings umher. Mir, dem ehemaligen Staatenlosen, Entwurzelten, der immer nur in Mietwohnungen gelebt, der nicht die enteigneten Häuser seiner Ahnen geerbt hatte, gefiel der Gedanke, ein Stück Land zu besitzen. Hier war uns eine große Aufgabe anvertraut worden: Wir sollten die Natur wieder gedeihen lassen, Tiere beherbergen, damit nicht alle den Pestiziden der Umgebung zum Opfer fallen. Genau wie wir unsere Kinder von einer vernichtenden Erziehung verschont haben, so sollten wir jetzt auch ein Stück Erde betreuen, eine fruchtbare Oase schaffen, wo sich Gewächse und Tiere wohlfühlen. Wir pflanzten Bäume, legten Hecken an, ließen Gräben wiederherstellen, die unsere Vorgänger zugeschüttet hatten, weil sie Hindernisse waren für die großen Agrarmaschinen.

Nach zwanzig Jahren ist es zwar noch immer eine Baustelle, aber jede wieder aufgerichtete Mauer macht Spaß, und es ist befriedigend, das Selbstgezüchtete im biodynamischen Garten zu ernten.

Und so fahre ich jede Woche hin und her, bin ganz eifrig drei Tage in der Stadt beschäftigt, habe dort den Malort und vieles, das ihn umgibt, und eine bescheidene Unterkunft hinter dem Raum, wo Eléonore und ich oft bis in die späte Nacht mit vielen Bildern beschäftigt sind; und dann wieder die Tage auf dem Land, wo mein Archiv untergebracht ist: die zahlreichen Mappen, die fast 500 000 Bilder enthalten, von all den Malspielenden, die mir ihre Spur zum Aufbewahren anvertrauten.

In der letzten Zeit haben wir einige Tausend dieser Bilder digitalisiert. Sie werden meine Vorträge und Ausbildungsseminare bereichern.

Es war beglückend für mich, den Bildern aus der Blütezeit der Formulation zu begegnen, und die Begeisterung der Kinder wiederzuerleben, deren Zeuge ich gewesen bin. Jedes aufbewahrte Bild ist die lebendige Spur eines Prozesses, den ich miterlebt und unvergänglich in meinem Gemüt gespeichert habe.

Es war eine erfreuliche Begegnung mit dieser wertvollen Vergangenheit. Aber zugleich wurde mir in erschreckendem Ausmaß der Gegensatz zur gegenwärtigen Verarmung bewusst. Wer hätte damals gedacht, dass das Natürliche, die selbstverständliche Üppigkeit, die Spielfähigkeit aller Kinder und ihre damit verbundene Begeisterung, jemals aufhören könnten? Es ist jedoch so gekommen. Tatsächlich sind diese Dokumente aus den Jahren 1950 bis etwa 1980 Beweisstücke für das Verlorengegangene.

Ich habe Lust, diese Reliquien neben die mühsam erzwungenen Erzeugnisse heutiger Kinder zu stellen, damit deutlich erscheine, welch kostbare und unersetzliche Fähigkeiten den eitlen Kunstparodien geopfert worden sind.

Das Meiste, wenn nicht alles, was über die Spur des Kindes gesagt und geschrieben wurde, ist verwerflich. Bis in die Mitte des 19. Jahrhunderts wurde ihr kaum eine Beachtung zuteil. Mit der Herausgabe des Buches »Die Kinderkunst« von Corrado Ricci im Jahr 1886 begann das Übel einer vermehrten Beachtung und zunehmender Verkennung, und es reicht bis in die Gegenwart. Es gehört zu meinen dringendsten Aufgaben, auf deren schädliche Folgen hinzuweisen, weil eine unersetzliche Fähigkeit im Menschen vernichtet worden ist. Es nicht mit meiner ganzen Kraft zu tun, gäbe mir ein unauslöschliches Schuldgefühl; denn ich kenne die Beschaffenheit des Verlorengegangenen und das Ausmaß der Verwüstung.

Die zunehmende ökologische Besorgnis bekräftigt wohl die Hoffnung auf ein anderes Verhalten der Menschheit. Die Argumente sind überzeugend und die bedrohlichen Voraussagen bestätigen sich unausbleiblich. Wer sich für das Verschwinden so mancher Tiergattungen einsetzt, bedarf nur statistischer Argumente, um das Ausmaß des Übels zu veranschaulichen. Das Übel, von dem ich zu berichten habe, entgeht dem allgemeinen Verständnis, weil ja kaum jemand in der Lage ist, es zu erkennen. Ich muss von etwas völlig Unbekanntem berichten, um das man erst besorgt sein kann, wenn es bekanntgeworden ist.

Ich stehe vor meinem Bücherschrank, vor den angesammelten Fachbüchern – die als solche bezeichnet werden, weil es keine Romane, keine Gedichte sind. Was steht nicht alles auf den vielen Seiten, die sich Menschen seit mehr als einem Jahrhundert bemüht haben, mit ihrem Unwissen – mit einem falschen Wissen – anzufüllen. Ich habe viele davon gelesen, in manchen genügte es zu blättern, um zu erkennen, dass es nur ein Kunterbunt aus fremden Gedanken ist, die schon in anderen Büchern standen. Das eine heißt: »Die Kinderkunst«, andere »Die Kunst der Kinder« oder »Die Kinderzeichnung«, »Das Kind und seine Zeichnung«, »Die Zeichnung des Kindes« – oder »Die Zeichnung der Kinder« bei einem anderen Schreiber. Am gründlichsten habe ich die allerältesten Veröffentlichungen zu diesem Thema gelesen. Aber auch das sehr spät, nicht als ich jung und noch unerfahren war. Warum überhaupt musste ich mich damit beschäftigen?

Ich habe es getan, um nach irgendeiner Ähnlichkeit mit meiner Arbeit zu suchen. Und so kann ich ganz entschlossen verkünden, dass ich solchem nirgendwo begegnet bin. Ich weiß mit Bestimmtheit, dass alles, was ich eingeführt habe, beispiellos ist in der Geschichte der Menschheit. Und wenn man es mir nicht glaubt und doch versucht, es mit anderem zu vergleichen, verweise ich ohne Zögern auf alles, was in den Hunderten von Büchern steht, seien es die ältesten aus der

Zeit vor 1900 oder die vor wenigen Monaten veröffentlichten, in dieser oder jener Sprache.

Ich weiß, dass es sehr überheblich klingen kann, so vieles abzulehnen und zu behaupten, nur das Eigene sei gültig. Ich bin nicht eingebildet, wie so manche, die irgendeine von ihnen erdachte Theorie verbreiten und sich damit einen Weltruf zulegen. Was ich verkünde, kann jeder, der vorurteilslos dem natürlich Geschehenen begegnet, bestätigen. Dass es mir in einer nicht zu bezweifelnden Deutlichkeit erschien, ist nicht erstaunlich und verleiht mir keinen Verdienst.

Es musste einfach jemand so unbelastet sein – wie ich es durch die Umstände meines Lebens als junger Mensch war –, um mit einem ungetrübten Blick der einfachen Wirklichkeit zu begegnen. Allerdings trug etwas dazu bei, das mitwirkte: Ich hatte die Voraussetzungen dazu geschaffen – und auch diesbezüglich gebe ich zu, sie aus rein praktischen Gründen geschaffen zu haben, wie ich es an anderer Stelle erzählt habe –, und dann stellte sich heraus, dass diese Bedingungen ungeahnte Folgen hatten.

So bin ich eben der Erfinder des Malortes und der Finder der Formulation.

Ich besorge mir weiterhin alle die Bücher, die von dem handeln, was irrtümlicherweise mit meinem Bereich verwechselt wird. Und ich staune darüber, dass sie geschrieben und sogar veröffentlicht worden sind. Aber ich finde viel Erfreuliches bei Hirnforschern, Embryologen, Biologen, Pädagogen und deshalb fühle ich mich gar nicht allein mit meinem Wissen. Es freut mich jedes Mal, wenn unsere Wege zusammenführen, und ich versuche immer, es ihnen mitzuteilen.

Mit Jean-Marie Delassus hatte ich ein langes Gespräch, denn von Zeit zu Zeit rufen wir uns gegenseitig an, ohne uns, wie man sagt: persönlich kennengelernt zu haben. Aber aus jedem mündlichen Austausch geht ein uneingeschränktes Einvernehmen hervor, als seien wir sehr alte und vertraute Bekannte. Ich habe – und hatte – sehr wenige Freunde in meinem Leben und ich fühle mich mit ihnen sehr verbunden, seien es die Musiker, die meine Jugend geprägt haben, der Dichterfreund, dem ich größtenteils meine Versöhnung mit der deutschen Sprache verdanke, der Maler, dessen Schaffen mir nahestand, vielleicht sollte ich sagen: auf den ich meine künstlerischen Jugendträume übertrug. Später kamen Berufsfreunde – nicht eigentlich Kollegen! – hinzu, die mir teuer sind. Im Älterwerden ist das Anfreunden nicht so selbstverständlich wie in der Kindheit; die Voraussetzungen dazu sind von höheren Ansprüchen bestimmt, und wenn ein Leben von vielen sonderbaren Begebenheiten bestimmt worden ist und sich daraus eine hartkantige Einstellung entwickelt hat, ist es selten mit anderen gänzlich vereinbar. Dann stimmt zwar das Verhältnis zur Natur, aber nicht der Anspruch auf eine gewisse Ästhetik; oder ein Einvernehmen, was die Sprache betrifft, aber ein trennender Unterschied der Musik gegenüber, genauer gesagt, dem gegenüber, was allgemein unter der Benennung »Musik« verstanden wird. Und das Unterschiedliche bezieht sich auch auf die Art, sich zu ernähren, was meistens im Falle einer Einladung zum Thema wird: »Fisch essen Sie auch nicht? Und trinken Sie gar keinen Wein? Auch keinen Kaffee?« Das sind bloß kleine Hindernisse, die das Wesentlichere nicht beeinträchtigen. Und doch ist die Beziehung inniger, wenn auch der geschätzte Andere das Töten von Tieren ablehnt und eine andere Ernährungsweise gewählt hat.

Ich weiß von Jean-Marie Delassus kaum etwas in Bezug auf seine Lebensweise, vieles allerdings über seine Lebenseinstellung, die ich uneingeschränkt als meine eigene ansehe. Und das bestätigt und verstärkt sich bei jedem telefonischen Austausch; und ich glaube sagen zu können, dass wir uns dabei immer näherkommen und uns über dieses Einvernehmen freuen, das sehr ermutigend und außergewöhnlich ist. Das wissen wir beide.

Diese Betrachtungen notierte ich Anfang des Jahres 2014. Jean-Marie Delassus hatte mich 2012 eingeladen, zum fündundzwanzigsten Jahrestag der von ihm eingeführten »Maternologie« einen Vortrag zu halten. So lernten wir uns leiblich kennen. Im Sommer dieses Jahres starb Jean-Marie Delassus. Er hinterlässt zahlreiche Bücher, von denen leider keines ins Deutsche übertragen worden ist. Das ist bedauerlich und sollte nachgeholt werden; denn er beschreibt das vorgeburtliche Leben, als sei es sein Alltag. Und kämen alle Kinder auf die Welt, wie er die Schwangerschaft, das Gebären und ganz besonders das Aufgenommenwerden des Neugeborenen in der bedrohlichen Fremde der Außenwelt vorschlägt, dann verschwänden viele sorgenerregende Probleme. Im Verkünden vieler neuen Begriffe in den menschlichen Beziehungen sind wir wahre Verbündete gewesen.

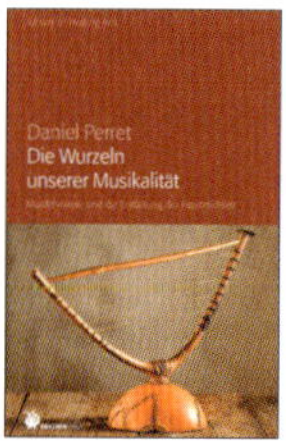

Band 2
Daniel Perret
Die Wurzeln unserer Musikalität
Musiktherapie und die Entfaltung der Persönlichkeit
168 Seiten, 8 farbige Abb.
ISBN 978-3927369-15-3
24,80 Euro

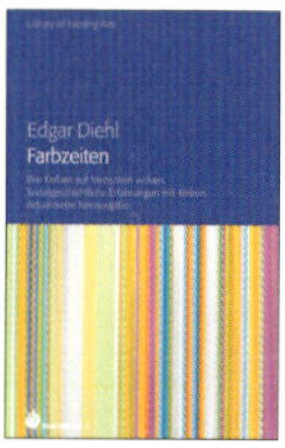

Band 3
Edgar Diehl
Farbzeiten
Wie die Farbe der Seele hilft. Eine Sozialgeschichte der Farbe.
296 Seiten, 55 farbige Abb.
ISBN 978-3927369-57-3
37,80 Euro

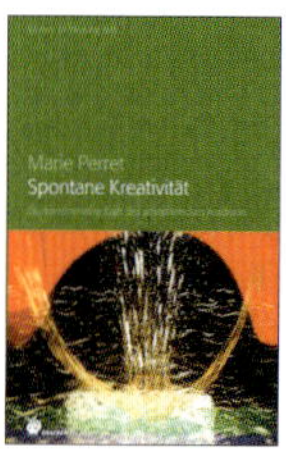

Band 4
Marie Perret
Spontane Kreativität
Die transformative Kraft des schöpferischen Ausdrucks
188 Seiten, 39 farbige Abb.
ISBN 978-3927369-21-4
24,80 Euro

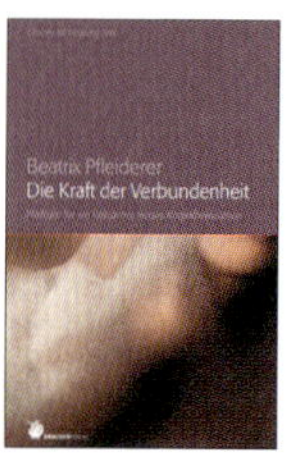

Band 5
Beatrix Pfleiderer
Die Kraft der Verbundenheit
Plädoyer für ein heilsames, neues Körperbewusstsein
136 Seiten, 13 farbige Abb.
ISBN 978-3927369-38-2
22,50 Euro

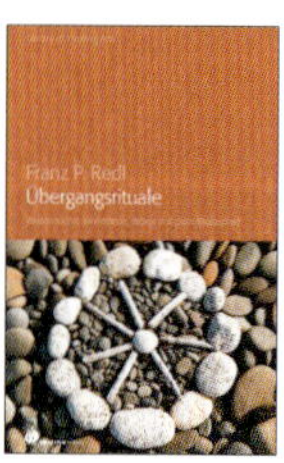

Band 6
Franz P. Redl
Übergangsrituale
Visionssuche, Jahresfeste, Arbeit mit dem Medizinrad
192 Seiten, zahlreiche Abb.
ISBN 978-3927369-39-9
24,80 Euro

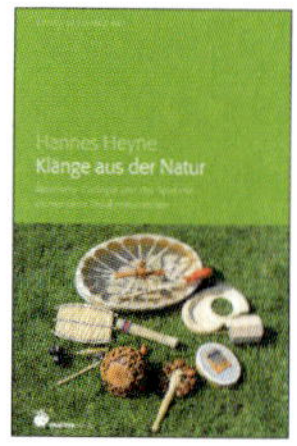

Band 8
Hannes Heyne
Klänge aus der Natur
Akustische Ökologie und das Spiel mit elementaren Musikinstrumenten
180 Seiten, zahlreiche Abb.
ISBN 978-3927369-46-7
24,80 Euro

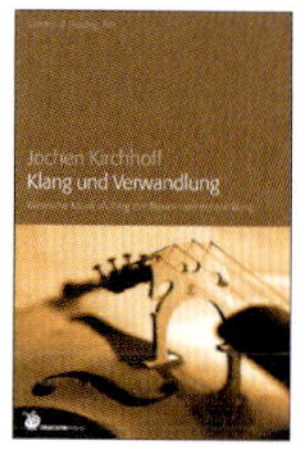

Band 9
Jochen Kirchhoff
Klang und Verwandlung
Klassische Musik als Weg der Bewusstseinsentwicklung
192 Seiten
ISBN 978-3927369-47-4
24,80 Euro

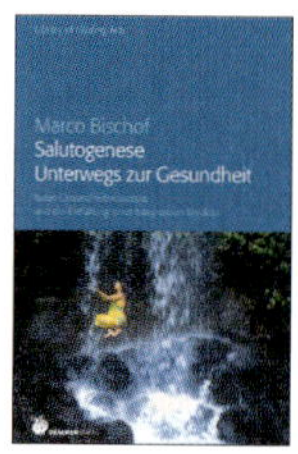

Band 10
Marco Bischof
Salutogenese – Unterwegs zur Gesundheit
Neue Gesundheitskonzepte und die Entfaltung einer integrativen Medizin
ISBN 978-3927369-48-1
39,90 Euro

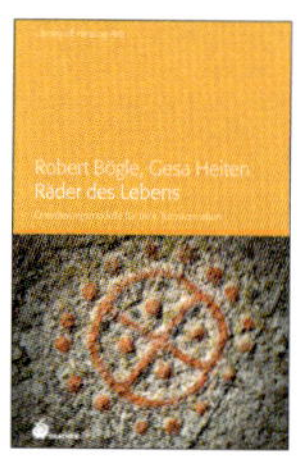

Band 12
Robert Bögle, Gesa Heiten
Räder des Lebens
Orientierungsmodelle für tiefe Transformation
216 Seiten, zahlreiche Abb.
ISBN 978-3927369-80-1
24,80 Euro

DRACHENVERLAG

Drachen Verlag GmbH
Klein Jasedow, Am See 1, 17440 Lassan
Telefon (03 83 74) 752 24, Fax (03 83 74) 752 23
mail@drachenverlag.de, www.drachenverlag.de

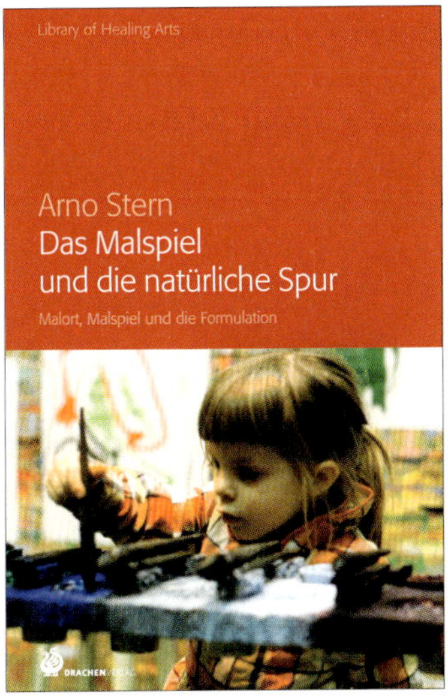

Arno Stern
Das Malspiel und die natürliche Spur

Malort, Malspiel und die Formulation

Die Lust zu malen ruht in jedem Menschen. Die traditionelle Erziehung, vor allem in der Schule, versucht, dieses natürliche Bedürfnis zur Kunst hinzuleiten. Wird dies jedoch vermieden, so kann sich daraus eine vollkommen andere Äußerung entwickeln: Arno Stern spricht von der Spur. Anders als ein Kunstwerk ist die Spur für keinen Empfänger bestimmt. Sie entsteht aus dem ureigenen Bedürfnis des Menschen, sich auszudrücken. Kann sich die Spur von äußeren Faktoren unbeeinflusst entfalten, wird sich der Mensch des vollen Potenzials seiner Fähigkeiten und seiner Unabhängigkeit vom Urteil anderer bewusst.
Die farbige Spur auf dem Blatt ist bisher fast immer als Kunst betrachtet und gefördert worden. Praktisch nirgends konnte in der Spur Unsagbares formuliert werden, das für keinen Fremden bestimmt ist. Erst seit es den Malort gibt, mit dem Arno Stern die Voraussetzungen geschaffen hat, die eine derartige Äußerung ermöglichen, konnte sich jene unerprobte Fähigkeit entwickeln, aus der die »Formulation« entsteht.
Arno Stern sieht sich als Dienenden im Malspiel, der weder die Malenden belehrt, noch ihre Bilder interpretiert. Sein Forschungsbereich, die Ausdruckssemiologie, ergründet Eigenart, Bestandteile und Abläufe der Formulation. Während seiner zahlreichen Aufenthalte bei Urwald- und Wüstenbewohnern (unter anderem in Peru, Afghanistan, Mexiko, Guatemala, Äthiopien, Nigeria und Neuguinea) konnte Arno Stern seine Erkenntnisse aus der täglichen Praxis des Malorts vertiefen und zu einem Universalgefüge erweitern.
Das Buch sei allen ans Herz gelegt, die dem zeichnenden Kind begegnen – Eltern, Erziehern, Pädagogen – oder die dem erwachsenen Menschen zum Wiederfinden seiner spielerischen Mal-Lust verhelfen wollen.

»Stern ist Forscher im eigenen Auftrag. Er ist Pionier auf seinem Gebiet, vergleichbar jenen Polarforschern, die zugleich Entdecker und Vermesser des Unbekannten waren.«
(Elke Schmitter, DER SPIEGEL, 23/2008)

»Ein Manifest gegen jegliche Erziehung zur Kunst. Wunderbar.« (Gabriele Schmid, Buch & Co.)

Library of Healing Arts
Band 1

Arno Stern
Das Malspiel und die natürliche Spur
Malort, Malspiel und die Formulation
136 Seiten, zahlreiche farbige Abbildungen
Broschur mit Klappen, 24,80 Euro
ISBN 978-3927369-14-6

DRACHENVERLAG

Drachen Verlag GmbH
Am See 1, 17440 Lassan
Telefon (03 83 74) 752 24
Telefax (03 83 74) 752 23
mail@drachenverlag.de
www.drachenverlag.de

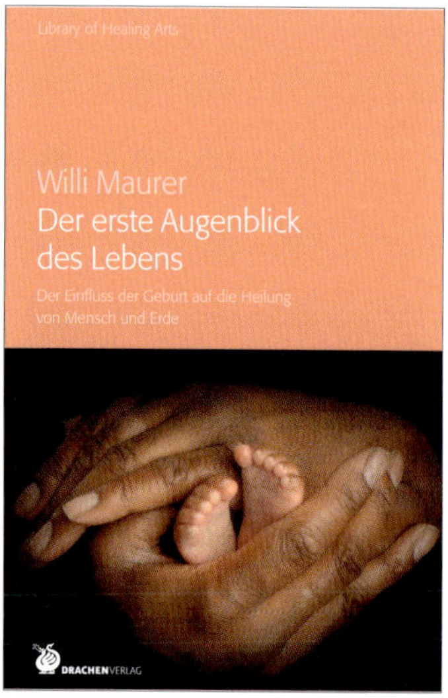

Library of Healing Arts
Band 7

Willi Maurer
Der erste Augenblick des Lebens
Der Einfluss der Geburt auf die Heilung
von Mensch und Erde
344 Seiten, mit farbigen
Abbildungen und Diagrammen,
Broschur mit Klappen, 29,80 Euro
ISBN 978-3927369-43-6

Willi Maurer
Der erste Augenblick des Lebens

Der Einfluss der Geburt auf die Heilung von Mensch und Erde

Wie kommt es, dass der Mensch in seinem eigenen Leben und in der ganzen Welt soviel Unheil anrichtet? Warum sind wir blind und taub gegenüber den Signalen der Zeit und können uns nicht von unserem destruktiven Verhalten lösen? Was müssen wir in uns erkennen, damit wir heil werden und einen schöpferischen Beitrag zum Gedeihen des Ganzen leisten können? Willi Maurer hat sein Leben diesen Fragen gewidmet. Grundlage seines Forschens sind sein eigener, fortdauernder Selbsterfahrungsprozess und drei Jahrzehnte therapeutischer Begleitung von Menschen in Lebenskrisen. Seine Erkenntnisse über die Hintergründe menschlichen Verhaltens führen uns in Erfahrungsbereiche der frühesten Kindheit: Die erste Liebesbeziehung jedes Menschen ist diejenige zu seiner Mutter. Wurde das Wachsen dieser Beziehung im prägenden Moment nach der Geburt und während der folgenden Säuglings- und Kleinkinderzeit behindert oder gar unmöglich gemacht, sind wir im Erwachsenenleben mit den sich daraus ergebenden Folgen konfrontiert. Das Gefühl der Abgespaltenheit, der Verlust der Lebensfreude, Beziehungen, die immer am gleichen Konflikt scheitern, oder die Unfähigkeit, frei und herzenswarm zu lieben, stehen meist im Zusammenhang mit der primären Erfahrung des Alleingelassenseins im Säuglingsalter. Mit diesem weitverbreiteten Mangel an Zugehörigkeit menschlich umgehen zu lernen, bedingt eine Bewusstseinsarbeit, die zur liebevollen Annahme des verletzten inneren Kindes führt.
Die Illusion des Getrenntseins ist einer der negativsten Mythen unserer Zeit. Ihre Überwindung durch das Wiedererkennen unseres gegenseitigen Verbundenseins ist der Schlüssel, mit dem wir eine lebensfördernde Ethik erlangen. Willi Maurer zeigt, wie dieser notwendige Aspekt von Humanität in jeder Lebensphase zurückgewonnen werden kann. In vielen Beispielen erfahren wir, welche Änderungen in unserem individuellen Leben wie auch in der ganzen Gesellschaft nötig sind, um uns selbst zu heilen und die für die künftigen Neugeborenen nötigen Bedingungen eines gesunden Heranwachsens zu schaffen. – Ein wichtiges Buch für alle, die Verantwortung für Neugeborene, Kinder und Jugendliche tragen. Es ermutigt Menschen, die bei ihrem eigenen Prozess des Heilwerdens auf das ungetröstete innere Kind stoßen. Und es gehört in die Hände jeder werdenden Mutter und jedes werdenden Vaters.

DRACHENVERLAG
Drachen Verlag GmbH
Am See 1, 17440 Lassan
Telefon (03 83 74) 752 24
Telefax (03 83 74) 752 23
mail@drachenverlag.de
www.drachenverlag.de

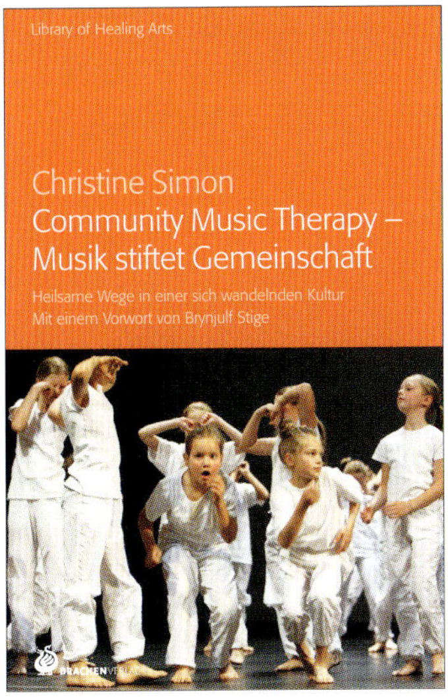

Library of Healing Arts
Band 11

Christine Simon
Community Music Therapy –
Musik stiftet Gemeinschaft
Heilsame Wege in einer sich
wandelnden Kultur
336 Seiten, zahlreiche farbige
Abbildungen und Diagramme,
Broschur mit Klappen, 29,80 Euro
ISBN 978-3927369-72-6

Christine Simon
Community Music Therapy – Musik stiftet Gemeinschaft

Heilsame Wege in einer sich wandelnden Kultur

Seit Menschengedenken kennt man die heilsame Wirkung gemeinschaftlichen Singens und Musizierens. Sie ist heute zunehmend Bestandteil künstlerischer Therapien, und auf ihr basiert auch die »Community Music Therapy«, ein durch und durch partizipativer Ansatz gemeinschaftsbildender Musiktherapie. Community Music Therapy geht davon aus, dass heilsame wie auch künstlerische Prozesse stets in einem Kontext entstehen, an dem vielfältige Teilhabende – der Mensch und seine Mitwelt – gleichrangig mitwirken. Musiktherapie wird so zu einem gemeinschaftlichen schöpferischen Prozess, in dem der Mensch Teil eines umfassenden Beziehungsgeflechts aus sozialen, gesellschaftlichen und ökologischen Zusammenhängen ist. Während Community Music Therapy im skandinavischen und englischsprachigen Raum seit Jahren als neuer musiktherapeutischer Zweig erkannt und in Fachkreisen diskutiert wird, ist sie hierzulande noch wenig bekannt.

In diesem ersten deutschsprachigen Buch über Community Music Therapy unternimmt Christine Simon eine Bestandsaufnahme dieses neu entstehenden musiktherapeutischen Felds, erforscht seine historischen Wurzeln und findet faszinierende und weitreichende Verknüpfungen zur Wiederverbindung des Menschen mit der Natur, zur Bedeutung der Musik und Natur innewohnenden Spiritualität und zu dem sich weltweit vollziehenden gesellschaftlichen Wandel. In einfühlsamer Sprache vermittelt das profund recherchierte Grundlagenwerk Bedeutung und Potenzial dieses integrativen kreativtherapeutischen Wegs. Anhand zahlreicher Praxisbeispiele wird deutlich, wie Community Music Therapy den globalen Wandel hin zu einer lebensfördernden Kultur begleiten und inspirieren kann.

In einer abschließenden Interviewstudie porträtiert Christine Simon Menschen, die gemeinschaftliches, gesundheitsförderndes Singen und Musizieren erforschen und in therapeutischen und gemeinschaftlichen Zusammenhängen praktizieren: die Mönche der Abtei Königsmünster, Hagara Feinbier, Christoph Kapfhammer, Karl Adamek, Iris von Hänisch, Gisela Lenz, Heide Göttner-Abendroth und Klaus Holsten. Dem Buch ist ein Vorwort von Brynjulf Stige, dem norwegischen Pionier der Community Music Therapy, vorangestellt.

DRACHENVERLAG

Drachen Verlag GmbH
Am See 1, 17440 Lassan
Telefon (03 83 74) 752 24
Telefax (03 83 74) 752 23
mail@drachenverlag.de
www.drachenverlag.de

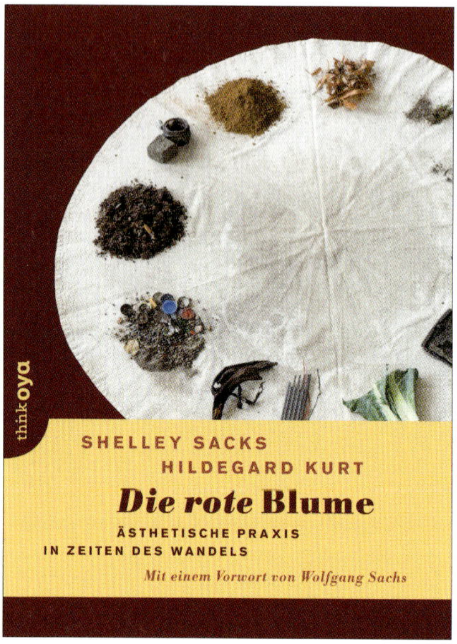

Shelley Sacks, Hildegard Kurt

DIE ROTE BLUME

Ästhetische Praxis in Zeiten des Wandels

»Soziale Plastik ist ein Feld des Wandels. Es gibt nur ein Feld des Wandels, und niemand befindet sich außerhalb. Die ästhetische Praxis bietet Voraussetzungen für ein ›radikales‹ Kultivieren von Zukunftsfähigkeit.«

Mit einem Vorwort von Wolfgang Sachs
224 Seiten, Klappenbroschur
ISBN 978-3927369-77-1

Wie lässt sich unsere gegenwärtige lebenszerstörende in eine lebensfördernde Kultur transformieren? Ausgehend von dieser zentralen Frage, erkunden Shelley Sacks und Hildegard Kurt im Dialog ästhetische Praktiken für ein Zukunft schaffendes Gestalten. Die Autorinnen verstehen den Begriff »Ästhetik« als Gegenteil von »Anästhesie«. In diesem Licht beinhaltet ästhetische Praxis ein verlebendigtes Sein jenseits der allgegenwärtigen Betäubungen, und »Verantwort-ung« wird zur Fähigkeit, auf das, was sich in der Welt äußert, zu antworten. Mit aktivem Sehen, imaginativem Arbeiten, bildhaftem Denken oder dem »Erdforum« werden verlebendigende Einsichten, Praktiken und Prozesse vermittelt. Beispiele aus den Transition Towns, der Permakultur, der Commons-Szene oder der mobilen University of the Trees machen erfahrbar, wie äußeres und inneres Arbeiten einander nicht nur ergänzen, sondern geradezu bedingen.

thinkOya
Am See 1
17440 Lassan
Telefon +49 (03 83 74) 752 24
Fax +49 (03 83 74) 752 23
info@think-oya.de
www.think-oya.de